ミネルヴァ日本評伝選

消え候わんとて、光増すと申す

小早川隆景・秀秋

光成準治 著

ミネルヴァ書房

刊行の趣意

「学問は歴史に極まり候ことに候」とは、先哲荻生徂徠のことばである。
歴史のなかにこそ人間の智恵は宿されている。人間の愚かさもそこにはあらわだ。この歴史を探り、歴史に学んでこそ、人間はようやくみずからの正体を知り、いくらかは賢くなることができる。新しい勇気を得て未来に向かうことができる。徂徠はそう言いたかったのだろう。

「ミネルヴァ日本評伝選」は、私たちの直接の先人について、この人間知を学びなおそうという試みである。日本列島の過去に生きた人々の言行を、深く、くわしく探って、そこに現代への批判を聴きとろうとする試みである。日本人ばかりではない。列島の歴史にかかわった多くの異国の人々の声にも耳を傾けよう。
先人たちの書き残した文章をそのひだにまで立ち入って読み、彼らの旅した跡をたどりなおし、彼らのなしとげた事業を広い文脈のなかで注意深く観察しなおす——そのとき、はじめて先人たちはいまの私たちのかたわらによみがえってくる。彼らのなまの声で歴史の智恵を、また人間であることのよろこびと苦しみを、私たちに伝えてくれもするだろう。

この「評伝選」のつらなりのなかから、列島の歴史はおのずからその複雑さと奥ゆきの深さをもって浮かび上がってくるはずだ。これを読むとき、私たちのなかに新たな自信と勇気が湧いてきて、その矜持と勇気をもって「グローバリゼーション」の世紀に立ち向かってゆくことができる——そのような「ミネルヴァ日本評伝選」にしたいと、私たちは願っている。

平成十五年（二〇〇三）九月

上横手雅敬
芳賀　徹

小早川隆景木像（大阪城天守閣蔵）

小早川秀秋坐像（京都市・瑞雲院蔵）

緋地羅紗違鎌文陣羽織（伝小早川秀秋所用）
（東京国立博物館蔵／Image: TNM Image Archives）

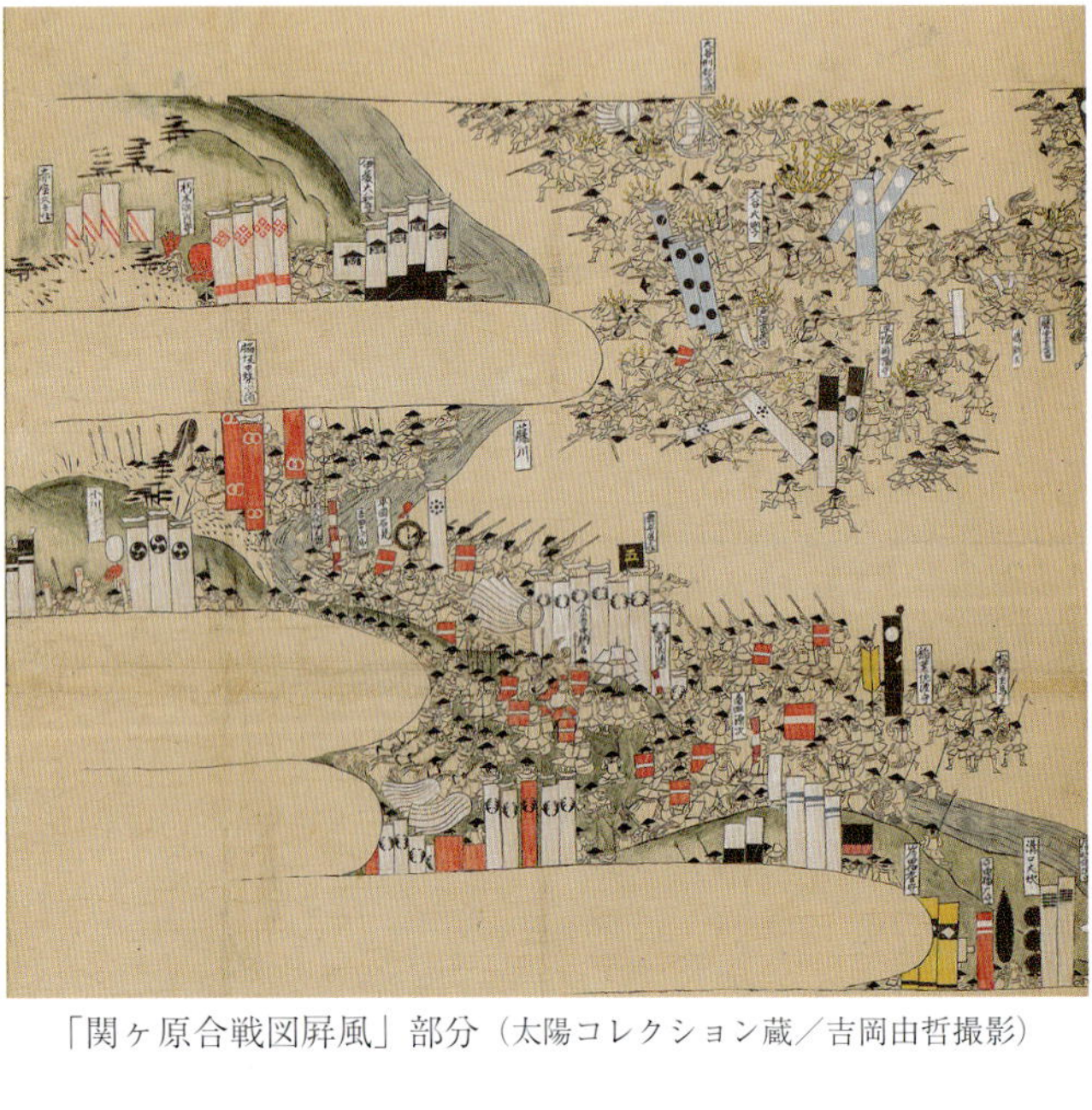

「関ヶ原合戦図屏風」部分（太陽コレクション蔵／吉岡由哲撮影）

はしがき

小早川隆景《こばやかわたかかげ》・秀秋《ひであき》は不思議な父子である。第一に、秀秋は隆景の養子で、血縁関係はない。第二に、隆景自身が毛利元就《もうりもとなり》三男で、小早川家の血を引いていない。隆景の妻は小早川家の娘であったが、二人の間には子はなく、秀秋の妻となったのは隆景姉五龍《ごりゅう》（宍戸隆家《ししどたかいえ》妻）の孫娘である。しかし、隆景養女ではなく、元就嫡孫毛利輝元《てるもと》の養女となって秀秋と縁組している。したがって、隆景は秀秋を本来の小早川家とは無縁の当主として、小早川家に迎えたのである。

そのような不思議な父子が日本政治史上に残した足跡は、主役とはいえないが、名脇役ともいうべきものであり、彼らの存在がその後の歴史に影響を及ぼした点も少なくない。隆景は、元就にまつわる「三本の矢」逸話が示すように、毛利氏を支えた人物として名高い。元就死没後の毛利氏が激動の織豊期を生き延び、明治維新において中心的な役割を担うことができたのも、隆景の尽力があったからこそともいえる。また、豊臣政権後期には、大老として政権運営を担ったとされてきた。そして秀秋は、関ヶ原の「裏切り」で名高い。彼の「裏切り」がなければ、徳川政権は実現することなく、江戸時代は存在しなかったかもしれない。

そのような二人であるが、実像については詳らかでない。隆景・秀秋ともに時代の重要な転換点に立ち会ったため、有名な軍記類において叙述されることが多く、その結果、軍記類上の隆景・秀秋像を実像と誤認する人も少なくない。

ここで、主として江戸期における隆景・秀秋像を確認しておこう。

前著『毛利輝元』でも触れた岡谷繁実《おかのやしげざね》の著書『名将言行録《めいしょうげんこうろく》』において、隆景は単独で一つの巻に取り上げられている。単独で一つの巻に取り上げられている人物は、隆景と同年代あるいはそれ以前の人物に限ると、武田晴信（信玄）、上杉輝虎（謙信）、織田信長、前田利家《まえだとしいえ》、豊臣秀吉らであり、元就さえ、単独ではない。『名将言行録』はさまざまな軍記類の叙述を参考にして著されたものであり、各武将に対する評価は、江戸期に流布していた人物評価の典型ともいうべきものであった。むろん、そこには岡谷個人の評価や、軍記類が成立した背景などによるバイアスがあり、虚像にすぎないのであるが、実像を解き明かすにあたっての指標となる。具体的な叙述をみてみよう。

岡谷は、隆景の幼年期からの聡明さを叙述している。「幼にして聰敏、人に絶せり」とあり、十三歳で大内《おおうち》氏の滅亡、陶晴賢《すえはるかた》の謀叛を予言したとする。その後も、隆景の聡明さは、厳島《いつくしま》合戦、秀吉との講和、小田原攻め、朝鮮侵略戦争といった軍事面のみならず、秀秋の入嗣《にゅうし》、広島築城、北部九州における領国運営、上京時の諸人との交流といった政治・芸能面においても発揮されたとし、「隆景、人となり、姿容美しく、沈断謀慮ありて、父元就に類せり、秀吉常に隆景を敬重し、しばしば大政に参預せしめらる。隆景、己を持すること、慎密、嬖幸これを忌むといえども、中傷することあたわず。秀吉の天下を定めしに、隆景の謀居多なり」という最大限の評価を与えている。秀吉は隆景を敬重しており、ゆえに、隆景が死没した際に「日本の蓋」を失ったと嘆いたとする逸話も生まれた。

軍記類における隆景像をまとめると、隆景は沈着冷静で、知謀にも優れているが、それを顕示することなく、毛利宗家に対する忠誠心に厚い、自己犠牲も厭わない人物といえよう。

また、隆景の輝元に対する態度については、天正二十年（一五九二）に秀吉が「今まで両人（隆景と輝元）間然るべき事、日本一と御褒美にて候」（『大日本古文書　家わけ第八　毛利家文書』、以下『毛』）とするほど、同時代人にとっても、理想的な叔父と甥の関係とみられていた。

一方、『名将言行録』に秀秋の巻は存在しない。江戸期に「裏切り」のイメージが定着していった秀秋を、名将と位置づけることはありえなかった。

たとえば、江戸中期の岡山藩に仕えた儒学者湯浅常山《ゆあさじょうざん》が著した『常山紀談《じょうざんきだん》』には、関ヶ原合戦後に捕縛された石田三成に対して秀秋が「三成の様子を見てやろうと座を立ったところ、細川忠興《ほそかわただおき》は無益なことであるとして諫めたが、聞き入れなかった。三成は秀秋を見て「私がおまえの謀叛の心を見抜けなかったことは愚かであった。しかし、約束を守らず、義を捨てて、人を欺き、裏切ったことは武士として恥ずべきことである。後世まで語り伝えて、笑い者になるであろう」と言ったので、秀秋は言葉を失った」とある。

比較的成立時期の早い山鹿素行《やまがそこう》の『武家事紀《ぶけじき》』においても「秀秋は酒食を事とし、君臣多く放逐」と記されており、秀秋の行状が乱れていたことを批判的に叙述している。第七章でみる『備前軍記《びぜんぐんき》』における秀秋死没時の叙述は悪意に満ちたものであり、「裏切り者」の末路が惨めなものになるという因果応報の典型となっている。

しかし、実際に岡山城主期の秀秋に仕えた大河内秀元《おおこうちひでもと》の事蹟を聞書きした秀元の子秀連《しゅうれん》によって、寛文四年（一六六四）に成立した「光禄物語《こうろくものがたり》」に叙述される秀秋像は、側近家臣たちと武芸にいそしむ「無類大勇将」であり（倉員二〇一七）、ひ弱な貴公子ではない。秀元が記した「糟粕手鏡《そうはくてかがみ》」には、秀秋は常々「大名の家に法度は必要ない。武士は主君のためとか言わないし、自分の家のためとかも考えないものであるから、法度を定める必要はない。いろいろな法度を定めると、窮屈になって、よくないことをするものだ」と言っていたという（倉員二〇一八）。秀元の回想であり、秀秋の実像を伝えている確証はないが、ここで描かれる武を重視した秀秋像は、従来の秀秋像とは大きく異なる。

そこで本書においては、出来る限り同時代史料に基づき、隆景・秀秋の実像に迫ってみたい。隆景関係史料については村井良介氏（村井二〇一三）、秀秋については本多博之氏（本多一九九七Ⓐ）、黒田基樹氏（黒田二〇一六）によって一覧が作成されており、本書においても参照した。この場を借りて学恩に感謝申し上げたい。また、隆景の人物像全般については『小早川隆景』（渡辺・川上一九八〇）や『小早川隆景のすべて』（新人物往来社、一九九七）、秀秋については『小早川秀秋』（黒田二〇一七）を参照した。さらに、両者の動向については、『福岡市史』資料編近世①「Ⅰ豊臣期史料」の解説や、『豊臣期主要人物居所集成』（中野二〇一一）を参考にした。

なお、隆景・秀秋に直接関係するものではないが、隆景・秀秋の実像解明には、彼ら以前の小早川氏の特質を理解することが不可欠であるため、隆景入嗣以前の小早川氏について序章で概観していく。

小早川隆景・秀秋——消え候わんとて、光増すと申す

目次

目次

人名索引

図版写真一覧

小早川家略系図

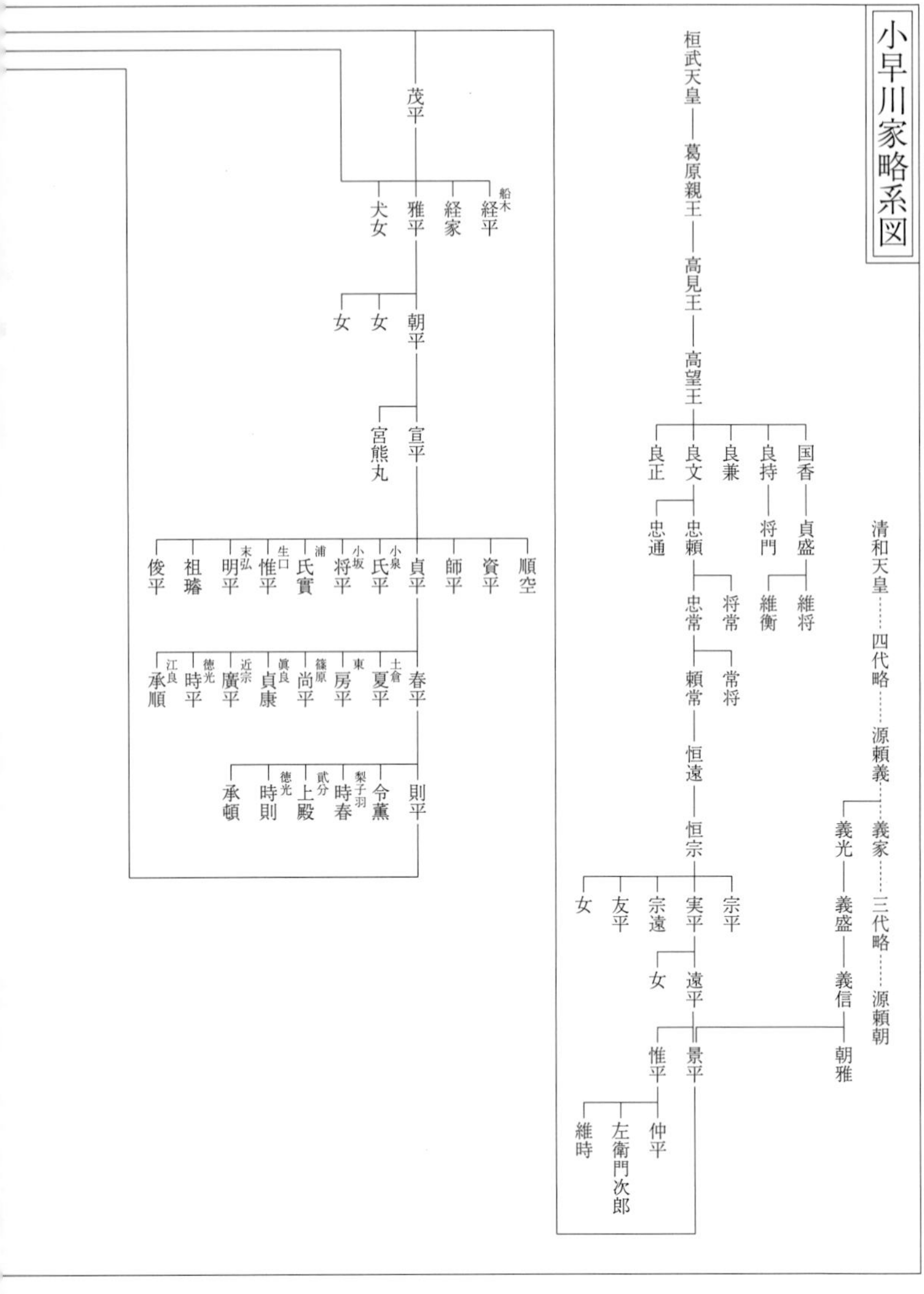

桓武天皇—葛原親王—高見王—高望王
国香—貞盛
維将
維衡
良持—将門
良兼
良文
忠頼
将常
忠常
常将
頼常—恒遠—恒宗
宗平
実平
遠平
女
景平
惟平
仲平
左衛門次郎
維時
宗遠
友平
女
良正
忠通
清和天皇……四代略……源頼義
義家……三代略……源頼朝
義光—義盛—義信—朝雅
茂平
船木 経平
経家
雅平
犬女
朝平
女
女
宣平
宮熊丸
順空
資平
師平
貞平
小泉 氏平
小坂 将平
浦 氏實
生口 惟平
末弘 明平
祖璿
俊平
春平
土倉 夏平
東 房平
篠原 尚平
眞良 貞康
近宗 廣平
徳光 時平
江良 承順
則平
令薫
梨子羽 時春
武分 上殿
徳光 時則
承頓

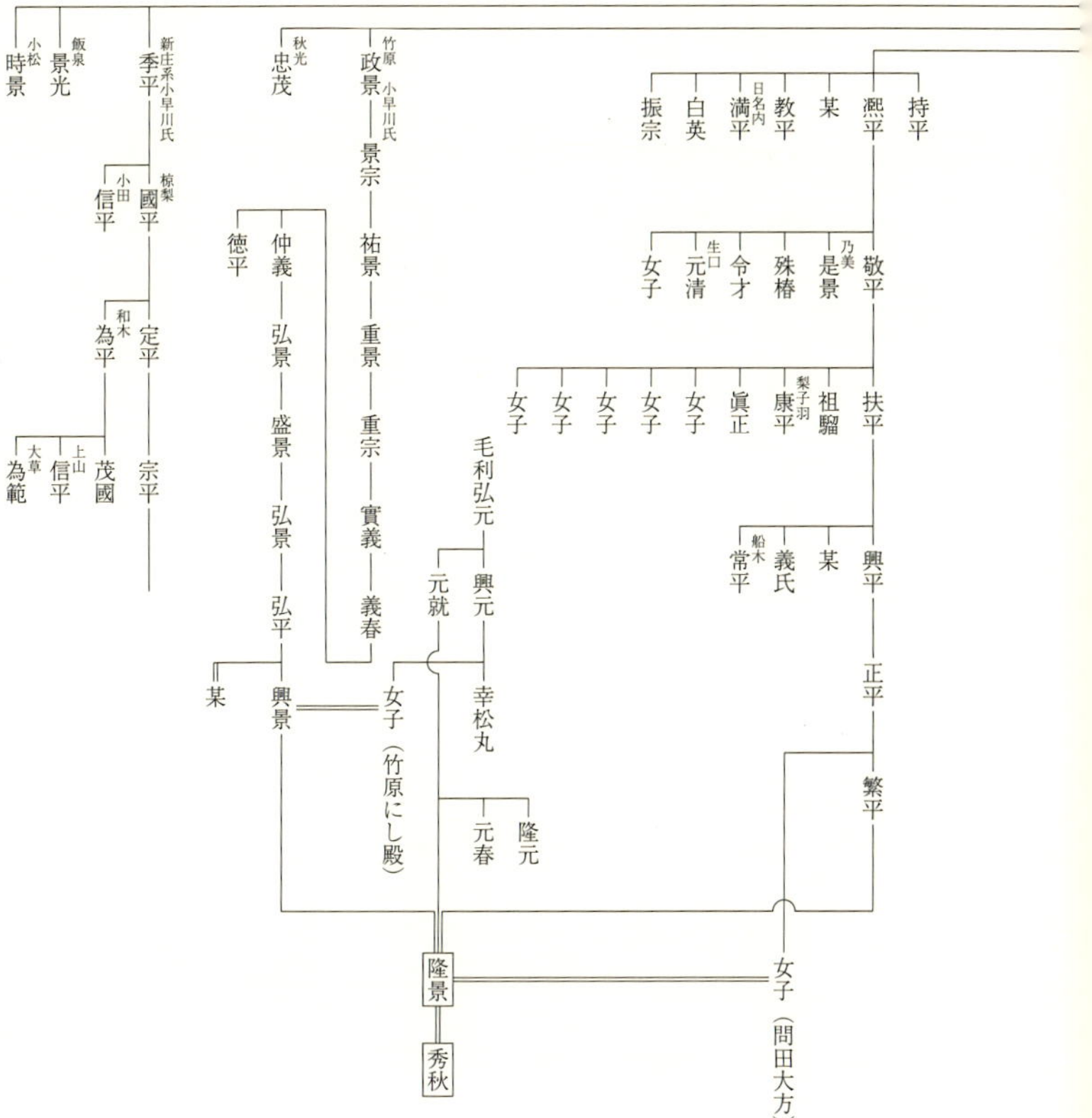

(『小早川隆景のすべて』より)

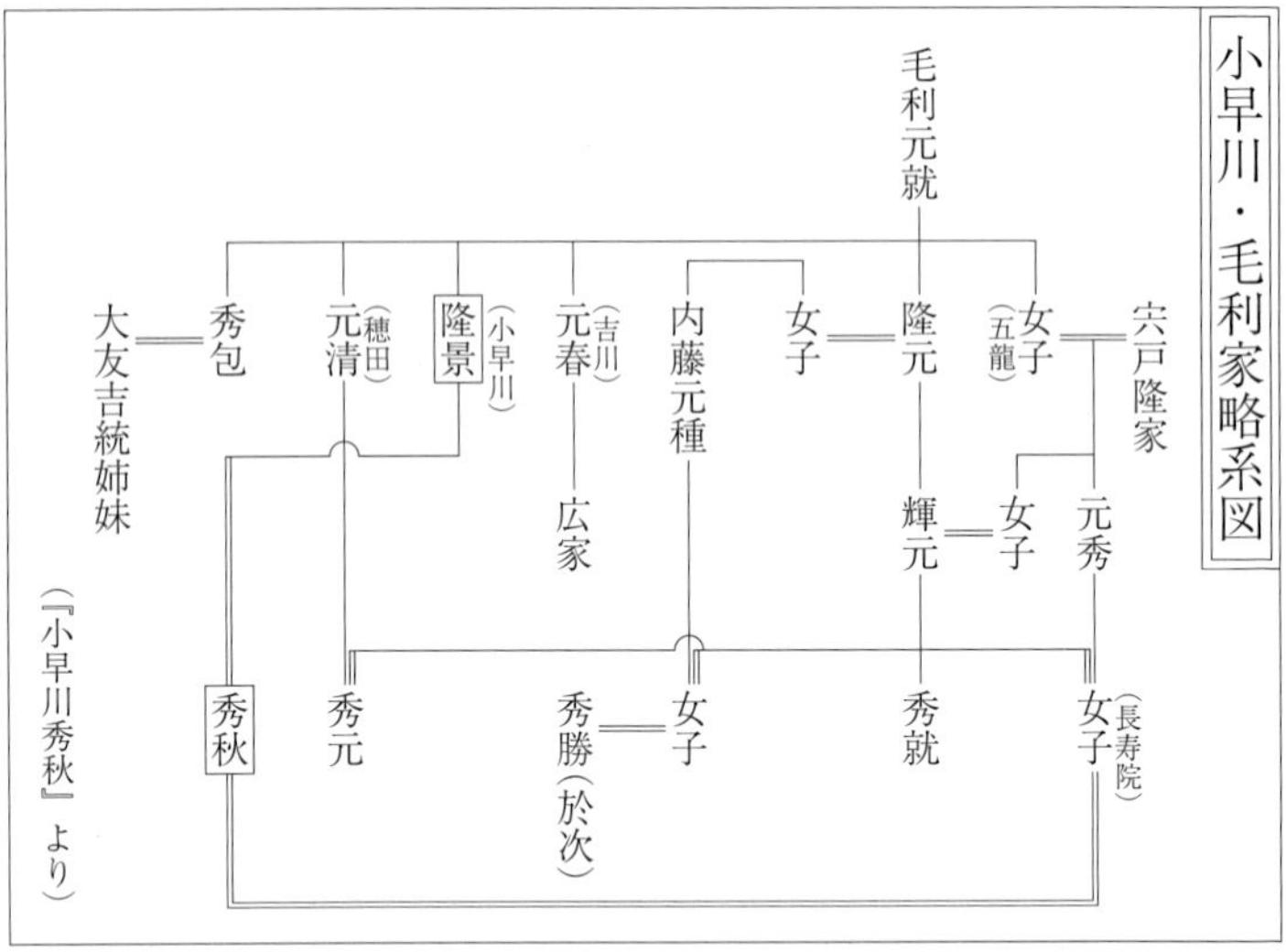
小早川・毛利家略系図
毛利元就
女子（五龍）
宍戸隆家
隆元
女子
内藤元種
元春（吉川）
隆景（小早川）
元清（穂田）
秀包
大友吉統姉妹
元秀
女子
輝元
広家
女子（長寿院）
秀就
女子
秀勝（於次）
秀元
秀秋
（『小早川秀秋』より）

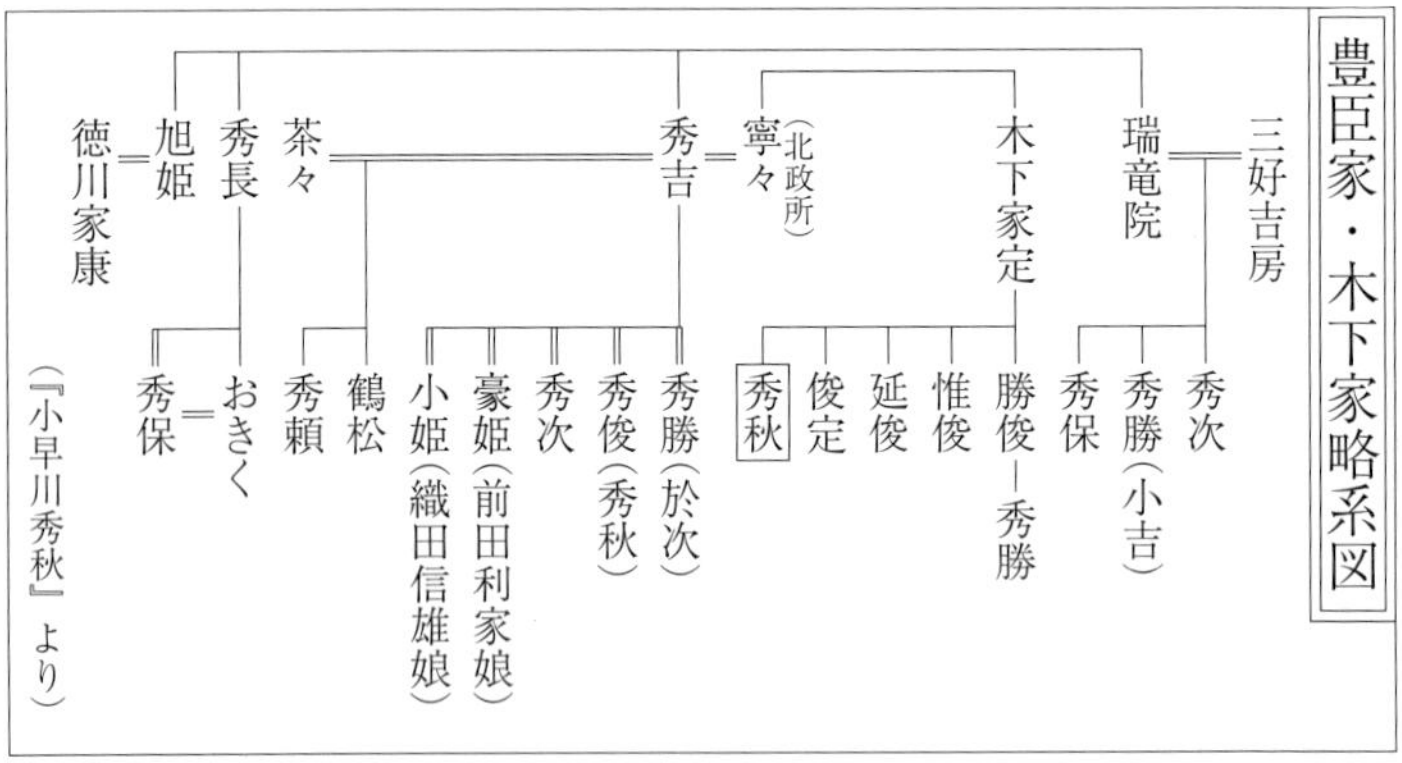
豊臣家・木下家略系図
三好吉房
瑞竜院
木下家定
寧々（北政所）
秀吉
茶々
秀長
旭姫
徳川家康
秀次
秀勝（小吉）
秀保
勝俊—秀勝
惟俊
延俊
俊定
秀秋
秀勝（於次）
秀俊（秀秋）
秀次
豪姫（前田利家娘）
小姫（織田信雄娘）
鶴松
秀頼
おきく
秀保
（『小早川秀秋』より）

関係地図

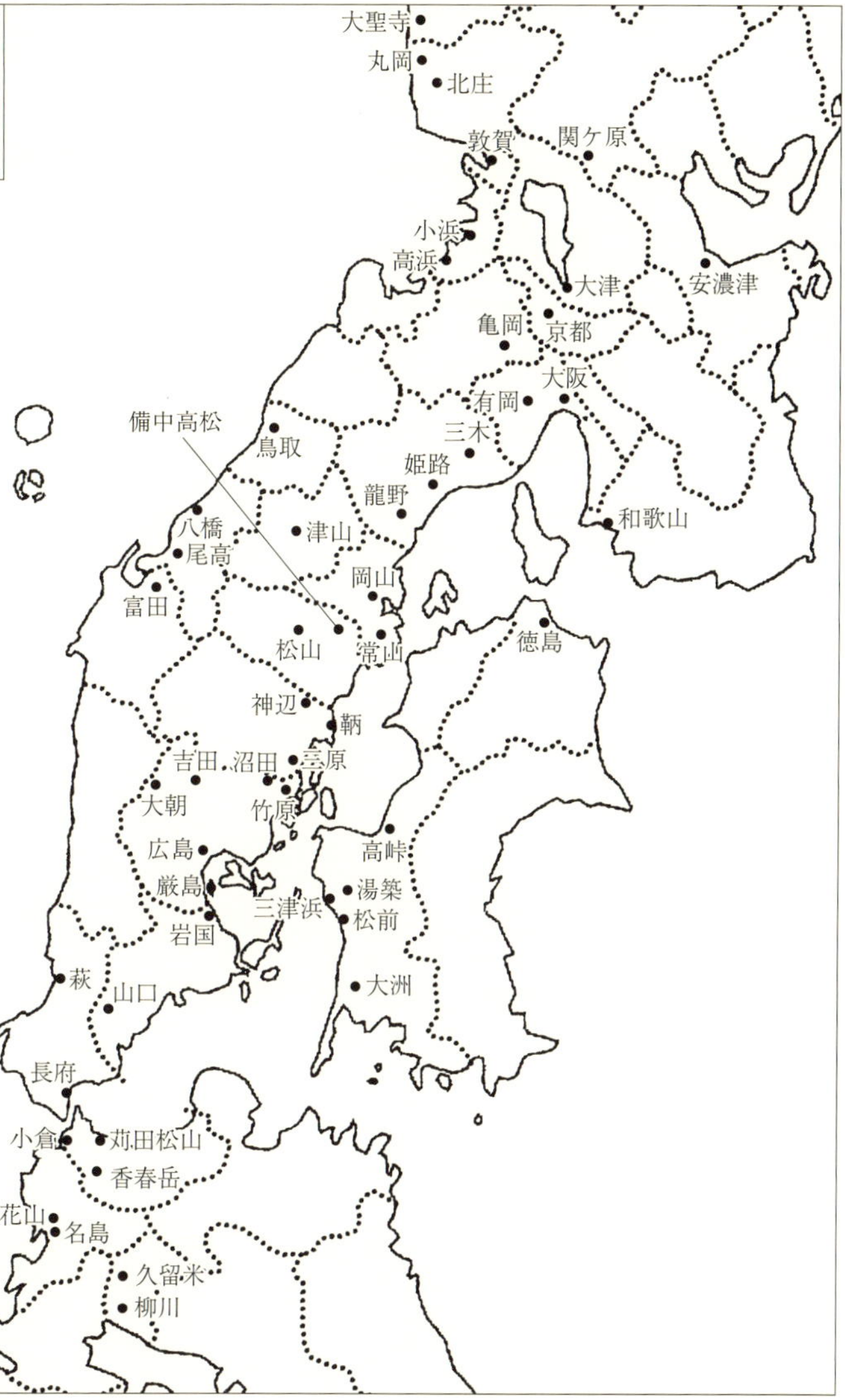
大聖寺
丸岡
北庄
敦賀
関ケ原
小浜
高浜
大津
安濃津
亀岡
京都
大阪
有岡
三木
備中高松
鳥取
姫路
龍野
和歌山
八橋
津山
尾高
岡山
富田
松山
常山
徳島
神辺
鞆
吉田
沼田
三原
大朝
竹原
広島
高峠
厳島
湯築
三津浜
松前
岩国
萩
大洲
山口
長府
小倉
苅田松山
香春岳
立花山
名島
久留米
柳川

序章　隆景入嗣以前の小早川氏

鎌倉期の小早川氏

小早川氏と中国地方との関わりは土肥実平《とひさねひら》に遡る。実平は坂東八平氏《ばんとうはちへいし》の一つとされる中村氏の一族である。諸系図において中村氏は平氏（平良文あるいは良兼の子孫）とされているが、その確証はない。一方で、相模国中村庄（神奈川県小田原市）の開発《かいほつ》領主と考えられることから、相模国の古代豪族を出自とする可能性もある。実平は中村宗平の子（あるいは弟）とされ、相模国土肥郷（神奈川県湯河原町）を本拠としたことから、土肥姓を名乗った。

実平は治承四年（一一八〇）の反平家挙兵当初から源頼朝に従い、一ノ谷合戦後には惣追捕使《そうついぶし》として、備前・備中・備後を管轄した。惣追捕使は元暦二年（一一八五）の平家滅亡後、源義経・行家《ゆきいえ》を追捕する職となり、文治二年（一一八六）に行家が殺害されると、平時を想定した「守護」へと転換していき、小早川氏の祖先土肥実平は備後国守護となった。実平は高野山の荘園であった同国大田庄《おおたのしょう》（広島県世羅町）において押領《おうりょう》を企てるなど、備後国における権益拡大を図っていったが、

現在の小田原市早川

少なくとも、文治五年（一一八九）の奥州攻め以降は、東国に居住している。また、実平死没後と考えられるが、承久の乱後の備後国守護には長井《ながい》時広《ときひろ》（大江広元《おおえのひろもと》の子）が任じられており、実平期において小早川氏の備後国への権力浸透が順調に進んだとは考えられない。

「小早川」の名字を初めて称したのは、実平の子遠平《とおひら》である。遠平の当初の居所が相模国早川庄内の小早川（神奈川県小田原市）に置かれていたことによると考えられる。また、明確な時期を示す史料は確認できないが、遠平は安芸国沼田庄《ぬたのしょう》（広島県三原市）の地頭に任じられ（『大日本古文書　家わけ第十一　小早川家文書』、以下『小』）、鎌倉〜戦国期小早川氏の本拠沼田庄を獲得している。しかし、遠平は主として東国に居住していたようで、沼田庄の管理は在地の公文層などに委ねられており、小早川氏による直接的な支配が行われる状況にはなかった。

遠平から沼田庄を相続したのは養子の景平《かげひら》である。景平の実父は平賀義信《ひらがよしのぶ》。平賀氏は源頼義《よりよし》の三男義光《よしみつ》（頼朝の祖先義家《よしいえ》の弟）を祖とする信濃源氏で、景平の兄は美濃国などの守護であった大内惟義《これよし》、および伊勢・伊賀国守護であった平賀朝雅《ともまさ》。朝雅は京都守護も務めていたとされ、惟義・朝雅兄弟の活動の中心は京都であった。遠平には実子があったにもかかわらず、景平を養子に迎えた経緯については定かでないが、実子惟平《これひら》が土肥郷を譲られ土肥氏の惣領とされた一方で、景平が沼田庄を譲られた点については次のような推論が成り立つ。実平・遠平父子の本拠は東国のままであったが、京都にも深いかかわりを持っていたとされる（松井二〇〇四）。このため、実子惟平が東国御家人としての権益を継承し、在京御家人的性格を持つ大内惟義・平賀朝雅の実弟景平が在京御家人としての権益を継承した。相模国における有力な豪族で平氏を称する土肥氏・信濃源氏の名家平賀氏という二つの異質な出自を持っていたこと、東国武士でありながら早い時期から在京御家人的性格を強めていたことが、その後の小早川氏の動向や認識にも影響を及ぼしたと考えられる。

その後、建永元年（一二〇六）に沼田庄は景平の長男茂平《しげひら》に対して譲与された一方で、建暦三年（一二一三）、沼田庄内新庄の地頭職に茂平の弟季平《すえひら》が補任された。錦織勤氏の指摘するように（錦織一九八四）、兄弟による単なる分割相続とは異なる特異な経緯で、季平を祖とする沼田新庄家は創出された。この点も小早川家一族の惣庶関係を考えるにあたって着目する必要があろう。

さらに茂平は、承久の乱（一二二一）に際して幕府方に荷担したことによって、沼田庄に近接する都宇《つう》竹原庄《たけはらのしょう》（広島県竹原市）地頭職に補任され（『小』）、支配地域の拡大に成功した。また、備後国大田庄に関する訴訟にあたって、茂平は実検《じっけん》を行う両使として派遣されている（松井二〇〇四）。小早川氏が安芸国人《こくじん》でありながら備後国にも影響力を持つという特質を備えていた点にも着目する必要がある。

茂平はその子女に対して所領を分割相続させた。沼田本庄を相続したのは三男の雅平である。一方、

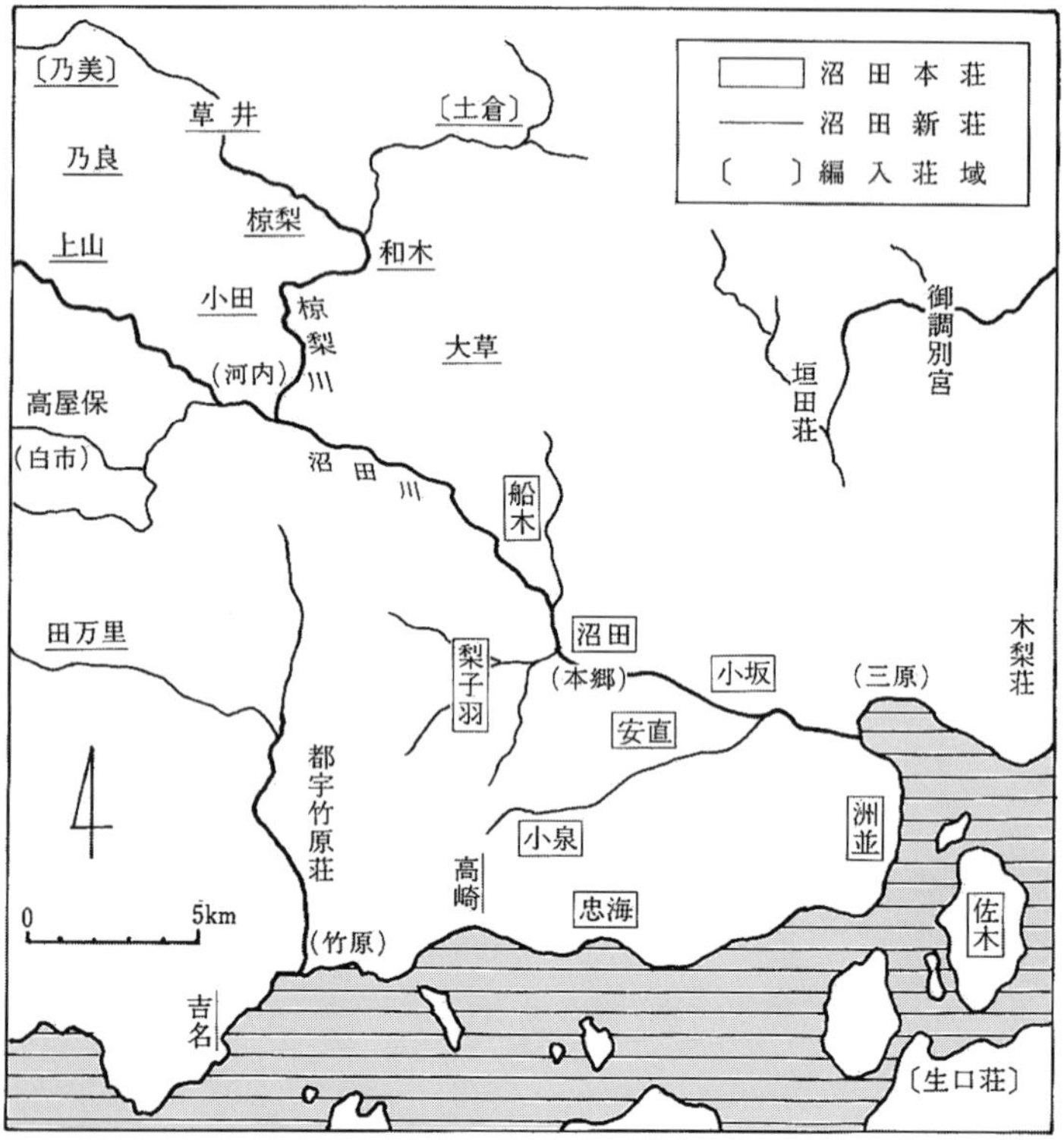

沼田庄周辺地図（『講座日本荘園史９』より）

長男とされる経平は庶子であったため、沼田本庄内船木（舟木）郷を与えられ、船木《ふなき》家を分出したとされてきた。これに対して錦織氏は、伯耆国天満郷（鳥取県南部町）に加えて、東国の所領（相模国成田庄：神奈川県小田原市、など）も相続したと指摘した。実際に経平は仁治元年（一二四〇）には鎌倉に居ることが確認され、文永三年（一二六六）にも東国に居ることが窺える。成田庄内においても、北成田郷は季平系（沼田新庄家）、飯泉郷は茂平・季平の弟景光（飯泉家）が相続している。

沼田本庄と並ぶ茂平の拠点都宇竹原庄の地頭職を継承したのは四男政景《まさかげ》であった。雅平と政景には一族内における惣庶関係が認められるが、政景は雅平に比肩する存在として公的に処遇されており、このような関係が後に沼田《ぬた》小早川家と竹原《たけはら》小早川家の関係に大きな影響を及ぼしたと考えられる。

次に五男とされる忠茂に関連して、正和三年（一三一四）の海賊討伐によって抽賞《ちゅうしょう》されている「小早川民部大夫」は忠茂の子茂遠に比定され、忠茂が伊予国高市郷（愛媛県今治市）の地頭であったこと、沼田庄内小坂郷は茂平から妻浄仏を経て茂遠へ譲与されたことなどが推論されている（錦織一九八四）。このほか、茂平の娘浄蓮も沼田本庄内梨子羽《なしわ》（梨羽）郷を一期（一代限り）譲与されており、先代までの沼田新庄家に加えて、茂平によって新たな庶家の分出が図られた。これは分割相続という鎌倉期武家社会における原則に則ったものであり、小早川氏の特質とはいえないが、戦国期には被官《ひかん》化している庶家をみると、毛利氏や吉川《きっかわ》氏の場合、南北朝期以降に分出しているのに対して、小早川氏の場合、早くに分出した家も少なくない点に特徴がある。そのような特徴は茂平代に小早川氏における所領経営の中心が安芸国へ移っていたことによるものであろう。東国の所領は茂平の庶子経平系などに継承され、茂平の正嫡と考えられる雅平系（沼田小早川家）・政景系（竹原小早川家）は、鎌倉末町にわずかの権益を保持するのみで、東国から遊離していったのである。

南北朝期の小早川氏

元弘元年（一三三一）に後醍醐天皇が挙兵したことに端を発する元弘の乱時における小早川家一族の動向は、一族内の力関係に変動をもたらした。

沼田小早川家は六波羅探題《ろくはらたんだい》が攻略されるまで幕府に従っていたとされる。室町期の竹原小早川家の当主弘景《ひろかげ》が子の盛景《もりかげ》へ宛てた書状には、雅平の曽孫にあたる貞平《さだひら》（当時、十六歳）が六波羅陥落後東国へ逃れようとした探題北条仲時《ほうじょうなかとき》・時益《ときます》らに同行していたが、近江国蓮華寺《れんげじ》（滋賀県米原市）における仲時の自刃の際、脱出して帰国したと記されている（『小』）。

竹原小早川家の祐景《すけかげ》（政景の孫）は建武三年（一三三六）二月七日付けで、都宇竹原庄の本領回復を求めた申状（『小』）を作成し、足利尊氏の安堵《あんど》を得ている。尊氏裏書には「元弘三年以来収公」と記されている。積極的な倒幕行動があったにもかかわらず、本領を収公されるとは考え難く、尊氏らの六波羅攻略時に降服したと推測される。そのため、所領没収とされたが（実効支配は継続していたと考えられる）、在京武士としての地位は保障された。これに対して沼田小早川家の場合、貞平が六波羅攻略後も探題に同行するという敵対行為を行ったため、在京武士としての地位も停止され、沼田本庄は早くに倒幕に参加した忠茂系の清忠・頼平に与えられたと推測される。

次に、その他の庶家の動向をみていこう。

沼田新庄家について、嫡系の宗平が元弘三年（一三三三）八月、出羽国由利郡小友村（秋田県由利本荘市）を当知行《ちぎょう》安堵する宣旨を得、さらに、同年十一月には、後醍醐天皇の綸旨《りんじ》も得ている（『小』）。綸旨には所領名を欠いているが、当知行安堵とされており、貞和二年（一三四六）に、宗平の曽孫とされる直平に対して足利直義《ただよし》（尊氏弟）が、沼田新庄和木村一方地頭職を安堵するにあたり、「譜第領知」「曩祖季平以来相続知行」と記してあること（『小』）から推測すると、沼田新庄についても当知行安堵されたと考えられる。このような処遇は、定平が早い時期に後醍醐方に荷担したことを窺わせる。

経平系について、経平の孫とされる中務入道道円（貞茂）は、建武三年一月、伯耆国富庄内天万（天満）郷一分地頭職とともに、沼田庄舟木郷内地頭職を「元のごとく領掌」することを認められた（『小』、この文書は偽文書の可能性もあるが、内容的には事実を反映していると推測されている〔錦織一九八四〕）。道円の子満平は鎌倉幕府滅亡時に東国で討死したとされ、道円も滅亡時まで幕府方であった蓋然性が高い。天万郷については建武三年十一月の高師直《こうのもろなお》施行状案（『小』）に「還補」と明記されており、後醍醐方への敵対行為によって相伝してきた東国の所領を失い、西国における所領の確保に注力したのではないかと推測される。

このように、元弘の乱時の動向によって、惣領沼田小早川家は大きく地位を低下させ、沼田小早川家に比肩する存在であった竹原小早川家も地位低下したものの、沼田小早川家との関係においては相対的地位上昇がもたらされた。一方で、早くから後醍醐方に荷担した沼田新庄家や忠茂系は地位を上昇させた一方、東国が活動の中心であった経平系は東国の権益を失って、西国へと拠点を移していった。惣庶入り交じって西国の権益を奪い合う状況に陥ったのである。

建武二年(一三三五)八月、北条時行《ときゆき》の反乱を鎮圧するために足利尊氏が後醍醐天皇の許可を得ることなく東下したことを契機に、尊氏は建武政権から離反していった。時行を破った尊氏は西上《せいじょう》を開始して、建武三年一月に入京したが、北畠顕家《きたばたけあきいえ》らに敗れて九州へ下向《げこう》。その後、再び京都へ向かって五月に湊川《みなとがわ》の戦いで楠木正成らを破り、六月に京都を制圧。後醍醐天皇は十二月に吉野へ逃れて、南北朝の分立に至った。このような動向に小早川家一族はどのような対応をとったのか。

早い時期から尊氏方への荷担が確認できるのは、鎌倉幕府方に荷担して没落していた経平系の道円、所領没収とされていた竹原小早川家である。いずれも建武三年一月の入京前後には荷担していたと考えられる。続いて、建武三年七月に六月二十七日の合戦における軍忠《ぐんちゅう》を賞されている「平三経平」である(『小』)。系図によると、経平は沼田新庄家宗平の子、後の康平とされる。六月二十七日の合戦とは、尊氏方に京都を制圧された後醍醐方が京都奪回のために比叡山から攻め寄せた戦闘を指す。沼田新庄家は建武新政にあたり優遇されていたが、少なくとも尊氏が五月に入京する前後には尊氏方に荷担していたと考えられる。一方で、相模国の所領は失っており、新庄家においても西国所領の比重が高まっている状況がみられる。

惣領である沼田小早川家については、建武三年六月晦日の京都奪回を図ろうとした後醍醐方との戦闘における軍忠を上げた「安芸五郎左衛門尉氏平」がみられる(「吉川家中幷寺社文書」)。氏平《うじひら》は六波羅陥落後も探題に同行した貞平の弟とされる。庶家小泉《こいずみ》家の祖である。建武四年(一三三七)三月には、貞平が従五位下備後守に補任されており（『小』）、尊氏方に荷担することによって復権に成功した。とはいえ、建武五年（一三三八）には南朝方の清忠・頼平が沼田小早川家の本拠妻高山城に籠もっており、鎌倉期末の支配地域を完全には回復していなかったと考えられる。

当初の南朝方としては、建武三年七月に「備後国則光西方城郭」（広島県世羅町）に籠もった「小早河七郎」、同年八～十月に「御調の広瀬」や大田庄・津口庄（世羅町）において北朝方と戦った「小早河掃部助《かもんのすけ》」が挙げられる（『大日本古文書　家わけ第十五　山内首藤家文書』、以下『山』）。「七郎」は飯泉景光系の経平とされる。経平の祖父祐平（景光の子）は「北方」を称したとあり、沼田庄内北方に所領があったと考えられる。祐平の兄弟祐光は在鎌倉であったが、祐平は西国に下向して、それ以降の子孫は土着していた可能性もある。「掃部助」は沼田新庄家定平の弟和木為平の子上山《うやま》信平の子高平とされる。建武新政にあたり優遇された沼田新庄家一族においても北朝方と南朝方に分立しており、所領をめぐる争いが激化していた状況を窺わせる。

妻高山城跡（広島県三原市高坂町真良・本郷町本郷）
（三原市教育委員会提供）

その他、南朝に荷担したのは、先にみた建武五年に妻高山城へ籠もった忠茂系の頼平と「左近将監景平」である（『忽那文書』）。「左近将監景平」を断定することは難しいが、小早川家蔵の系図には、北方祐平の孫に「景平」がみられる。南朝に荷担した「小早川七郎経平」の従兄弟にあたる。

このように、南北朝動乱初期の小早川家一族は、倒幕時に早くから後醍醐方に荷担した庶家が南朝方として、鎌倉期には在地への影響力を強めていたものの建武政権下で冷遇されることとなった沼田小早川・竹原小早川家などが北朝方として行動するといった状況であった。しかし、建武五年の妻高山城をめぐる攻防以降は、小早川家一族同士で争う戦闘はみられなくなっていった。

なぜ、他の国人とは異なり、小早川家一族同士における争いは早期に終結したのであろうか。北朝に荷担した沼田小早川家・竹原小早川家の場合、当主の常住はさておき、在地支配期間は百年を越え、その支配はかなり浸透していた。在地小領主層の被官化も進展していたと考えられ、一時的に公的な領有権限を失ったとしても、在地に対する影響力は失われなかった。これに対して南朝方となった庶家の元来の地盤をみると、経平・景平の飯泉家は東国、頼平の忠茂系は伊予国であり、安芸国における所領は比較的新しく獲得したものと考えられる。したがって、安芸国内の在地に対する影響力は限定的であり、沼田小早川家・竹原小早川家が北朝あるいは室町幕府によって正統性を付与されると、政治的にも軍事的にも対抗することは困難であった。沼田小早川家貞平は、観応三年（一三五二）に足利義詮（尊氏の子）から「一族相催」して馳せ参じるように命じられており（『小』）、南北朝の動乱を経て、小早川家一族は沼田小早川家を中心に、統合へと向かっていったのである。

室町期の小早川氏

室町初期における安芸国守護は、鎌倉期においても守護職に補任されていた武田《たけだ》氏であった。その結果、小早川氏は守護武田氏の指揮統制下に入ったのであろうか。市川裕士氏（市川二〇一七）によると、南北朝動乱勃発後の京畿における沼田小早川家の軍事行動において、沼田小早川家は守護武田氏ではなく、他の軍事指揮官（高師直など）の指揮下で行動していたとされる。その後の観応の擾乱期においても守護から独立して軍事行動を展開している。

このような軍事行動のあり方は、沼田小早川家と将軍権力との直接的な関係が形成されていたことを反映したものであり、市川氏はその理由について、沼田小早川家と武田氏とが「古敵」という関係にあったため、両者の衝突を回避し、沼田小早川家を幕府方として確保することを目的としていたとする。また、鎌倉幕府創設期の功臣土肥実平を出自とし、甲斐源氏武田氏に匹敵する信濃源氏平賀氏の血をひくという家格を誇る小早川氏にとって、安芸国守護職を得られないことは甘受できたとしても、武田氏の指揮下に入ることは甘受できるものではなかったと考えられる。

そのような小早川氏（とりわけ惣領の沼田小早川家）の家格意識を満足させ、安芸国守護職に補任されないことに対する不満を解消するために、幕府（北朝）は将軍権力との直接的な関係の形成に加えて、官途《かんど》授与などを利用した。貞平が備後守に任じられたこともその一例である。備後国は小早川氏の始祖とも言える土肥実平が初代守護職に補任された国であり、国内には小早川家一族が権益を有する地も存在していた。実効性のある権限を伴うものではないが、小早川氏の家格意識を満足させるには足るものであったと推測される。それに加えて、備後守の官途は小早川氏が備後国へ進出する際の正当性になりえた。

ところが、応永の乱（一三九九）後に山名《やまな》氏が安芸国守護職に補任されると、沼田小早川家も次第に守護山名氏の統制を受けるようになっていったとされる。幕府は安芸国支配の安定的な展開を図るために、軍事動員や使節遵行について、山名氏を通じて沼田小早川家に対して幕命を執行した。幕府奉公衆といえども、地域支配の面においては守護の一定の統制下に入らざるをえなかったのである。

その後、守護山名氏が幕府の中核を占める細川氏と対立する大内氏との関係を強化していくと、幕府は沼田小早川家を地方支配の担い手として多用していくようになった。たとえば、沼田小早川家を幕命執行者として地域紛争を解決しようとした事例が散見される。沼田小早川家は幕府の安芸国支配、とりわけ大内氏対策において中核的な役割を求められたとされ、毛利氏ら他の国人と比較した際の特異性が指摘されている（市川二〇一七）。

沼田小早川家・竹原小早川家ともに幕府奉公衆であったが、沼田家の場合、元弘の乱時の行動によって動揺した沼田庄支配を安定化させる必要性から、地域支配の占める比重が大きかったと考えられる。一方、竹原家の場合、将軍に近侍する幕府奉公衆としての活動に注力することによって（加藤二〇〇六）、沼田小早川家と並立する存在になった。その後、沼田家は細川氏との連携を強めていったが、竹原家は勢力を強めた山名氏の影響下に置かれていった（飯分二〇一四、市川二〇一七）。室町中期になると、同じ幕府奉公衆でありながら、沼田・竹原の両小早川家には性格の相違がみられるようになっており、幕府との関係を重視した沼田小早川家は、国人間の連携を重視した毛利氏とも異なる指向性を有していた。そのような指向性の相違が戦国期の両氏の動向にも影響を及ぼしたと推測される。

戦国前期の小早川氏

応仁元年（一四六七）に応仁・文明の乱が勃発すると、沼田小早川家は従来からの細川氏との密接な関係に基づき東軍に荷担したが、竹原小早川家は西軍に荷担した。その背景には、嘉吉元年（一四四一）に将軍義教が沼田小早川家の家督《かとく》争い（持平と凞平《ひろひら》、いずれも貞平の曽孫）に介入して、竹原小早川家の盛景に沼田小早川家を継承させようとしたことがあったと考えられている（片山二〇〇五）。結局、この方針は義教が赤松《あかまつ》氏に殺害されたことによって白紙撤回されたが、竹原小早川家は沼田小早川家と義絶状態に陥った。享徳四年（一四五五）に契状《けいじょう》を交わしてようやく和睦《わぼく》したが（『小』）、契状の末尾には、和睦に反する行動をとった際には誓約は反故となる旨の記載があり、両家の対立関係が潜在していたことを示している。そのような対立関係が表面化したのが応仁・文明の乱であった。

応仁・文明の乱において、沼田小早川家は幕政を主導する細川勝元《かつもと》に荷担した。当時の安芸国守護山名是豊《これとよ》（西軍の主将山名宗全《そうぜん》の子であるが、父と対立して東軍に荷担した）とともに戦っているが、是豊への「合力」と認識されており（『小』）、沼田小早川家が守護からの独立性を保っていたことを示している。一方の竹原小早川家において、盛景の子弘景は文明五年（一四七三）、沼田小早川家領を宛行《あてが》う旨の足利義視《よしみ》御教書《みぎょうしょ》、惣領職を認める旨の御内書を沙汰するという大内政弘《まさひろ》の書状を受給している（『小』）。竹原小早川家は大内氏への依存を強めることによって、形式的なものであるが、小早川氏惣領の地位を獲得して、沼田小早川家との対立を深めていった（片山二〇〇五）。

合戦の当初、沼田小早川家の当主熙平は洛中における戦闘に参加していたため、熙平の子元平（後の敬平《たかひら》）が西国における戦闘に参加していたが、文明二年（一四七〇）頃になると、熙平も帰国して、安芸国のみならず備後国の西軍方の討伐に奔走することとなった。庶家の中には乃美《のみ》家平（員平の子）など、大内氏に従う者があり（『小』）、家中の動揺が帰国の背景にあったと考えられる。

文明四年（一四七二）に熙平が死没すると、元平（敬平）は畿内を転戦することも多くなり、その留守中に竹原小早川家ら西軍方に居城妻高山を攻められるなど、苦戦を強いられる。文明七年（一四七五）に備後宮氏らの調停によって、妻高山城攻撃は中止されたが、沼田小早川家は梨羽北方（南方は竹原小早川家領）や安直本郷などの割譲を約束させられた。その後の敬平は畿内やその周辺における戦闘に参加するなど幕府奉公衆としての活動を続ける一方で、備後国杭庄（三原市久井町）の代官職になるなど、備後国への進出も図った。

敬平の子扶平《すけひら》期における特筆すべき出来事として、後の隆景の居所三原《みはら》への進出が挙げられる。永正元年（一五〇四）、大楽寺尊慶は備後の国人江田光実に押領された備後国三原郷について、扶平に対して奪回を要請するとともに、成功の暁には、尊慶の死没後、扶平の子息に譲与することを約束した（『小』）。そのほか、備後国八幡（広島県三原市・尾道市）の一部を所領に組み込むなど、戦国領主への道を歩み始めていたが、永正五年（一五〇八）、二十四歳で死没した。

応仁・文明の乱から一貫して大内方として行動していた竹原小早川家の弘平（弘景の子）は永正八年（一五一一）、大内義興《よしおき》（政弘の子）に奉じられて将軍に復帰した義尹《よしただ》（義稙《よしたね》）から沼田小早川家の家督・所領を宛行う旨の御教書を受給した（『小』）。その直後から「安芸守」を称しており、弘平が国司相当の家格である小早川氏の惣領となったことを示している。ところが実子がいなかった弘平は永正十年（一五一三）、扶平の次男福鶴と親子契約を結び、竹原小早川家の譲与を約束した（『小』）。

実際にはその後弘平に実子（興景《おきかげ》）が生まれたため、福鶴が家督を継承することはなかった。一方、竹原小早川家が沼田小早川家を併合することもなく、弘平は扶平の子興平《おきひら》を沼田小早川家の惣領として認め、沼田小早川家との融和を図っている。これ以降、沼田・竹原小早川家は独立した家として大内氏に従属しつつ、一族として協力体制を維持していくこととなった。

最後に、小早川氏と毛利氏との関係をみておこう。

応永十一年（一四〇四）の安芸国人一揆（『毛』）において、毛利氏は中心的な役割を担っていたが、幕府奉公衆であった沼田・竹原小早川家は一揆に加わることなく、毛利氏との関係も希薄であった。応仁・文明の乱が勃発すると、当初はともに東軍であった小早川熙平と毛利豊元《とよもと》の協働がみられるようになる。

応仁・文明の乱の終結した後の文亀二年（一五〇二）には、毛利弘元《ひともと》（豊元の子、元就の父）・小早川扶平両名宛てで幕府から「西国の儀につき、芸石両国において、このたび御請け申され、人数おのおの望み申さる子細候わば、御両所として申し談じられ、執り申さるべく候」と指示されており、毛利氏と小早川氏が安芸・石見における代表的な国人と認識されていたことを窺わせる。

永正五年の大内義興上洛に随っていた安芸国人の一部は、永正八年に細川澄元《すみもと》らの反撃によって義興や将軍義稙が京都から脱出した際、戦線を勝手に離脱して帰国した。無断帰国した者の中に毛利興《おき》元《もと》（弘元の嫡子、元就の兄）があった一方、小早川弘平は義興に随い、船岡山《ふなおかやま》合戦（京都市）に参加している。しかし、その翌年三月に弘平や興元を含む安芸国人九名は一揆契約を結んだ（「右田毛利家文書」）。その目的は、船岡山合戦前後に安芸国人がとった分裂行動によってもたらされた相互の不信感を取り除き、上級権力（幕府や大内氏）からの諸種の要求に対して結束して行動すること、武田氏と結んで安芸国への進出を図る尼子《あまご》氏対大内氏の争いのなかで分裂行動が招来するであろう不利益を除去することであったとされる（岸田二〇一四）。

さらに同年十月に毛利興元は小早川興平と盟約を結んだ（『小』）。その内容は、両者の調停によって備後国人山内《やまのうち》氏と木梨氏の和与が成立したこと、木梨氏が和与に反する行動をとった際には小早川氏は木梨氏を退治すること、山内氏が和与に反する行動をとった際には小早川・毛利両氏が共同して対応すること、小早川氏が盟約に反した場合、毛利氏は山内氏に味方することなどである。このような盟約の背景には、毛利氏と山内氏、小早川氏と木梨氏の間に婚姻関係があり、これ以前から信頼関係が構築されていたことがあったとされる（柴原一九九三、秋山二〇一六）。

なお、これ以降のことと考えられるが、興元娘は山内豊通に嫁したのち、豊通が早逝したため、弘平の子小早川興景に再嫁した。この婚姻関係が隆景の竹原小早川家継承に繋がるのである。

第一章　小早川隆景の登場

1　竹原小早川家への入嗣

隆景の誕生とその前後の毛利氏

隆景は天文二年（一五三三）、毛利元就の三男として誕生した。母は吉川国経《くにつね》の娘（法名：妙玖《みょうきゅう》）。同母兄弟姉妹に、十歳年長の長兄隆元《たかもと》、三歳年長の次兄吉川元春《もとはる》のほか、隆元より年少で元春より年長の姉五龍（宍戸隆家妻）があった（そのほか、石見高橋氏に嫁して早逝した長女があったとされる）。元就は、沼田小早川家興平と盟約を結んだ興元の弟であったが、永正十三年（一五一六）に興元が死没し、さらに、興元の子幸松丸《こうまつまる》が大永三年（一五二三）に早逝したため、毛利家の家督を継承した。

隆元の生誕地については毛利氏の居城郡山《こおりやま》あるいは、家督継承前の元就の居所猿掛《さるがけ》城（いずれも広島県安芸高田市）とされるが、隆景が誕生した頃にはすでに元就は毛利氏当主となっており、隆景の生誕地は郡山城と考えられる。幼名は徳寿丸《とくじゅまる》。

ここで、隆景誕生以前の中国地域の情勢について、安芸・備後国を中心に整理しておきたい。安芸国においては永正九年（一五一二）に国人一揆が結ばれたが、この頃から安芸・備後国に対する出雲尼子氏の進出が顕著になってくる。永正十二年（一五一五）には、かつて安芸国守護職に補任されていた武田氏が尼子方に転じたため、大内方の毛利氏や吉川氏との対立が激しくなり、永正十四年（一五一七）十月の有田中井手《ありたなかいで》合戦において、幸松丸の後見を務めていた元就や、吉川勢によって、武田元繁《もとしげ》や武田方の熊谷元直《くまがいもとなお》、香川行景《かがわゆきかげ》らが討ち取られた。

ところが、武田氏や厳島神社神主家（友田興藤《ともだおきふじ》）らと連携した尼子氏の南下政策はその後も継続され、大永三年には尼子経久《つねひさ》が自ら兵を率いて安芸国へ出兵したとされる。尼子勢の南下によって、毛利氏をはじめとした安芸国人の多くは尼子氏に従属することとなり、大内氏による安芸国支配の拠点東西条《ひがしさいじょう》の鏡山《かがみやま》城（広島県東広島市）を攻略した。幸松丸の死没はその直後である。

尼子氏の攻勢に対抗して大内氏が安芸国へ派兵すると、毛利氏らは再び大内氏へ従属する。大永五年（一五二五）のことである。これ以降、元就は大内方として活動していき、享禄三年（一五三〇）には尼子方であった安芸石見境目地域の国人高橋氏を滅亡させて、安芸国においても最大級の国人へと成長を遂げた。隆景が生まれた天文二年には、従五位下右馬頭《うまのかみ》に叙任されている。また、この頃には対立関係にあった近隣の国人宍戸氏や熊谷氏とも和解して、元就は地域のリーダー的存在とみなされるようになっていった。

天文九年（一五四〇）になると、安芸国高屋保（広島県東広島市）を本拠とする国人平賀弘保《ひろやす》・興貞《おきさだ》父子間の争いに大内・尼子両氏が介入して、大内氏が弘保、尼子氏が興貞を支援したが、毛利勢が興貞を攻撃したため、興貞を救援するために、毛利氏の本拠吉田郡山に尼子氏が攻撃を仕掛けた。いわゆる郡山合戦である。この当時、隆景は八歳。郡山城内に居たと考えられるが、戦闘に加わったとは考え難い。この合戦において毛利氏は尼子勢の撃退に成功した。その結果、元就の名声が高まるとともに、安芸国内の尼子方（武田氏、友田興藤）は没落。武田氏旧領の一部を獲得した毛利氏は広島湾頭への進出を果たした。

郡山城跡（広島県安芸高田市吉田町吉田）

一方で、大内義隆《よしたか》（義興の子）は、郡山合戦での勝利に乗じて尼子氏打倒を企て、天文十一年（一五四二）、出雲遠征を敢行した。しかし、尼子氏の居城富田《とだ》（島根県安来市広瀬）攻略に失敗して、撤退を余儀なくされた。元就や小早川氏も出雲遠征に従っていたが、沼田小早川家当主正平《まさひら》は撤退途中に尼子勢の追撃を受け、天文十二年（一五四三）五月、出雲国鳥巣《とびのす》（島根県出雲市）において討死した。元就も生命の危険にさらされながらようやく撤退したのであるが、その直後に、志芳東（広島県東広島市）を本拠とする安芸国人天野興定《あまのおきさだ》と同盟関係を確認しており、大内義隆の失態によって、相対的に元就への安芸国人衆の期待は高まっていたのである。

隆景誕生前後の小早川氏

永正九年の安芸国人一揆には竹原小早川家の弘平が名を連ねた一方で、同年に沼田小早川家の興平と毛利興元との盟約が成立したことについては先にみた通りである。有田中井手合戦直前の永正十四年九月には、大内義興から平賀弘保に対して、弘平と和解して武田氏討伐に当たるよう指示が出されており（『大日本古文書　家わけ第十四』平賀家文書、以下『平』）、小早川氏が大内方の有力な国人であったこと、同様に大内方であった毛利氏とも良好な関係にあったことが窺える。弘平は永正十年に興平の弟福鶴を継承者としていたが、永正十六年（一五一九）に実子興景が生まれたため、興景が継承者とされ、福鶴は後に船木常平《つねひら》と称して別家を建てた。

興景は大永八年（一五二八）、大内義隆の加冠《かかん》によって元服（『小』）。その直後には家臣に対する受領書出《かきだし》を発給しており、少なくとも形式的には家督を継承したと考えられる（その後も弘平の発給文書はみられるため、二頭政治体制）。天文八年（一五三九）には義隆が中務少輔の官途推挙《すいきょ》を行っており（『小』）、父弘平以来一貫して大内方として行動している。大永三年の鏡山城攻撃時には毛利氏をはじめとした多くの安芸国人が大内方から尼子方へ寝返ったにもかかわらず、竹原小早川家は大内方に留まったようである。また、郡山合戦において竹原小早川家から多くの援兵が到来しており、竹原小早川家は毛利氏にとって最も友好的な国人の一つであった。

これに対して沼田小早川家においては、永正五年に死没した扶平が二十四歳、大永五年あるいは六年（一五二六）に死没した興平が二十二歳と夭折《ようせつ》が相次ぎ、興平の子詮平（後の正平）が家督を継承したとき、わずか四歳であったとされる。このため、一族や奉行人による領国運営が常態化する傾向にあったと考えられる。

たとえば、大永六年七月に船木常平・梨子羽（梨羽）康平・真田興康は連署《れんしょ》して乃美弾正忠（沼田小早川家庶家）に対して、「又鶴殿（詮平）成人においては御一行の儀申し調えるべく候」という書状を発給している（「譜録」）。船木家は茂平の庶長子経平を祖とする鎌倉期に分出した庶家であるが、常平は興平の弟。梨子羽家は春平の子時春を祖とする室町初期に分出した庶家であるが、康平は扶平の弟。真田家は十五世紀半ば頃から奉行人を務めている。成人後に当主が公式に判物《はんもつ》を発給するとされているものの、実質的には知行宛行を一族と奉行人で実施している事例といえよう。また、庶家においても惣領の近親者による継嗣が行われており、庶家の被官化が進む一方で、幼年の当主が連続した結果、一部の庶家の勢力が拡大していた。

また、新庄家惣領椋梨《むくなし》家の勢力も拡大している。たとえば、天文四年（一五三五）、小早川又太郎（後の詮平・正平）は、大内氏による九州出兵に参加していた椋梨治部少輔（盛平カ）の帰国に対して謝意を示している（『小』）。応仁・文明の乱の際には、「小早川椋梨常陸介」（盛平の父カ）が、沼田小早川家当主の熙平とともに軍功をあげたことを細川勝元から賞されており、椋梨家が沼田小早川家から独立した部隊を率いていた。しかし、この九州出兵の際には、当主が幼少で軍勢を率いることが困難であったため、沼田小早川勢の指揮が椋梨家に委ねられたものと考えられる。

興平から詮平への家督継承期は尼子方に寝返った安芸国人らが大内方に復帰していった頃であり、沼田小早川家も少なくとも天文四年までは大内方であった。しかし、天文八年には沼田小早川家と竹原小早川家との間で戦闘が展開されている（「田坂《たさか》文書」）。詮平の「詮」は尼子詮久《あきひさ》（経久の孫）の偏《へん》諱《き》であり、少なくとも天文九年三月まで詮平を名乗っている（「仏通寺《ぶっつうじ》正法院文書」）。天文五年（一五三六）に沼田小早川家領に隣接する平賀氏において、興貞が尼子方に荷担して、父の弘保と対立関係に至っているが、興貞の行動の背景には沼田小早川家の尼子氏への転向があったと考えられよう。

ここで注目すべき文書を掲げる。一月五日付けで、大内氏家臣内藤隆時から椋梨常陸介（盛平）に宛てられた書状である（『小』）。

　このたび現形として手切れ、敵数多討ち捕られ、郎従数人疵らるの由、杉次郎左衛門尉注進到来候
　（このたび尼子氏への裏切りとして、尼子勢に攻撃を仕掛けられ、敵を多く討ち捕られ、被官数人が負傷されたとのこと、杉次郎左衛門尉から報告が参りました。）

杉次郎左衛門尉は大内氏による安芸国支配の拠点東西条において代官を務めていたが、天文九年秋から十年初頭にかけて展開された郡山合戦において、早い時期から竹原小早川興景とともに救援に駆けつけている。したがって、この文書は天文十年に比定される。尼子勢による毛利氏攻撃に、沼田小早川家を代表して椋梨盛平が参加していた。ところが、尼子勢の攻撃は停滞し、十二月初めに大内氏からの援軍として陶隆房《たかふさ》（後の晴賢）が着陣した。内藤隆時の書状は杉からの報告を受けて発せられたものであるから、盛平の寝返りは隆房の着陣によって尼子勢の不利を悟ったうえでの判断だったと

考えられる。元就自身が記したとされる「郡山籠城日記」（『毛』）に、沼田小早川勢の動向はまったく記述されていないが、実際には沼田小早川家の寝返りが戦況の大きな画期となった蓋然性が高い。元就は毛利勢の奮戦を強調するため、故意に沼田小早川家の動きを記さなかったのであろう。

このような戦功をたてたとはいえ、大内氏にとって沼田小早川家は離反を繰り返す信用できない存在であった。このため、出雲遠征には当主正平の従軍を求め、さらに、出雲からの撤退時には殿《しんがり》を命じられたという。その真否は不明であるが、正平の討死は大内氏の沼田小早川家に対する処遇が冷淡であったことを反映している。正平の享年二十一歳。沼田小早川家は三代連続で当主を二十代前半で失った。正平の子又鶴は天文十一年生まれ。わずか二歳の幼主であり、椋梨盛平や乃美隆興《たかおき》を中心とした親大内派の有力家臣による領国運営が行われたと考えられる。

小早川興景の死没と継承者問題

『小早川家文書』に収録されている「竹原小早川家系図」によると、小早川興景は天文十二年三月二十七日、「芸州佐東陣」において病没したとされる。しかし、天文十二年三月は大内氏による出雲遠征が行われている時期であり、明らかな誤伝である。「佐東陣」とは、天文十年（一五四一）一月に尼子勢が郡山合戦で敗れて撤退した後、尼子方であった安芸武田氏の居城金（銀）山を大内方の諸将が攻撃した戦闘を指すと考えられ、興景の病没は天文十年三月のことと推測される。

興景の享年は二十三歳と伝わるが、子はなかった。妻は毛利興元娘である。興元は明応元年（一四九二）生まれとされ、興景妻の生年は不明であるが、興元の生年から推測すると、興景とほぼ同年代であろう。ただし、興景妻は再嫁であった。最初の縁組相手は備後国人山内豊通。豊通の活動は大永八年頃までみられるが、天文五年に山内氏の家督が隆通に継承された際の当主は豊通の父直通であり、この間に豊通が死没して、興景妻は毛利氏に帰っていたと推測される。

隆景は興景妻の従兄弟にあたる。隆景の甥吉川元長《もとなが》（元春の長男）の書状（天正十一年八月十三日付け、『大日本古文書　家わけ第九　吉川家文書』、以下『吉』）に「隆景御事はすでに竹原の家督を御継ぎ候、それ以後小早川御家御存知候、これは筋目なき様に候といえども、竹原興景の御局方、こなたより御出の故に候」とあるように、隆景の竹原小早川家入嗣は縁戚関係に基づく正統性の高い継承であったと認識されている。しかし、現実には隆景の竹原小早川家入嗣には紆余曲折があった。

隆景の家督継承は天文十三年（一五四四）である。同年十二月十二日付けで、大内義隆から「小早河徳寿丸」に宛てて祝儀が贈られている（『吉』）。これに先立つ十一月十八日付けで、徳寿丸が芸予《げいよ》諸島部の大崎下島を活動拠点にしていたと推測される多田助七に対して発給した官途推挙状も確認される（「豊町歴史民俗資料館蔵多田文書」、なおこの文書は写しであるため、隆景発給文書の初出と確定することはできない）。いずれにせよ、興景死没から三年経過してようやく家督継承が行われたことになり、必ずしも順調に継承が行われたとはいえない状況である。この経緯について、毛利氏の外交僧安国寺恵《あんこくじえ》瓊《けい》は「興景三年の仏事過ぎ候て十一月に竹原へ養子なり」と記しており（「毛利家文庫所収文書」）、家督継承が三年後になった理由を仏事としているが、真実であろうか。

家督継承の経過を窺わせる文書として、大内義隆から元就に宛てられた書状写（『毛』）を掲げる。

Ⓐ十二月二十日付け　竹原人躰事、賢息をもって相続然るべく候、斟酌に及ばれるべからず候

Ⓑ七月三日付け　竹原人躰の儀申せしめ候の処、御斟酌の由候、こころもとなく候、かの家人等強いて懇望の由候、領納然るべく存じ候

大内義隆は天文十一年半ばから十二年五月頃まで出雲遠征を行っており、ⒶⒷがこの期間に発給されたとは考え難い。したがって、Ⓐは天文十二年、Ⓑは天文十三年に比定される蓋然性が高い。この比定が正しいとすると、次のような経緯が推測される。

Ⓐ以前に、隆景の竹原小早川家への入嗣が検討されていたが、元就が逡巡していたため、義隆から直接勧める書状が発せられた。それでもなお、元就は隆景の入嗣に難色を示したため、義隆は竹原小早川家家中が隆景入嗣を強く希望していることを伝えて、元就に了承を求めた。

大内義隆
（山口県長門市・大寧寺蔵）

なお、Ⓑの二ヶ月後と考えられる九月十二日付け飯田《いいだ》隆言（大内義隆側近）書状（元就の使者常楽寺宛て、『吉』）に「竹原の儀につき、元就御存分のとおり、仰せ聞かされ候、その意を得候、然るといえども、当時、隆言存分ども候間、披露いたさず候、御分別あるべく候、御申し干（肝）要候」とあり、Ⓑ以降も毛利氏と大内氏との交渉が継続していたこと、大内

氏が隆景入嗣を実現するために知恵を絞っていたことが窺える。

竹原小早川家入嗣の理由

なぜ、義隆は隆景の入嗣に固執したのであろうか。

出雲遠征に失敗して、天文十二年五月に撤退した直後の義隆は、竹原小早川家に従って活動していた乃美備前入道に対して「その堺事、いよいよ堅固の覚悟肝要候、国役人近日差し上らすべく候、沼田に至り、まず一勢差し籠め候」という書状を送っている（六月二日付け「乃美文書」）。また、沼田小早川庶家乃美隆興に宛てた六月十一日付け義隆書状には「当山勢衆差し籠めるべきの由その心得候、近日三河守差し上らせ候、相談あるべく候、高山堅固の計略専一候」とある（『萩藩閥閲録《はぎはんばつえつろく》』、以下『閥』）。

出雲遠征の失敗によって、安芸国人衆には動揺が広がった。なかでも、天文九年末まで尼子方であり、かつ、今回の遠征によって当主正平を失った沼田小早川家の動揺は大きかったと考えられる。そのため、義隆は大内勢を援兵として沼田小早川家の居城妻高山（広島県三原市）へ派遣した。援兵とはいえ、沼田小早川家が大内方から離反しないように監視する役目も担っていたと考えられる。

このように動揺している沼田小早川家を大内方に留めるためには、隣接する同族竹原小早川家が引き続き強固な大内方である必要があったが、竹原小早川家も当主興景を失っており、不安定化する危険性があった。そのような竹原小早川家を安定させるためには、安芸国人衆のリーダー的存在であり、かつ、有力な大内方である元就による竹原小早川家への支援が不可欠だったのである。そこで、元就縁戚者による竹原小早川家の家督継承を義隆は求めた。

なぜ元就の子のうち、元春ではなく、隆景が入嗣したのかは定かでない。興景妻との関係という意味では、元春も同様である。隆景入嗣直後の天文十三年十二月二十日付けで、元就弟北就勝《きたなりかつ》の知行を将来的に元春に対して譲る旨の契約が結ばれており（『吉』）、隆景入嗣当時の元春の処遇が未定であったこと、弟隆景の処遇決定に対する元春の不満を緩和するために、就勝との契約が結ばれたことが推測される。入嗣時の隆景は十二歳。元春は十五歳。元春は天文十二年八月に兄隆元の加冠により元服しており（『吉』）、毛利氏家中にあって隆元を支える存在になることが予定されていた。そのような経緯から、竹原小早川家への入嗣候補は隆景とされたのではなかろうか。また、そのように仮定すると、先にみた大内義隆書状Ⓐを天文十二年に比定した点に整合性が認められる。

以上の推論には、次のような疑問が生じる。天文十年三月の興景死没後、天文十二年半ばに至るまで、竹原小早川家の当主は不在のまま放置されていたのであろうか。史料に基づく明確な回答は見出しえていないが、興景の死没後も武田氏との戦闘は五月頃まで継続しており、その後の戦後処理を経て、すぐに出雲遠征が計画されている。そのような慌ただしい状況下において、有力な家督継承候補者不在の竹原小早川家家中で継承者を決定することは難しく、かつ、その決定に対する承認権を有していた大内氏は、尼子氏との決戦に専念しており、承認を与える状況になかった。その結果、当面の間、有力家臣による合議体制で運営することとなったと推測される。

天文十二年十二月十九日付けで、出羽屋又右衛門尉に対して「家中人躰御礼儀として、鳥目の事申し候ところ、参拾五貫文借り給い候」という書状が発給されている（「乃美文書（熊本）」、以下「乃」）。

「家中」とは竹原小早川家家中を示しており、この書状に連署している四名がこの時点における竹原小早川家の運営に携わっていた者と考えられる。連署者のうち、「景親」「景継」は興景の偏諱をうけた者、「浄世」は僧籍にある者であるが、いずれも人物の特定はできない。「慶俊」については次節において詳しく検討するが、乃美備前守を指すと考えられる。乃美備前守やその子と考えられる乃美賢勝は大内氏当主や大内氏奉行人から文書を受給あるいは発給している。また、賢勝の子宗勝《むねかつ》（万菊丸）に対して、大内義隆は天文十一年に比定される閏三月二十八日付けで所領を与えている（「乃」）。したがって、乃美慶俊は大内氏と親密な関係にあったと推測され、興景死没後の当主不在期の竹原小早川家の運営は、大内氏と親密な関係を有する乃美慶俊を中心とした合議制であったと考えられる。

そのような合議体制下の竹原小早川家家中は一致して隆景入嗣を歓迎していたのであろうか。先にみたⒷにおいて、義隆が「かの家人等強いて懇望」としていることは何を意味するのか。Ⓐにおける元就の逡巡は、竹原小早川家家中に隆景入嗣を歓迎しない者があったためであり、元就の懸念を取り除くために、Ⓑにおいて竹原小早川家家中の総意による入嗣要望であることを大内氏が保障したと推測される。換言すると、元就は幼い隆景の身を案じるとともに、竹原小早川家を毛利氏の強固な同盟勢力とすべく、逡巡してみせることによって、竹原小早川家家中の掌握に成功したのである。

次節でみる隆景初陣の備後国手城合戦の恩賞《おんしょう》として、「外郡の内五ヶ」（福山市沿岸部）が竹原小早川家に与えられているが、その理由として、大内氏奉行人らは「かの衆の事、海上通路たやすかるべくの条」としており、竹原小早川家は安芸国人の中でも屈指の水軍を擁していた。隆景の竹原小早川家入嗣によって、毛利氏は水軍力の大幅な増強に成功したのである。

2　竹原小早川隆景

竹原小早川家へ入嗣した隆景は、少なくとも天文十六年（一五四七）五月頃まで「徳寿丸」を称している。しかし、徳寿丸が発給した文書にはすべて花押《かおう》が据えられていない。元服前の徳寿丸には当主としての権限が制限されていたことを窺わせる。

徳寿丸から隆景へ

たとえば天文十六年、大内氏は毛利氏や小早川氏らに命じて尼子方の備後国神辺《かんなべ》（広島県福山市）を居城とする山名理興《ただおき》を攻撃した。その際の同国「五ヶ龍王山」（福山市坪生）における合戦において戦功をたてた末長《すえなが》又三郎や嶋末蔵人丞に対して、徳寿丸は五月三日付けで書状を発給している（『閥』、花押は据えていない）。五月二日付け徳寿丸宛て飯田隆言書状（「飯田文書」）に「御自身御発足なされ」とあり、隆景の初陣であったが、末長に対しては、五月九日付けで、元就（末長又三郎宛て）と隆元からもそれぞれ戦功を賞する書状が発給されている（『閥』）。末長家は遅くとも興景の代から竹原小早川家に仕える家臣であり、徳寿丸の書状に大内氏へ戦功を注進したとの文言があることからも、末長又三郎が徳寿丸家臣であることは明白であるが、元服前の徳寿丸からの抽賞では不十分であったため、元就と隆元が書状を発給したと考えられる。徳寿丸の権力は毛利氏、とりわけ元就の後見によって補強されていたといえよう。

次に、元就が徳寿丸に対して発した五月十八日付け書状（「乃」）を掲げる。

先日、医師のことについてお話ししました。心のこもったお返事をいただき、うれしく思います。一番悪い状態から少し良くなったので、とりあえずお越しいただかなくてもよいと言いました。しかし、今になっても回復しない状態ですので、ご面倒をおかけしますが、こちらへ二三日の逗留予定で、明日、あのご医師にお出でいただくように、命令していただけませんか。お待ちしています。使者を送ってお願いすべきなのですが、つい先日にご相談したことですので、書状を送ります。この趣旨を慶俊にご相談されて、明日ご出立されるようにお頼みいたします。このことを書きましたので、他の事についてはまたお話しいたします。

この書状で医師による治療が必要とされている者は誰を指すのか。元就の妻妙玖は天文十四年（一五四五）十一月三十日に病没したとされている。元就の徳寿丸に対する懇願から推測すると、この書状は天文十四年に比定され、体調が悪化しているのは妙玖であろう。この半年後に妙玖は亡くなり、徳寿丸は十三歳で母親を失ったのであるが、この書状で注目すべき点は「慶俊仰せ合わされ」とされている乃美慶俊の位置づけである。幼主徳寿丸が重要な判断を下す際には、慶俊との協議が必要であった。また、「他事重ねて申し述ぶべく候」とあることから、元就が徳寿丸に対して、しばしば意見していたことも窺える。

少なくとも天文十六年五月頃まで「徳寿丸」を称していた隆景の元服はいつであろうか。年欠十二月二日付け徳寿丸書状写（『小』）には「去月二十八日帰城」とある。天文十六年五月の坪生における合戦後、引き続き徳寿丸が在陣していた可能性もあり、そうすると、「徳寿丸」を称した下限は天文十六年末まで降る。一方で、隆景が「隆景」を称した初見文書は、写しであるが、天文十七年十月である（『閥』）。また、天文十八年（一五四九）三月十日付けの大内義隆書状写（『小』）の宛先は「小早河又四郎」となっており、元服したことを示している。「隆」は義隆の偏諱である。家中に対する花押を据えた文書も、天文十八年十月の嶋末蔵人宛て書状写（『閥』）、同年十一月の田坂与一兵衛尉宛て宛行状《あてがいじょう》（「田坂文書」）を皮切りに発給されるようになっている。

新高山城（広島県三原市本郷町本郷）
（三原市教育委員会提供）

これらの史料から推測すると、隆景は天文十七年初頭から半ばの間に元服したと考えられる。隆景十六歳のときであった。

「竹原にし殿」

永禄四年（一五六一）三〜四月に元就・隆元父子が沼田小早川家継承後の隆景の居城雄高山（新高山《にいたかやま》城）を訪問した際、「御新造様」「ひがし殿様」と並んで、元就・隆元からの進物を受け取った女性として「竹原にし殿」が記されている

手島屋敷跡（広島県竹原市東野町）

木村城跡（竹原市新庄町城ノ本）

（『小』）。「御新造様」は、沼田小早川家の正平娘で隆景の妻となった問田大方《といだのおおかた》を指す。「ひがし殿様」は正平の妻であろうか。そうすると、「竹原にし殿」は、竹原小早川家の興景妻（毛利興元娘）と推測される。竹原小早川家の居館があったとされる「手島屋敷」（隆景の沼田小早川家継承後に、家臣手《て》嶋《しま》家の屋敷になったとされる）は「西殿屋敷」と呼ばれていたとする伝承があることも「竹原にし殿」が興景妻であることの傍証となろう。竹原小早川家の居城は木村城とされるが、当主夫妻は「西殿屋敷」に常住していた。そのため、興景妻は「竹原にし殿」と呼ばれたのであろう。

「竹原にし殿」は興景死没後、時期は定かでないが、「杉原殿」に再嫁し、さらに、杉原盛重《もりしげ》へ嫁したとされる（『毛』）。「杉原殿」とは、神辺を居城としていた尼子方の山名理興が没落した後に、神辺城主になった杉原豊後守を指すと推測されている（木下二〇一二）。杉原豊後守への再嫁時期については天文二十年（一五五一）前後とされるが、弘治三年（一五五七）二月頃までには豊後守も死没した（木下二〇一二）。ちょうどその頃から神辺城主としての杉原盛重の活動がみられるようになっており、「竹原にし殿」は豊後守の跡を引き継いだ盛重の妻とされた可能性もある。

しかし、永禄四年の元就・隆元訪問時に「竹原にし殿」が盛重の妻であったとすると、新高山城に居たことと整合性がとれない。元就・隆元訪問にあわせて神辺から新高山城に来訪していたとしても、「竹原にし殿」と呼ばれるとは考え難い。その当時、竹原の「西殿屋敷」を常住場所としていたから、「竹原にし殿」と呼ばれたのではなかろうか。つまり、豊後守の死没後、「竹原にし殿」は一時期、小早川家へ帰っていた。

一方で、「森脇覚書」によると杉原盛重は、永禄六年（一五六三）頃に死没した西伯耆地域の有力な国人行松《ゆきまつ》入道（居城は尾高（鳥取県米子市））の後家を娶ることによって、尾高城主となったとされる（鳥取県二〇一〇）。この縁組の詳細を示す同時代史料は確認できないが、盛重が永禄六年頃から西伯耆方面の計略を担っている事実から推測すると、行松入道後家との婚姻によって、西伯耆地域支配の正統性を獲得した蓋然性は低くない。ただし、盛重と婚姻した行松入道後家と「竹原にし殿」が同一人物という確証はない。

とはいえ、尼子氏の圧迫によって国外に退去した行松氏が、毛利氏の支援によって尾高に帰城したのは永禄五年（一五六二）とされており（「森脇覚書」）、杉原豊後守の死没後に小早川家へ帰っていた「竹原にし殿」が尾高に帰城した行松入道に再嫁したとすると、永禄四年に「竹原にし殿」が小早川氏領内に居住していたことと整合する。「竹原にし殿」は杉原豊後守の死没後に小早川家へ帰り、永禄五年に行松入道へ嫁したものの、その一年後には行松入道が死没して、その後、杉原盛重に嫁したという可能性も指摘できる。いずれにせよ、隆景の従姉妹「竹原にし殿」は再嫁を繰り返すことによって、毛利氏の勢力拡大に貢献したのである。

瀬戸内海と小早川氏

先に、竹原小早川家が安芸国人の中でも屈指の水軍を擁しており、隆景の竹原小早川家入嗣によって、毛利方の水軍力が増強されたことを指摘したが、ここで海洋領主としての小早川氏の動向を整理するとともに、小早川水軍の中核であった乃美家について考察しておきたい。まず、市川裕士氏の研究（市川二〇〇三）に学びつつ、南北朝・室町期の芸予諸島地域への小早川氏の進出をみていこう。

小早川氏が瀬戸内海島嶼部《とうしょ》へ進出する契機となったのは、康永元年（一三四二）の伊予出兵とされる。この時期の伊予国・芸予諸島は南朝方に制圧されており、幕府は分断されていた畿内と西国を連結するために、幕府は細川頼春《よりはる》を総大将として伊予へ侵攻するとともに、小早川氏に芸予諸島の制圧を命じた。小早川勢を統率したのは沼田小早川家庶家の小泉氏平であり、まず生口島《いくちじま》（広島県尾道市）へ侵攻した。また、小坂・浦・船木・安宿といった他の庶家は弓削島《ゆげしま》への進出が確認できる。さらに氏平は貞和三年（一三四七）に因島《いんのしま》（尾道市）へも進出して、観応二年（一三五一）には沼田小早川家惣領の貞平が因島地頭職に任じられている。

これらの地域については一四六〇年代まで実効支配が続いたが、職を獲得したものの継続的な支配

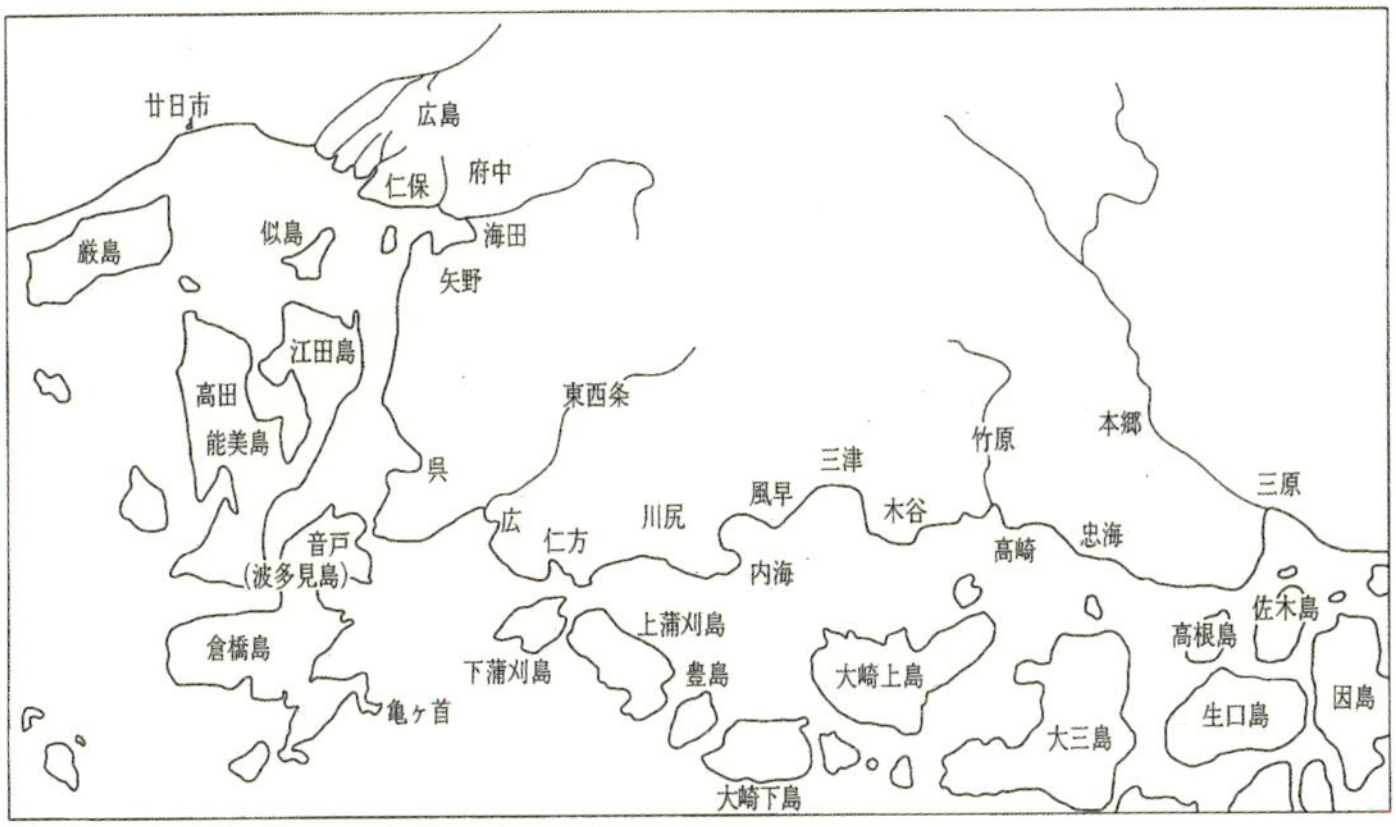

芸南地域略図（『安芸津町史』より）

が困難だった地域もある。康暦元年（一三七九）に氏平の子宗平が地頭職を獲得した越智《おち》大島（愛媛県今治市）や、応安四年（一三七一）に沼田小早川家惣領の春平が地頭職を獲得した能美島《のうみしま》（広島県江田島市）が挙げられる。沼田小早川家による芸予諸島支配は幕府権力に依存したものであったため、構造的脆弱性を内包していた。そのため、持平と熙平の家督をめぐる争いなどによって家中が混乱すると、村上《むらかみ》氏勢力による芸予諸島進出を許す結果となった。

寛正三年（一四六二）、弓削島の荘園領主東寺《とうじ》は、当島を押領している者として「海賊能嶋」「同（海賊）山路」とともに「小早川小泉」をあげ、「この三人内、専ら小泉押領」と認識している（『大日本古文書　家わけ第十　東寺文書』）。一方で、康正二年（一四五六）には、「村上治部進」の年貢徴収請負について、沼田小早川家と関係が深い管領細川勝元が承認していることを窺わせる内容の文書が確認される。「村上治部進」

は来島《くるしま》村上氏と推測されており（山内二〇一四）、沼田小早川家に代わって村上氏が芸予諸島への進出を強めている状況を示している。

この時期から芸予諸島における沼田小早川家の活動がみられなくなる一方で、村上氏の活動が確認できるようになっているが、先にみたように、永正元年には瀬戸内海に面した三原郷へ進出しており、沼田小早川家の海洋領主的一面が失われたわけではない。延徳三年（一四九一）の小早川敬平知行目録（『小』）においても、大崎島両庄（広島県大崎上島町）、高崎浦・福田浜（竹原市）、洲並（三原市須波）・佐木（三原市佐木島）、越智郡内大嶋四分一といった島嶼部・沿岸部の領有が確認できる。

このうち大崎島について、天文年間に給地《きゅうち》を宛行われている金山家（『閥』）は、沼田小早川家の代官として大崎中庄の支配を担っていた金山備前守あるいはその一族の子孫と考えられており（岸田一九八三）、沼田小早川家の大崎島支配が継続していたことを窺わせる。

次に、竹原小早川家は本拠竹原庄が沿岸部に位置しており、竹原庄から西の沿岸部へも進出している。吉名（広島県竹原市）、木谷・三津・風早（広島県東広島市安芸津町）、内海（呉市安浦町）といった地域である。また、島嶼部の所領として、波多見島（呉市音戸町）が挙げられる。応永三十四年（一四二七）、弘景は嫡男盛景に対して、内海とともに波多見島を譲与（『小』）、さらに、盛景は享徳三年（一四五四）に嫡子弘景へ譲与している（『小』）。その後、野間氏との間で争いが生じたが、弘平期の大永四年（一五二四）、大内氏の調停によって半分を野間氏に引き渡すこととなった（『小』）。

竹原小早川家に従って波多見島支配を担った乃美備前守（系図においては「家氏」とされるが、実名は

賀儀城跡からの眺め（竹原市忠海床浦）

定かでない。「家氏」の後継者賢勝も「備前守」を称するが、本書では「賢勝」と表記する）は沼田小早川家の庶流とされる。大内方として沼田小早川家惣領と対立した乃美員平・家平父子は、大内方であった竹原小早川家の下に逃れ、波多見島瀬戸城（呉市音戸）を守備していたが、沼田小早川家においては、敬平の弟是景に乃美郷（東広島市豊栄町）を領有させて、乃美家は分立することとなった。その後、沼田・竹原両家の融和によって、員平・家平系の乃美家を是景の次男が継承することになったという。

備前守を是景の子とする系譜に確証はないが、明応二年（一四九三）頃から、備前守や、その一党と考えられる乃美近江守（「仁賀田」を称することもある）・瀬戸三河守が、瀬戸や仁方（広島県呉市）を拠点として安芸国中央部の海域において竹原小早川家方として活動しており、備前守系乃美家が沼田小早川家庶家の「乃美」を称する一方で、竹原小早川水軍の中核であったことは間違いない。

備前守の子と考えられる賢勝は沼田小早川家庶家浦家を継承したとされるが、「浦」を称した形跡はない。一方で、賢勝の子宗勝は浦家の所領浦郷（竹原市忠海、三原市幸崎町）のうち、忠海を本拠としている。浦郷は瀬戸内海沿岸部に位置しており、とりわけ忠海は潮待ちの港として知られていた。この点に関連して、宗勝の弟と考えられる乃美元信について、「浦万寿」と記した元就書状写（山口県文書館蔵毛利家文庫「譜録」、以下、刊行図書にない「譜録」は同館蔵）を確認できる。元信を「乃美万寿」と記した文書（『閥』）も確認されるため、元信が浦家を継承したとはいえないが、浦家の権益をも継承した備前守系乃美家が瀬戸内海において広範な権益を有する水軍であったことは明白である。

このように、沼田・竹原両家ともに海洋領主的一面をもっており、内陸部を拠点とする毛利氏の弱点を補完する絶好の存在だったといえよう。

乃美慶俊・賢勝・宗勝

先にみた天文十二年十二月十九日付けに連署している「慶俊」については、従来、乃美宗勝の父賢勝に比定されてきた。しかし、天文二十三年（一五五四）になっても賢勝は「備前守賢勝」と称されている（『小』）一方、「慶俊」は法名と推測され、賢勝と慶俊が同一人物とは考え難い。

天文十六年に比定される十二月二日付け徳寿丸書状写（『小』）の宛所は「乃美備前入道」となっており、慶俊＝備前入道であり、賢勝の父に比定できよう。この書状には「その面長々御逗留御辛労の儀候」「宗勝今に在城候の間、御心安かるべく候、早々隙明けられ、上国待ち申し候」とあり、宗勝が手城合戦の後も備後方面に在番していたこと、慶俊は木村城より西方面に滞在して軍事的活動以外の何らかの活動に携わっていたことが判明する。同書状には「小座敷出来候て祝着候」ともあるため、慶俊は山口において大内氏の普請手伝いに携わっていた可能性を指摘できる。さらに、徳寿丸は慶俊に対して「そこもと居り候者、皆々辛労由、仰せ聞かさるべく候」と伝えており、竹原小早川家を代表して慶俊が夫役負担を指揮していたと推測される。

先にみた五月十八日付け元就書状においても、慶俊は徳寿丸の後見人的役割を担っており、徳寿丸期の竹原小早川家においては、乃美慶俊が宿老として活動していたといえよう。

一方で、十二月二日付け徳寿丸書状写に宗勝の父賢勝の動向は記されていない。賢勝は永正八年（一五一一）時点で「小太郎」を称しており（『小』）、家督継承前であったが、天文五年に大内義隆から書状を受給している「乃美備前守」（『小』）は賢勝を指すと考えられ、この間に賢勝が家督を継承し、慶俊が法名を称したと推測される。賢勝の家督継承後も、慶俊が奉行職や山口における夫役負担を担っている一方で、賢勝は大内氏の展開した各地の軍事行動に参加している。

また、天文二十三年九月には陶晴賢に対して軍忠状を提出し（『小』）、十月に大内義長《よしなが》から仁賀田（仁方）において知行給与の下文《くだしぶみ》を受給し（『小』）、十一月には晴賢から「いよいよ戦功を抽んじらるべき事肝要候」という書状（『小』）を受け取っている。この年の五月に毛利氏は大内氏と断交して、隆景勢も九月には能美島（広島県江田島市）へ遠征して、大内方の能美氏などを破っており、賢勝が晴賢に軍忠状を提出した時期には、隆景は晴賢と対立状況にあった。しかし、能美氏のほか、多賀谷氏（倉橋島《くらはしじま》・蒲刈島《かまがりじま》、いずれも呉市）や呉衆といった、毛利氏と大内氏の断交後において大内方として活動していた海洋領主層は、備前守系乃美家と親密な関係にあり、乃美賢勝に対しても隆景から離反して大内氏に荷担するように働きかけがあり、賢勝も動向に迷っていたことを示すものであろう。備前守系乃美家は隆景の宿老的地位にある一方で、独立領主的な性格も有していた。

宗勝についても、天文十六年あるいは十五年（一五四六）に比定される初出文書では、大内義隆から書状を受給しているが（宛所は「乃美小太郎」）、大内義隆が殺害された直後の天文二十年十月には元就から感状《かんじょう》を受給しており（宛所は「乃美兵部丞」、『小』）、毛利氏との結び付きの強さが窺える。

最終的には、備前守系乃美家は一体となって厳島合戦における毛利方水軍の中核として勝利に貢献したのであるが、天文二十四年（一五五五）以降、賢勝の動向はみられなくなっており、大内氏からの離反に伴い、賢勝に代わって宗勝が備前守系乃美家の軍事的権限も掌握したと考えられる。

乃美宗勝
（福岡市・宗勝寺蔵／福岡市提供）

竹原小早川家当主期の奉行人

隆景の入嗣以前の竹原小早川家の運営は、宿老である乃美慶俊や奉行人層による合議体制を中心にしていたと考えられるが、隆景の入嗣後、どのように変化したのであろうか。

文明十年代（一四八〇年前後）に竹原家の当主小早川弘景が嫡子の弘平に宛てた置文（『小』）の「内の者事」という条には「手嶋者どもより上は、いずれも仕り候わず候」とあり、隆景の入嗣以前の奉行人層の中核は「手嶋者」あるいは「手嶋衆」と呼ばれる被官層であった。同条には「手嶋衆」内の序列も記されており、(1)中屋（ただしこの時点では一時的に断絶）、(2)吉近、(3)末松、(4)田中、(5)井懸、とされている。

その後、永正十年（一五一三）に弘平が沼田家扶平の次男福鶴と親子契約を結んだ際には、末長・川井・柚木・木谷・神保が連署しており、同時期に比定される沼田家奉行人連署状の宛所は、有田・神保・三吉である。これらが弘平期における竹原家の中枢にあったと考えられるが、川井・木谷・三吉が庶家、末長・柚木・神保・有田が被官層に分類される。被官層のうち、末長は沼田新庄家惣領の椋梨家から分出したとされるが、この時点では竹原家において活動しており、竹原家の庶家ではないことから被官層とした。柚木は、弘景置文において、山田・「かゆの」とともに「沙汰人」とされ、序列は山田に次ぐ二位である。また、「沙汰人」は「内の者」より下位に位置づけられている。有田は置文において山田より下位に位置づけられ、「地下」とされる郷村有力層を出自とする。

このように、竹原家の運営は、庶家や手嶋衆ら有力被官層を中心としながらも、在地の新興被官層をも登用した多様な出自の者によって担われていた。また、当主の意向・意思を家臣へ伝達する奏者《そうしゃ》の役割については、弘平期に、末長のほか、瀬戸（備前守系乃美家）、興景期には、南（庶家）のほか、手嶋衆筆頭の中屋家が復興して「中屋余三」が担っている（『閥』）。

隆景の入嗣後になると、沼田家入嗣直前の天文二十年（一五五一）三月に発給された竹原家被官田坂与一兵衛尉や末長又三郎（磯兼景道《いそかねかげみち》）に対する打渡坪付《うちわたしつぼつけ》（「田坂文書」、「譜録」）に、岡余三左衛門尉と中屋右京進が署名しており、この両名がこの時点における竹原家の奉行職を担っていたと考えられる。このうち中屋右京進は、天文八年（一五三九）に興景の奏者を担った「中屋余三」と同一人物、あるいは後継者と考えられ、竹原家の家政を担う「内の者」筆頭の中屋家から起用されており、隆景が当主になったとはいえ、竹原小早川家の伝統を尊重する必要があったことを窺わせる。

一方、岡余三左衛門尉は実名就栄《なりひで》。毛利氏家臣から異動してきた人物である。就栄の父正吉は永正十二年（一五一五）に毛利興元から坂村（広島県安芸高田市向原町）において給地を与えられ、就栄自身も天文十一年（一五四二）に元就から北（広島県安芸高田市美土里町）において給地を与えられている（『閥』）。「就」は元就の偏諱であり、元就に近い人物であったと推測されるが、隆景の竹原家入嗣に随伴し、竹原家奉行人に起用されたと考えられる。なお、北や坂村など毛利氏領内の給地については、元亀三年（一五七二）に輝元から安堵されており、毛利氏にも属する両属的存在であった。

また、この時期に隆景の奏者として乃美宗勝を確認できるが（「田坂文書」）、軍事指揮官としてその指揮下にある武将に対して隆景の意向を伝達するといった内容であり、家政を担う奉行職とは異なる役割を担っていたと考えられる。これに対して、先にみた十二月二日付け乃美備前入道宛て徳寿丸書状には「与三左衛門尉所への御状、具に披見候」「なお、委細岡所より申すべく候」とあり、就栄が奏者のみならず、取次的な役割を担っていることが判明する。この書状には徳寿丸の花押は据えられておらず、隆景の権限は制限されていた。そのような状況下において書状を受け取り、隆景の意向を伝える役割を担う就栄の竹原小早川家運営における権限は小さくなかったと考えられる。

他方、吉川元春は入嗣の際に多くの家臣を随伴したと考えられるが（木村二〇〇八）、就栄以外に隆景の竹原家入嗣に随伴したことが明確な人物は、粟屋盛忠《あわやもりただ》のみである。盛忠は毛利氏奉行人粟屋元種《もとたね》の弟であるが、「雅楽（盛忠）事は、只今の小次郎（盛忠の子）年よりはるばる童部《わらべ》の時、竹原へ来候」

とあり（「日頼寺文書」）、随伴時には幼少であったため、隆景の竹原家当主期には奉行職を担っていない。隆景の竹原小早川家への入嗣は平和裡に行われたため、竹原家家中の給地は、基本的に安堵されたと考えられ、隆景が多くの家臣を随伴することは給地の面からも困難であった。

このため、随伴した家臣は少数であったと推測され、竹原小早川家の運営が伝統的な慣習に制約される面も少なくなかったと考えられる。中屋家から奉行人が起用されたことがその事実を類推させるが、一方で、周囲に信頼できる家臣が多くない隆景を補佐するとともに、元就の意向を竹原家に反映させるために送り込まれたのが岡就栄だったのである。その結果、竹原家の運営は、元就の強い影響下で、庶家や譜代家臣団を尊重しつつ行われることとなった。隆景自身のイニシアティブを発揮する状況にはなかった。

3　沼田小早川家への入嗣

沼田小早川家の混乱

正平討死直後の沼田小早川家の居城妻高山には大内氏の軍勢が派遣されていた。この措置は尼子方による逆襲の標的の有力候補が沼田小早川領であったためと考えられるが、沼田小早川家が尼子方に寝返る危険性もあったことを反映したものと推測される。

そもそも妻高山城への大内勢の在番は出雲遠征以前に遡る。大内氏家臣神代兼任は「芸州高山御城番数年勤め、雲州御陣に至り参上せしめ」とされており（『閥』）、おそらく郡山合戦の後に大内勢が妻高山へ入城していたと考えられる。郡山合戦の際に大内方へ寝返ったものの、参陣していた椋梨盛平の判断であったことから、当主正平の真意には疑いが向けられていた。このため、出雲遠征からの退却にあたっても、沼田小早川勢には十分な支援がなかったのであろう。

当主となった又鶴丸は二歳であったが、沼田小早川家の離反を警戒した大内氏によって、事実上の人質として抑留された。十一月三日付け椋梨盛平宛て又鶴丸書状（『小』）に「吾ら帰城の儀、最前より取り操られ候といえども、三州分別なきにより、相調わずの由候、苦しからず候、防州たびたび注進遂げ候ところ、順路に御裁判たるべきの由候、いよいよ公方へ無二御入魂あり、帰城の儀頼み入り候」とあり、又鶴丸は妻高山への帰還に向けてさまざまな工作を行ったが、東西条代官弘中隆包《ひろなかたかかね》（「三州」）の反対によって実現しなかった。そのため、又鶴丸は沼田小早川家の運営を担っていた椋梨盛平に対して、大内氏（「公方」）への忠勤を要請した。忠勤姿勢をみせることで、帰城の許可を得ようと考えたのである。

一方、十一月十六日付け椋梨盛平宛て元就書状（『小』）には「又鶴殿御帰城の事、防州より仰せ上げられ、方々浦へ仰せ遣わされ候や、定めて相調え申すべく候の条、干要候、早々仰せ越され候、畏み入り候、何と様にも、弘中・小原仰せ談じられ、頓に御落着仰ぐところ候」とあり、又鶴丸が帰城に向けて工作を行っている様子は、盛平から元就に報告が入っており、又鶴丸不在の沼田小早川家においてて領国運営を担っている盛平らは、毛利氏への接近を図っていた。

正平が討死した際にも盛平や乃美隆興は大内勢の妻高山城への派遣を要請、あるいは積極的に受け入れたようであり、郡山合戦以降における沼田小早川家の家中に親尼子派が潜在していたことを窺わせる。盛平や隆興ら親大内派にとって、大内氏の出雲遠征失敗によって、自らの地位が低下する危険性を感じていた。それを防ぐためにも大内勢の進駐は歓迎すべきものであり、逆に、又鶴丸の帰城に対する積極性はみられない。しかし、又鶴丸の帰城を拒否することもできないため、元就や大内氏家臣弘中隆包・小原隆言《おはらたかのぶ》との連携によって、実質的な権力を維持しようとしていたと推測される。

　これらの書状の明確な年次比定は難しいが、天文十七年（一五四八）十一月に又鶴丸は、小早川氏の氏寺の一つ楽音寺（三原市）の塔頭法持院に対して判物を発給しており（「楽音寺文書」）、これ以前に帰城している。一方、天文十八年二月二日付けの沼田小早川家家臣真田景久に対する差出（文書発給者）には「つめより」とある（「藩中諸家古文書纂」、以下「藩中」）。この文書はかな書きであり、「つめ」とは山城の頂上部を指すため、妻高山城の本丸に居住する女性、すなわち正平後家（又鶴丸母）が発給したものと考えられる。この時点の又鶴丸は八歳であり、帰城して文書を発給するようになったとはいえ、実質的な政務を執ることは不可能であった。この文書は真田からの愁訴《しゅうそ》を受けて、給地棟別の知行を認めたものであり、このような定型的でない判断を要する事例においては、又鶴丸母が当主の役割を担っていたのである。

　また、楽音寺法持院宛て文書には「なお委細年寄ども申すべく候也」、真田宛て文書には「年寄衆へも申し」とあり、いずれのケースも「年寄衆」が関与していたことを示している。この年寄衆の構成員は定かでないが、椋梨盛平や乃美隆興が含まれる、あるいは彼らの影響下にある者が含まれていたと推測される。

盛平や隆興は又鶴丸帰城後も毛利氏への接近を続けた。盛平の場合、天文十九年（一五五〇）閏五〜六月、大内氏奉行人や弘中隆包から元就・隆元に対して、盛平の愁訴について義隆へ披露した結果、浮米《うきまい》（給地ではなく、米を支給すること）五十石を給与することとなったことを伝えるとともに、「さらに一層、盛平が大内氏へ忠誠を尽くすように、命じてくださることが非常に大切です」という書状が発給されている（『小』）。隆興の場合、天文十八年に比定される八月五日付けで「今後、誰かの讒言によって、大内氏の不興を蒙るようなことがあったとしても、決して見捨てることはありません。貴殿も同様でしょう。こちらへもその旨の書状をください」という書状を、元就・隆元から受け取っている（『閥』）。

彼らは形式的には沼田小早川家家臣でありながら、もはや、毛利氏家臣と言ってもよい程度まで、元就・隆元に接近しており、そのことは大内氏にも公認されていた。椋梨家は鎌倉期に沼田小早川家から分出した新庄家の惣領であり、鎌倉期においては自立性が高かったが、十五世紀半ばには沼田小早川家惣領との主従関係が形成された。ところが、沼田小早川家の連続した夭折の結果、再び椋梨家は惣領からの自立志向を強めていたのである。隆興は竹原小早川家において隆景を支える乃美賢勝・宗勝父子と親族関係にあるとされ、賢勝・宗勝を通じて毛利氏との結び付きを強めていったと考えられる。沼田小早川家は毛利氏との事実上の一体化に向けて、水面下で動き始めていたのである。

沼田小早川家入嗣の経緯　竹原小早川家への入嗣の経緯に関して引用した安国寺恵瓊覚書の続きには、「隆景十八歳、小早川本家又鶴盲目の故、妹に嫁候て隆景に家を譲り候事」と記されており、隆景の沼田小早川家入嗣は十八歳のとき、すなわち、天文十九年のこととされる。

一方、江戸期に成立した『陰徳太平記《いんとくたいへいき》』においては次のように叙述されている。

繁平（又鶴丸）が三歳のときに眼疾によって視力を失ったため、小早川家一族の乃美安芸守（隆興を指すと考えられるが、実際の官途名は「弾正忠」）・梨子羽中務少輔・椋梨次郎左衛門（盛平、あるいはその子弘平を指すと考えられるが、盛平の実際の官途名は「常陸介」、弘平は「藤次郎」を称している）・小泉助兵衛らが談合した結果、沼田家の一族中に適任者がいないが、周囲の情勢は緊迫しており、毛利元就に従属することによって家の存続を図るべきであると決した。そこで、隆景は正平娘と婚姻して沼田小早川家を継承することとなり、繁平は剃髪して教真寺に入った。ところが、田坂全慶や羽倉某らは引き続き繁平を当主とするか、あるいは、一族の中から家督継承者を選ぶべきであるとして納得しなかったため、それを聞いた隆景が、反対者をことごとく討ち果たした。

この叙述の真偽について、田坂全慶《ぜんけい》（善慶）の誅伐は隆景入嗣時の悲劇として広く知られている。田坂家は沼田小早川家庶家羽倉（土倉）家の庶家とされるが、真田らとともに奉行人として活動する者が多い家であり、小早川家一族とは同列に扱われていない。竹原小早川家の家中にも田坂家は存在しており、おそらく、小早川氏が地頭職に補任される以前から、沼田庄において活動していた在地領主層であろう。

隆景の入嗣に反対した全慶は天文十六年一月、妻高山城内で殺害され、その居城稲村山《いなむらやま》は乃美宗勝によって攻撃され落城したとする説もある。しかし、全慶の実在を証する同時代史料は確認できない。乃美宗勝による稲村山城攻撃について、江戸期に萩藩士となった浦家に伝来した史料に関連する記述がみられる（『小』）。乃美宗勝が元就・隆元・隆景・豊臣秀吉から拝領したとする感状などの一覧として「出雲国尼子御取り詰めの時、嶋根の御陣」など十四の合戦における戦功を列挙したのち、付記として「田坂善慶御成敗仰せ付けらる事」と記されているのであるが、この記載は江戸期に作成されたと考えられ、宗勝が善慶を討ち果たしたとする伝承が萩藩士浦家にあったことを示すものにすぎない。

では、隆景の沼田小早川家入嗣に対する抵抗はなかったのであろうか。これまでみてきたように、沼田小早川家の家中には、親大内・毛利派と親尼子派の対立が潜在していた。したがって、元就の三男である隆景による沼田小早川家の継承に対する抵抗がなかったとは考え難いが、その抵抗が『陰徳太平記』において叙述されるような流血を伴うものであったことを直接的に証する同時代史料は確認できず、大規模な軍事的抵抗活動があった蓋然性は低い。

一方で、天文二十一年（一五五二）に比定される二月二十四日付けで乃美隆興に宛てた元就の書状には「清武田坂分の事、隆景より御給地ならびに御預かり相調え候」とある（『閥』）。清武とは現在の東広島市豊栄町清武のことであり、沼田小早川家領の西北部に位置する。伊勢神宮の御師村山家の享禄五年（一五三二）檀那帳《だんなちょう》（「贈村山家返章」）には、「清武の内　田坂神左衛門殿」とあり、神左衛門と善慶との関係は不明であるが、清武は田坂家の所領であった。天正十四年（一五八六）には、乃美隆興・元興が「安宿の村、清武の村、前々のごとく知行」としており（「贈村山家返章」）、元就書状の通り、清武村は乃美家（隆興系）の所領となっている。元就と隆元は天文二十年九月二十八日付けで乃美隆興に対して「このたび、沼田小早川家について、又鶴丸殿から竹原の隆景が家督を継承しました。隆景の入嗣の成功はすべてあなた様の努力のおかげです。私としても感謝しても感謝しきれないほどです。ですから、このご懇意については、元就・隆元父子は言うまでもなく、毛利家においても決して忘れません。永久に疎略には扱いません」という起請文《きしょうもん》（『閥』）を作成している。

これらの史料から、乃美隆興が中心となって隆景の沼田小早川家入嗣を推進したこと、隆興の働きに対する恩賞として清武が給与されたことが判明するとともに、隆興に給与されるまでの清武は田坂家の所領であり、田坂家が隆景の入嗣に反対して没落したことを窺わせる。

隆景入嗣の時期は、「仏通禅寺住持記」において妻高山城に入城したとされる天文二十年十月十三日頃と考えてよかろう。この入嗣にあたっては、竹原小早川家への入嗣の場合とは異なり、大内氏の関与はみられない。天文十九年八月頃から陶隆房による大内義隆廃立の動きが始まっており、大内氏が混乱状況にあったからである。

一方、天文十九年一月に吉川氏に入嗣した隆景の兄元春が、吉川氏の本拠大朝新庄（広島県北広島町）に入部《にゅうぶ》したほか、天文十八年十二月には近接する有力国人天野隆綱《たかつな》（興定の子）と隆元が兄弟契約を結ぶ（「右田毛利家文書」）など、元就は安芸国人衆のリーダーとしての地位を盤石とするためのさまざまな方策を講じており、隆景の沼田小早川家への入嗣もその一環であったことは明白である。軍事力を直接行使して沼田小早川家を乗っ取ったわけではないが、元就の策略によって、毛利家よりも本来は格上（室町幕府奉公衆）であった小早川氏を事実上、毛利氏の従属下におくことに成功するとともに、分立していた小早川氏の統合が成し遂げられたのである。

また、隆景の沼田小早川家入嗣と相前後して、陶隆房のクーデターによって大内義隆が殺害された。元就は大内氏の混乱を横目に、表面的には隆房を支持することによって、権益の拡大・安芸国人衆への影響力強化を図っている。たとえば、義隆の寵愛によって平賀氏を継承していた隆保《たかやす》（小早川氏庶家船木常平の子、弘保の孫隆宗《たかむね》の跡を継承していた）は毛利勢によって討伐され、その後に平賀氏の家督を継承した隆宗の弟広相《ひろすけ》は「このたび悴家の儀、元就・隆元御入魂をもって、御再興に預かり候」（『平』）と認識しており、平賀氏は事実上、毛利氏に従属した。

そのような広相と隆景は天文二十一年三月、兄弟契約を結び（『平』）、さらに翌二十二年二月には、毛利氏・小早川氏・平賀氏の三者同盟が成立している（『毛』）。義隆殺害後に擁立された大内義長に従いつつ、将来に想定される大内氏との対立を見据えたとき、沼田・竹原両家が統合した小早川氏の軍事力は、毛利方の中核的存在となりうるものであった。一方で、隆景の入嗣によって毛利氏に事実上従属したとはいえ、小早川氏は独立した領主であり、その家中は、沼田・竹原それぞれの庶家や被官など、さまざまな者によって構成されており、隆景の絶対的な権力が形成されていたわけではない。そこで、次項では初期の家臣団構成をみていこう。

座配にみる隆景家臣団

隆景が沼田小早川家へ入嗣した後の隆景家臣団の構成や変化を示す史料として、永禄四年、同十一年、天正四年、同十四年の座配《ざはい》を次頁の表1にまとめた。なお、座配についてては村井良介氏によって精緻な分析が行われており（村井二〇一二）、本書においても村井氏の分析に多くを学んでいる。

これらは正月拝賀など儀礼などの場における座配であり、他の所用や体調などによって列座しなかった者がいたと考えられる。天正十三年（一五八五）の座配にある有地・楢崎・村上や天正十四年の高須は隆景家臣とはいえない。したがって、隆景家臣団の全容を正確に表したものとはいえないが、その特徴について考察するにあたっては、有効な史料である。次項では、庶家の位置づけについて考察してみたい。

庶家の位置づけ

第一に、永禄四年から天正十四年までのすべての時期（列座していないケースを除く）において、椋梨家が最上席に位置している。椋梨家は鎌倉期に分出した新庄家の惣領であり、沼田小早川家惣領（本庄家）からの自立性の高い庶家であった。十五世紀半ばになると、沼田小早川家惣領との主従関係が形成されたが、沼田小早川家当主の相次ぐ夭折などに伴って大内氏・毛利氏との直接的関係を構築していった。とりわけ、椋梨盛平は郡山合戦における寝返り時から元就に接近して、隆景の沼田小早川家入嗣を推進した中心人物であった。隆景入嗣後においても

座配（『小』より）

天正 4（1576）			天正14（1586）		
1	椋梨殿	新庄家惣領	1	椋梨殿	新庄家惣領
1	梨子羽殿（景運）	本庄家庶家	2	乃美殿	本庄家庶家
2	友閑		3	小泉殿	本庄家庶家
2	竹印		4	小梨殿	竹原家庶家
3	小泉殿	本庄家庶家	5	末長殿	竹原家被官
3	草井殿	竹原家庶家	6	利神殿	播磨国人カ
4	小梨殿	竹原家庶家	7	佐世殿	出雲国人
4	末長殿	竹原家被官	8	東村殿	平賀氏庶家
5	裳懸殿	竹原家庶家	9	高須殿	備後国人
5	佐世殿	出雲国人	10	能良殿	新庄家庶家
6	神西殿	出雲国人	11	南殿	竹原家庶家
6	桂右衛門大夫	毛利氏家臣	12	桂宮内少輔	毛利氏家臣
7	近弘弥四郎	本庄家庶家カ	13	磯兼左近大夫	竹原家被官
7	草井式部少輔	竹原家庶家	14	國貞次郎四郎	本庄家庶家
8	國貞次郎四郎	本庄家庶家	15	長井市允	毛利氏家臣
8	磯兼左近大夫	竹原家被官	16	飯田讃岐守	新参
9	長井右衛門尉	毛利氏家臣	17	河井大炊助	竹原家庶家
9	南源右衛門尉	竹原家庶家	18	南縫殿允	竹原家庶家
10	南木工助	竹原家庶家	19	包久内蔵丞	竹原家庶家
10	包久弥四郎	竹原家庶家	20	眞田与三右衛門尉	沼田家被官
11	飯田三位（尊継）	新参	21	井上又右衛門尉	毛利氏家臣
11	河井六郎	竹原家庶家	22	岡与三左衛門尉	毛利氏家臣
12	眞田与三右衛門尉	沼田家被官	23	児玉与四郎	毛利氏家臣
12	岡和泉守	毛利氏家臣	24	門田木工允	毛利氏家臣
13	井上又右衛門尉	毛利氏家臣	25	吉近主殿允	竹原家被官
13	門田木工允	毛利氏家臣	26	裳懸六郎	竹原家庶家
14	横見与三兵衛尉	沼田家被官	27	粟屋雅楽允	毛利氏家臣
14	裳懸次郎四郎	竹原家庶家	28	手嶋市介	竹原家被官
15	粟屋雅楽允	毛利氏家臣	29	鵜飼新右衛門尉	新参
15	吉近孫七郎	竹原家被官	30	裳懸釆女佑	竹原家庶家
16	手嶋東市助	竹原家被官	31	南佐渡守	竹原家庶家
16	有田右京亮	吉川氏旧臣	32	横見和泉守	沼田家被官
17	児玉彦右衛門尉	毛利氏家臣	33	井野休言	
17	南左兵衛尉	竹原家庶家	34	中屋与三兵衛尉	竹原家被官
18	田坂三郎左衛門尉	沼田家被官	35	野上木工允	大内氏旧臣
18	眞田与三左衛門尉	沼田家被官	36	岡崎右衛門尉	竹原家被官
19	林甲斐守	竹原家被官	37	山田木工允	竹原家被官
19	用田左馬助	竹原家被官	38	山田市助	竹原家被官
20	土屋備前守	沼田家被官			
20	土屋十郎左衛門尉	沼田家被官			
21	有田三郎	竹原家被官			
21	用田右京亮	竹原家被官			
22	土屋四郎右衛門尉	沼田家被官			
22	沼間田民部丞	沼田家被官			
23	望月彦二郎	竹原家被官			
23	有田太郎左衛門尉	竹原家被官			
24	林次郎左衛門尉	竹原家被官			
24	野上長門守	大内氏旧臣			
25	末近左衛門尉	在地領主			
25	岡崎孫九郎	竹原家被官			
26	山田木工允	竹原家被官			
26	山田市助	竹原家被官			
27	柚木木工助	竹原家被官			

表1　隆景家臣団

永禄4（1561）2.5			永禄11（1568）		
1	椋梨殿（弘平）	新庄家惣領	1	椋梨殿	新庄家惣領
2	梨子羽殿	本庄家庶家	1	梨子羽殿	本庄家庶家
3	小泉殿	本庄家庶家	2	乃美兵部殿	本庄家庶家
4	南殿	竹原家庶家	2	椋梨殿息（景良）	新庄家惣領
5	桂右衛門大夫	毛利氏家臣	3	桂右衛門大夫殿	毛利氏家臣
6	裳懸河内守	竹原家庶家	3	近弘宮内殿	本庄家庶家カ
7	國貞式部丞	本庄家庶家	4	國貞式部殿	本庄家庶家
8	磯兼左近大夫	竹原家被官	4	磯兼左近大夫殿	竹原家被官
9	長井右衛門	毛利氏家臣	5	小泉宮内殿	本庄家庶家
10	南三郎	竹原家庶家	5	長井右衛門尉殿	毛利氏家臣
11	實吉上総介	沼田家被官	6	日名内但馬入道殿	竹原家被官
12	眞田大和守	沼田家被官	6	南木工助殿	竹原家庶家
13	岡与三左衛門（就栄）	毛利氏家臣	7	眞田大和守殿	沼田家被官
14	門田又五郎	毛利氏家臣	7	裳懸新衛門尉殿	竹原家庶家
15	横見弥五郎	沼田家被官	8	岡和泉守殿（就栄）	毛利氏家臣
16	有田加賀守	沼田家被官	8	井上又右衛門尉殿	毛利氏家臣
17	八幡（原）六郎右衛門	毛利氏家臣	9	横見与三兵衛殿	沼田家被官
18	田坂小四郎	沼田家被官	9	有田右京助殿	吉川氏旧臣
19	眞田与三左衛門	沼田家被官	10	眞田与三左衛門殿	沼田家被官
20	土屋対馬守	沼田家被官	10	田坂三郎左衛門尉殿	沼田家被官
21	土屋三郎	沼田家被官	11	土屋計丞殿	沼田家被官
22	野上蔵人	大内氏旧臣	11	土屋助五郎殿	沼田家被官
			12	土屋三郎殿	沼田家被官
			12	沼間田新六郎殿	沼田家被官
			13	野上蔵人殿	大内氏旧臣
			13	末近左衛門尉殿	在地領主

注1）磯兼は椋梨家の庶家末長家を出自とするが，戦国期には竹原小早川家の被官として活動している。このため，末長も含め，竹原家被官とした。

2）長井・門田はこれ以前の小早川氏家中に見当たらない名字であるため，毛利氏家臣と推測した。

3）有田加賀守は吉川氏家臣朝枝家を出自とするが，興経期に吉川氏を離れて，小早川氏に仕え，有田（沼田新庄家庶家）を名字とした。

加賀守の後継者となった甥（加賀守の弟朝枝三郎左衛門の子）右京助（亮）も有田を称した（岩国徴古館蔵「吉川家臣覚書」朝枝嘉右衛門聞書）。

4）土屋は小早川家の祖土肥実平の同族土屋家を出自とする可能性がある。

5）日名内は沼田小早川則平の子満平を祖とするが，戦国期には竹原小早川家の被官として活動している。このため，竹原家被官とした。

6）田坂は本庄家庶家土倉家の庶家を出自とするとされるが，戦国期には沼田小早川家の被官として活動している。なお，竹原小早川家の家中にも田坂を名字とする者もあるため，竹原家被官の可能性もある。

7）末近は備後国末近の在地領主。大内氏に従属，のち小早川氏に被官化したと考えられる。

8）右京亮を除く有田については，沼田家被官の可能性もある。

元就や輝元に対して愁訴を行っており（『小』）、隆景家中にありながら、椋梨家は毛利氏との直接的関係を有する自立性の高い存在であった。このような経緯から、椋梨家は最上席とされたのである。

第二に、十五世紀半ば頃まで椋梨家から独立した家として確認される上山・大草・和木・清武・秋光といった新庄家庶家は、隆景期の座配には見当たらない。清武・秋光については、細川勝元に従っていた沼田小早川家の熙平からの離反を疑われている史料が確認され（『小』）、惣領家との対立によって没落していった庶家も存在した。天文二十一年の時点で和木が椋梨家の所領となっていること（『小』）から推測すると、新庄家惣領である椋梨家に吸収されていったケースもあったと考えられる。本庄家庶家の中でも、土倉・船木・生口・近宗らは座配に見当たらない。このうち生口家については、独自の水軍を率いており、半独立的な海洋領主となっていた。なお、生口家は後に隆景が北部九州へ移封された際に、筑前国において所領を有しており（山内二〇一二）、完全に隆景家中から離脱したわけではないが、正月参賀に見当たらない点に、その自立性の高さが認められよう。

このように、隆景によって統合された沼田・竹原小早川家の家臣団構造は、鎌倉・南北朝・室町期を経て変容していた面もあった一方で、座配の上位には庶家が位置し、被官層は下位に位置するといった伝統的な秩序は天正十四年に至るまで維持されている。庶家間の序列についても、椋梨家とともに梨子羽家が最上位に位置し、小泉家がそれに次ぐという伝統が天正四年まで維持されている。表記についても、椋梨・梨子羽・小泉・南家には原則として「殿」が付されており、庶家の中でも格上であることが明示されている。隆景宿老として知られる乃美宗勝は、竹原・沼田家統合後においても、外交・軍事など外的な面においては小早川氏の中枢にあった。座配にみられない年も多いが、列座しているケースにおいては、常に、椋梨・梨子羽家の次席であった。これは隆景期より前の乃美家の家格を反映したものと考えられ、小早川氏が事実上毛利氏の従属下に変容した後においても、儀礼の面では国人小早川氏の伝統に制約されていたのである。

第三に、椋梨盛平とともに隆景の沼田家入嗣を推進した乃美隆興は座配にみられない。隆興が早い時期から大内氏、毛利氏に接近していたことはこれまでにみてきた通りであるが、先にみた天文二十一年に比定される二月二十四日付け元就書状には「隆景御一行進められ候」とあるから、この時点においては、沼田小早川家家中にあった。一方で、天文二十年に生まれた元就四男（隆景弟）元清の生母は隆興の妹あるいは娘とされる（隆興の近親者である確証はないが、乃美家の出自であることは間違いない）。つまり、隆景の沼田家入嗣直前期に、元就は継室を乃美家から迎えており、隆景の沼田家入嗣時には毛利家と乃美家とは縁戚関係を結んでいた。

また、毛利氏重臣福原貞俊《ふくはらさだとし》が乃美家に宛てた天正十年（一五八二）に比定される四月二十九日付け書状（「譜録」）に「子に候者、長久御扶持」とあり、天正十年、十七年（一五八九）には、元就の孫輝元から給地宛行状が発給されている。隆景からの給地宛行状は確認できず、乃美家が毛利氏家臣に位置づけられたことを示している。一方で、隆興の孫元興は天正十三年に隆景の加冠により元服しており、隆景を惣領とする関係も維持されているが、翌年には輝元から「元」を一字拝領しており、隆景との主従関係があったとは評価できない。隆景は隆景家臣団全体をそのまま継承したわけではなく、乃美家などきわめて自立性の高い庶家を除く家臣団を継承していたのである。このことは、自立性の強い庶家については隆景の支配下に置くよりも、元就が直接的に掌握した方が毛利氏領国の安定化に資すると判断されたためと考えられる。隆景の家中統制は元就の力を背景にしていたのであるが、元就によって家中が縮小するという側面もあったことを指摘しておきたい。

第二章　小早川氏当主隆景と毛利氏一門隆景

1　奉行人からみた小早川氏当主隆景

沼田・竹原両家統合〜防長制覇期の奉行人

隆景を当主とする小早川氏の権力構造を明らかにするためには、奉行人の構成やその役割について考察することが有効な手段である。『三原市史』における河合正治氏の見解（河合一九七七）や村井良介氏の見解（村井二〇一二）に学びつつ、本節では、隆景の伊予国主となる以前を対象に、時期を三区分して（1）沼田・竹原両家統合〜防長制覇期（天文二十年十月〜弘治三年）、（2）毛利氏拡大期（永禄・元亀年間・天正初期）、（3）毛利・織田（羽柴）戦争期（天正五〜十二年））、検討していきたい

隆景の竹原小早川家入嗣時に毛利氏から随伴してきた家臣の数が少なかったことは第一章で指摘したところであるが、沼田小早川家入嗣時においても、新たに毛利氏から小早川氏へ移った家臣の数は

多くなかったと推測される。以下、この時期にみられる奉行人のうち、毛利氏家臣であった者についてみていこう。

(1)桂就延

隆景の妻高山入城から九ヶ月後の天文二十一年（一五五二）七月、沼田小早川家奉行人を務めてきた代表的な被官である真田家の真田大和守に対して、大崎中庄（広島県大崎上島町）において給分が宛行われた（「藩中」）。この書状の発給者である桂《かつら》就延《なりのぶ》は毛利家庶家で元就の重臣格であった桂元澄《もとずみ》の弟である。これに先立つ三月には、隆景の沼田家入嗣を推進した椋梨盛平とその後継者弘平に対して隆景の宛行状が発給されているが（『小』）、同日付けで「御愁訴の段披露仕り候、只今御一行進められ候」という書状を就延が発給しており（『小』）、椋梨家に対する取次的な役割を就延が担っていたことが判明する。ところが、この書状は児玉《こだま》就忠《なりただ》との連署である。就忠は毛利氏五奉行の一人とされる元就の側近奉行人である。就忠がこの宛行に関与していることから推測すると、「愁訴」の対象は元就であった蓋然性が高い。

真田大和守に対する宛行以外に、隆景奉行人としての活動を明確に示すものとして、天文二十三年四月の伊勢神宮に対する沼田庄小坂郷打渡坪付（「贈村山家證文」）が挙げられる。一方で、天文二十年正月の番帳（『毛』）や天正三年（一五七五）一月の備中国手要害（岡山県高梁市）における首注文（『毛』）においては毛利氏家中にその名がみられ、隆景奉行人としての活動がみられる前後の時期に毛利氏家臣であったことは明白である。

椋梨家に対する書状が児玉就忠との連名であったことからも、就延が毛利氏家臣としての性格を持ち続けていたことが窺われ、隆景の沼田小早川家入嗣に伴う給地の再編や打渡といった領国運営の根幹に係る政務を毛利氏系家臣のもとで遂行させるため、一時的に隆景に付されていたのではなかろうか。先学が指摘する通り、この時期には沼田小早川家の譜代奉行人（真田、田坂、土屋など）や庶家の政務への関与はみられない。その結果、奉行人層は物理的に不足していたと考えられ、毛利氏家臣を一時的に小早川氏の政務に関与させる必要が生じたのであろう。

(2)桂景信

桂元澄の四男とされる桂景信《かげのぶ》は、桂就延とともに連署した天文二十三年四月の打渡坪付を初見として、天正五年頃まで、二十年以上の長きにわたって隆景奉行人として活動している。天文二十三年の時点では「孫七郎」。天文二十四年半ば頃には「右衛門太夫」を称しているため、比較的若年時に隆景に仕えるようになったと推測されるが、竹原家当主期には隆景家中にみられないため、隆景の沼田小早川家入嗣時あるいはその後間もない時期に、小早川氏へ移った蓋然性が高い。また、景信は天文二十三年十月の真田大和守に対する打渡坪付（「藩中」）にも連署しているが、就延は連署しておらず、この時点で就延が隆景奉行人の役割を終えていた可能性もある。いずれにせよ、景信の場合、就延とは異なり完全に隆景家中へ移ることが当初から予定されていたと考えられる。

景信は天文二十四年頃から、取次役や奏者としても活動しているが、その対象が能島《のしま》村上氏や乃美宗勝といった隆景にとって厚遇を要する者であった点に特徴がある。

⑶河本元盛

天文二十三年の二通の打渡坪付（「贈村山家證文」、「藩中」）において、桂景信とともに連署している河本元盛は、永禄年間においても景信や岡就栄とともに奉行人として活動している（『閥』）。その活動の終見は天正九年（一五八一）であり（「三原城城壁文書」）、長きにわたって隆景奉行人として活躍したにもかかわらず、その実像は定かでない。

室町期には安芸国内部庄河本（安芸高田市川本）を本貫《ほんがん》とする毛利家庶家「河本殿」（『毛』）が存在していたが、元就期の毛利氏家中に河本（川本）を名字とする一族・譜代家臣は見当たらないうえ、元盛は座配にもまったく現れないため、家格が低かったと考えられ、毛利家庶家河本の血をひく蓋然性は低い。しかし、次項でみていく新参衆が活動し始める時期より早くに元盛の活動が始まることから推測すると、他国からの新参衆とは考え難く、内部庄河本と何らかの関係をもっていた者が、隆景家臣となったのではなかろうか。

一方で、天正九年の肴注文の請取が飯田讃岐守（新参）・横見助右衛門（沼田家被官）との連署であることが示すように、岡就栄や桂景信とともに活動するケースはあるものの、奉行人の格としては、就栄や景信より下位にあったと考えられる。

⑷手嶋景治

竹原家奉行人の筆頭格である手嶋衆の一族。天文二十三年十月、桂景信・河本元盛と連署で打渡坪付を発給している。しかし、景治の奉行人としての活動がみられるのはこの事例のみであること、景治の後継者と考えられる手嶋景繁《かげしげ》の活動が始まるのは天正十年代に入ってからであることから推測すると、この事例は特例的なものと考えられる。受給者が沼田家で奉行人を務めてきた真田家であること、隆景の沼田家入嗣から長期間を経過していない時期であることから推測すると、沼田家における伝統的な権力構造への牽制として、竹原家奉行人の筆頭格である手嶋衆を発給者に加えた可能性を指摘できよう。

(5)旧沼田家支配領域の小括

この時期の奉行人のうち、旧小早川家家臣は竹原家被官の手嶋のみであり、沼田家の譜代奉行人のほか、沼田家庶家の政務への関与はみられない。沼田小早川家においては戦国初期に政所が存在し、行政機構の整備が進んでいたため、隆景による権力掌握のためには、従来の組織を刷新する必要性があった。そこで、沼田家系家臣を奉行人機構から排除したのではなかろうか。ただし、吉川氏のケースと異なり、毛利氏家臣が数多く移ってきたとは考えられない。軍記類には、隆景の入嗣に反対した田坂全慶ら沼田家家臣が誅伐されたとあるが、誅伐の状況を直接的に示す史料は確認できない。天文二十一年二月に、乃美隆興に対して「清武田坂分」が隆景から給与されており、隆景の入嗣に伴うある程度の没収地は存在したと考えられるが、大規模でないため、多くの家臣の編入は困難であった。そのため、桂景信、河本元盛ら中核となる者に限定されていたのである。

(6)旧竹原家支配領域

天文二十三年十月の金山右京進に対する阿賀や警固屋（広島県呉市）における打渡帳（『閥』）におい

ては、乃美宗勝と裳懸盛聰《むしあけもりとし》（竹原家庶家）・末長（磯兼）景道（新庄家惣領椋梨家の庶家、のち竹原家被官）が連署している。裳懸・末長家は永禄四年の座配において、竹原系では上位層（南家に次ぐ二・三位）に位置している（ただし、景道は末長家庶家で、序列は八位）。

また、弘治三年八月の蒲刈島（呉市）における打渡坪付（「広島大学所蔵蒲刈島文書」）の連署者は岡就栄と裳懸三郎左衛門尉である。

このように、旧竹原家支配地域においては竹原家庶家・被官上位層の関与が確認される。これは、隆景の竹原家入嗣が平和裡に行われたことから、旧竹原家家臣の関与を完全に排除することが困難であったためと考えられるが、同時期に旧沼田家支配領域の統治に関与している竹原家譜代の奉行人手嶋衆が、旧竹原家支配領域の統治に関与した形跡がみられないことに注目したい。旧沼田家支配領域の統治に沼田家譜代の奉行人の関与がみられないこととあわせて考えると、伝統的な支配構造を解体しようとする意図があったと評価できよう。

なお、この時期の岡就栄が旧竹原家支配領域の統治のみに関与し、旧沼田家支配領域の統治に関与していない点も注目に値する。毛利氏から移ってきた竹原家奉行人である就栄を沼田家奉行人として登用することに対する旧沼田家家臣団の反発を懸念した措置だったのではなかろうか。

毛利氏拡大期の奉行人

この時期の毛利氏は、尼子氏領を制圧し、備中・美作方面へ進出するなど、支配領域を拡大している。隆景奉行人をみると、それ以前の時期には関与していなかった者の登用が顕著である。

(1)井上春忠

春忠《はるただ》は天文十九年に元就によって誅伐された井上元兼の一族である。井上一族の多くは元兼とともに殺害されたが、当初から誅伐の対象外とされた者や、誅伐時に不在で生き残った者もあった。吉田において井上衆の誅伐を見聞した「あはい」という女性（井上一族と考えられる）は「井上いや《(弥)》四郎」という人物に対して、誅伐の様子を知らせるとともに、「堺より下向御くだり候する事あるまじく候」と書き送っている（「譜録」）。堺（大阪府堺市）に滞在していたために誅伐を免れた井上弥四郎について、『広島県史』は「就正」と傍注を付しているが、天文二十二年八月二日付け隆景書状写（『小』）において、春忠は「弥四郎」と記されている。また、天正九年の伊勢神宮御師村山家の檀那帳（「村山家檀那帳」）における「高山の分」に春忠の子と考えられる人物が「弥四郎殿」として記載されており、井上衆誅伐当時に「井上弥四郎」を称していた人物が井上春忠を指す蓋然性は高い。

「浦家文書」に収録された春忠関係史料をみると、春忠は少なくとも天文二十三年十月までは「弥四郎」、遅くとも天文二十四年十月からは「又右衛門尉」を称しているが、永禄九年（一五六六）頃までの春忠は戦場において直接戦闘に加わる勇猛な武将であった。しかし、永禄年間初期の座配には見当たらず、隆景家中における序列は下位にあった。

一方で、座配に見当たらない永禄四年において、三月に元就・隆元父子が新高山城を訪問した際、二十七日には井上又右衛門尉の「私宅」に元就が宿泊して、春忠が元就を接待しており（『小』）、彼が隆景の側近筆頭格であり、かつ、元就ともそれ以前から昵懇であったことを窺わせる。たとえば、春忠は永禄四年に比定される十月十日付け児玉就方首注文の宛所となっているが、この注文には元就の袖判が据えられている（『閥』）。兼重元宣宛ての同日付け同内容の注文には隆元の花押が据えられており、この豊前出兵にあたっては、春忠が元就側近の役割を担っていたと推測される。とはいえ、毛利氏家臣に戻ったわけではない。この合戦に従軍した毛利氏家臣渡辺長宛ての元就・隆元書状には「隆景被官井上又右衛門尉」、渡辺長書状には「沼田衆には井上又右衛門尉」と記されており（『閥』）、隆景家臣でありながら元就側近の役割も担っていたのである。

隆景奉行人としての活動がみられ始めるのも永禄四年頃からである。当該期には岡就栄・桂景信との連署が多い。また、隆景側近として、奏者を務める機会も永禄六年頃からみられる。座配に現れるのもこの頃からであるが、序列は景信より下位、就栄とほぼ同列となっている。

(2)粟屋盛忠

隆景の竹原家入嗣時に随伴した盛忠の奉行人としての初見は、永禄八年（一五六五）の周防国陶保《すえのほ》（山口市）における勘合状（「三原城城壁文書」）である。隆景は盛忠について、若年時から「このころの奉公衆十人前ほどの儀を、一人して仕り候」（「日頼寺文書」）と高く評価しており、奏者としての活動もみられる（『閥』）。井上春忠と縁戚関係にあり、盛忠が年少だったようであるが、盛忠は天正十四年の座配にみられたのち、その活動が確認できない。その年の九月には後継者とされる粟屋景雄《かげかつ》が奉行人として活動しており、この頃には死没したと考えられる。隆景の高い評価にもかかわらず、奉行人としての活動事例は多くない。体調の問題があったのかもしれない。

(3)飯田尊継

公家の出身とされ、「三位」を称しているが、『公卿補任《くぎょうぶにん》』などにおいて貴族としての実態を確認することはできず、公家の出身とする家譜類の信憑性は低い。一方、「譜録」の系図には父とされる家房の弟として「覚兵衛　加藤肥後守殿家臣」とある。軍記類において著名な加藤清正《かとうきよまさ》家臣飯田直景のことを指すと考えられるが、覚兵衛は山城国大山崎の飯田（京都府大山崎町飯田）の出身とされる。尊《たか》継《つぐ》についても、山城国から下向してきたと考えると、公家の出身と称したこととの関連がみえてくる。

奉行人としての初見は永禄十年（一五六七）以前であり（『閥』）、桂景信・岡就栄といった隆景奉行人筆頭格の人物とともに（他に河本元盛・日名内慶岳）、若衆《わかしゅう》の統制を担っている。元亀二年（一五七二）にも、岡就栄・横見助右衛門とともに若衆・中間《ちゅうげん》の動員を担っている（『閥』）ほか、天正九年の肴注文受取（河本・横見とともに）、天正十年には「御裏」（女房衆）の用いる物品の調達（春忠、鵜飼元《うかいもと》辰《とき》とともに）に関わっている（「楢崎文書」）。

岡就栄や桂景信・井上春忠と比較すると、その所掌は、若衆・中間といった下層家臣への指示や家政関係に限定されており、奉行人の最上層にあったとはいえない。一方で、天正四年から現れる座配においては、景信よりは下位であるが、就栄や春忠より上位の場合もあり、新参でありながら、ある程度の家格を認められていたようである。

(4)小早川家譜代層

沼田家奉行人の筆頭格であった真田家の真田景久が、永禄五年、小早川家一族が帰依した仏通寺《ぶっつうじ》に対する公事に関する決定を、桂景信らとともに伝達している（「仏通寺文書」）。景信以外の連署者は、日名内慶岳と磯兼景道である。日名内は沼田小早川則平《のりひら》の子満平を祖とする。磯兼は沼田新庄家惣領椋梨家の庶家末長家の一族であり、系譜的には沼田家に属するが、隆景の竹原家入嗣時点においては、竹原家被官として活動している。したがって、連署者の構成は出自に基づく諸集団（毛利氏・沼田家・竹原家）に配慮したものとも考えられる。

しかし、この時期における真田家の奉行人としての活動は仏通寺に関することに限定されているのに対して、日名内は仏通寺に関することに加えて、飯田らとともに若衆の統制や年貢の徴収（「飯田文書」）を担っているほか、夫役の賦課にも携わっている（「楽音寺文書」）。夫役の賦課に際しては、「いずれの御奉行衆も御存知たるべく候」と記しており、「奉行衆」の一員である日名内と、仏通寺のみに関与している真田景久とは、奉行人としての地位に上下があったと考えられる。

また、飯田・日名内とともに若衆・中間の動員、飯田・河本とともに肴注文受取に携わっている横見助右衛門は、沼田家被官を出自とするが、飯田・日名内に対して年貢の徴収に関する指示を隆景が伝えるにあたって、飯田・日名内が相談する相手として隆景から派遣されており、飯田・日名内・横見が奉行人としてほぼ同一の階層に位置していたことを窺わせる。

これに対して、岡就栄や井上春忠は備中国人領主小田高清に対する指南権限を有しており（「三原城城壁文書」）、日名内・横見ら小早川家譜代層を出自とする奉行人より権限は大きかった。ただし、永禄十一年の座配をみると、桂景信は三位であるが、就栄の十二位、春忠の十三位に比べて、磯兼が四位、日名内が六位、真田が七位と、小早川家譜代層を出自とする奉行人の方が序列上位にある。

この時期における隆景家臣団の権力構造をまとめると、儀式序列の面においては伝統を重視する一方で、政務の中枢には毛利氏出身者を配置していたこと、とりわけ、井上春忠や粟屋盛忠・飯田尊継といった側近層の台頭がみられ、隆景固有の権力基盤が形成されていった状況が窺える。また、隆景権力の安定化に伴い、小早川家譜代層の中からの奉行人の登用を解禁することが可能になっている。

毛利・織田（羽柴）戦争期の奉行人

次に、毛利氏と織田氏（羽柴秀吉）が全面的に対立して争った時期における小早川氏の奉行人を見よう。

(1)鵜飼元辰

この時期から奉行人としての活動が顕著になってくる新参衆である。「譜録」によると、鵜飼家は武蔵国の御家人久下《くげ》直光《なおみつ》の子孫で、美濃国鵜飼郷を与えられ、鵜飼を称したとされる。また、明応三年（一四九四）に元辰の祖父実正が、近江国甲賀牛飼《うしかい》に築城して牛飼に改姓したが、その後、鵜飼に復姓したという。父兄と考えられる左馬允は岩内姓を称して、天文二十三年、元就から知行宛行されており、経緯は不明であるが、これ以前に安芸国へ来住している。

しかし、鵜飼家が鎌倉御家人を出自とし、室町期にも城をもつ領主であったとする点については信じ難い。隆景死没後の慶長四年（一五九九）に元辰が輝元の命によって誅伐された際に毛利秀元《ひでもと》（元就四男元清の子）に宛てた輝元書状（「長府毛利文書」）には、元辰が隆景家臣になった経緯について、次のように記されている。

鵜飼新右衛門（元辰）は、先年、猿楽をするために近江国から下向した際、私（輝元）が幼少だったので、常栄（輝元の父隆元）が引き留められ、輝元の遊び相手をするようにとおっしゃったので、（私も）他国の者だからと思い、精一杯目をかけて、配慮して召し使いました。ところが、尼子攻めの際、日頼様（元就）が、「あの者（元辰）は筆が立ち、利口である。その上、親子・親類がなく、遠慮する必要がないので、側に置いて、右筆にしたい」と、私に対して了承を求められました。私が「そのようにお願いされると恐縮に思います。御前に置かれて、召し使っていただくことは、私にとっても有り難いことです。仰せの通りに」と言ったので、満足されて、元辰を召し使われて、上様（元就）と私の間の使者を何でも仰せ付けられ、また、私ももちろん、他に並ぶ者がないくらいに親密にしていました。ところが、日頼様がお亡くなりになられた後、たいへん利口だったので、いろいろと工作して、隆景に奉公したがりました。毛利氏と小早川氏という区別があるのに、（元辰は）納得しませんでした。そのときに、隆景に対して拒否したかったのですが、本当に隆景は私の親同然の存在で、その当時、毛利氏の政務も行っておられたので、精一杯我慢しました。隆景からも了承を求められましたので、私が「いろいろと言いたいことはあるのですが、隆景様が毛利氏のことについて万事気遣いしていただくことによって（毛利氏は）存続しています。（毛利氏でも小早川氏でも）どちらでも同じことですので、そちらで御用を仰せ付けてください。そのことは了解いたします」と言ったので、近年はずっと召し使われていました。

永禄年代後半に、元辰（当時は「彦二郎」）が元就・輝元間の連絡役であったことは『毛利家文書』からも明らかであるが、猿楽をするために近江国から下向したとする点については、輝元の主張であり、全面的に信じることはできない。誅伐の対象となった元辰を故意に貶めた可能性もあるが、座配に現れるのが天正十二年頃からであること、序列が同じ新参である飯田尊継より下位であることから推測すると、領主層を出自とする家譜類の信憑性は低い。

毛利氏家中から隆景家中へ移った時期は明確でないが、史料上は、天正六年（一五七八）頃から、隆景家中に確認される。しかし、奉行人としての活動の初見は、天正十年の周防国由宇《ゆう》（山口県岩国市）における兵粮の調達・所領の支配であり、井上春忠・横見景俊（助右衛門の同族）と連署している（「三原城城壁文書」）。元就死没時から十年を経過した後に奉行人として活動し始めていること、天正十年代に入ると奏者や取次役としても活動していること（「村上家文書」など）から推測すると、毛利氏家中から移った者をすぐに政務の中枢に起用することが難しかったことを窺わせる。また、出自の低い元辰の登用に対する抵抗があった可能性も否定できない。

(2)毛利氏系奉行人の世代交代

座配においては、桂景信が天正五年、岡就栄が天正八年（一五八〇）頃までみられるが、奉行人としての活動は、両者ともに天正五年頃を終見とする。なお、景信については、対織田戦争期になると、庭妹《にわせ》城（岡山市北区）に在番するなど、前線における軍事指揮官として活動するようになっている。

桂景信の後継者と考えられる宮内少輔景種は、天正十四年の座配において毛利氏系家臣の最上位にあり、景信の序列を継承しているものの、天正五年頃に奏者の役割を担っている（「乃」）以外に、この時期における奉行人としての活動はみられない。景信の奉行人としての地位はすぐには継承されなかったのである。ただし、天正十九年（一五九一）には井上春忠・鵜飼元辰らとともに打渡坪付に連署しており（『閥』）、壮年期に再登用されている。

岡就栄の子景忠《かげただ》は、永禄年間に桂景信とともに鋳物師《いもじ》の活動に関する調整に当たっている（「木下文郎家文書」）ほか、天正十四年の座配には井上春忠とほぼ同位で現れ、同年には吉川元春の死没時に使者として赴く（『閥』）といった活動がみられるが、天正十八年（一五九〇）になると、隆景の弟秀包《ひでかね》の家臣として活動しており（『小』）、隆景家中から離れている。

つまり、隆景入嗣初頭に補佐的存在であった奉行人が引退すると、その奉行人職は自動的に世襲されていないのである。桂宮内少輔の場合も、いったん奏者を務めた後に空白期間を経て再登用されており、元就によって隆景に付された家の世襲を認めないことによって、元就の就縛から逃れようとする隆景の心境が透けて見える。

粟屋盛忠の子景雄の場合、奉行人としての活動の初見は天正十四年（「村上家文書」）であり、盛忠の奉行人としての終見（天正十一年頃、「譜録」）との空白期間が長期にわたったとはいえない。天正十四年の座配には盛忠がみられ、奉行人職が世襲された事例である。しかし、就栄と景信が当初から奉行人職を担う予定で隆景に付されたのに対して、盛忠は近習として隆景に随伴したのち、隆景によって奉行人に登用されている。そのような経緯の差異が、後継者の処遇にも現れたのではなかろうか。

(3)旧小早川家奉行人層

天文二十三年に手嶋景治が打渡坪付を発給して以来、竹原家奉行人の筆頭格であった手嶋衆の奉行人としての活動は途絶えていたが、天正十一年（一五八三）に手嶋景繁が番衆の手配（「大阪城天守閣所蔵山田文書」）に携わるなど、奉行人としての活動がみられるようになっている。同年に比定される八月二十九日付け乃美宗勝書状（「村上家文書」）には、「若輩ながら御使者・御取次、手市（手嶋景繁）申し聞かせ候」とあり、単なる使者ではなく、取次的な役割も担っていることが判明する。「若輩」とあるが、在配をみると、景繁の初見は天正四年（一五七六）であり、数年の実務経験を経て奉行人に登用されたと考えられる。また、隆景の竹原家当主期に奉行人として活動していた手嶋衆の中屋家についても、永禄年間の座配に記されており、手嶋衆の奉行人空白期間は世代交代に伴うものではなく、景繁の能力が評価されて、登用されたとみなすべきである。

そのほか、永禄五年の仏通寺に対する公事に関する決定に連署していた磯兼景道が、天正五年以降、井上春忠らとともに打渡坪付への連署（「荒谷文書」など）や給地の打渡し（「千葉文書」）に携わっている。文明年間には沼田家において代官を務める家であった横見家については、毛利氏拡大期においても助右衛門の活動がみられたが、桂景信・岡就栄・井上春忠といった毛利氏系奉行人に比べ奉行人としては下層に置かれていたのに対して、この時期に活動がみられ始める横見景俊は、春忠や鵜飼元辰と同列に扱われている。たとえば、天正十年七月には、元辰とともに、厳島神社における舞楽の費用に充てる段銭《たんせん》の徴収を井上但馬守らへ指示しており（「三原城城壁文書」）、小早川氏奉行人の中枢にあったと評価できよう。

これ以前の小早川氏奉行人が隆景権力の確立・安定に向けて、出自を考慮した意図的な登用だったのに対して、この時期になると、出自に拘らない能力による登用が行われたと評価できよう。また、旧小早川家家臣団と、毛利氏系家臣団との融合が進展したことも窺える。

奉行人からみた戦国期隆景権力の特質

打渡坪付の発給のほか、財政の根幹に関わる政務（徴税・夫役の指示など）、取次や指南などの機能に着目して、奉行人の中枢にあった人物をみていくと、隆景権力の変容過程が浮き上がってくる。

隆景竹原家当主期の中枢には、岡就栄（元就が派遣）、中屋右京進（竹原家被官）があり、元就の強い影響下で、竹原家の伝統的な支配体制を尊重した領域支配が行われており、隆景自身のイニシアティブを発揮する状況にはなかったといえる。

沼田・竹原両家統合～防長制覇期には、旧沼田家支配領域と旧竹原家支配領域において異なる特徴がみられる。前者においては、元就が派遣した桂景信が中枢の最上層に位置し、毛利氏から移ってきたと考えられる河本元盛のほか、旧竹原家の奉行人であった手嶋衆が参画しているが、旧沼田家奉行人層の参画はみられない。後者においては、引き続き岡就栄が最上層に位置し、竹原家庶家・被官上位層が参画しているが、手嶋衆の参画はみられない。したがって、芸備から防長にまで支配地域を拡大した毛利氏の力を背景に、沼田家の伝統的支配体制を否定した一方で、旧小早川家家臣団に対する配慮もみられ、隆景権力を確立していく中途段階にあったといえる。

毛利氏拡大期においては、桂景信・岡就栄に加えて、隆景側近の井上春忠・粟屋盛忠が台頭して、最上層に毛利氏出身者が配された一方で、他国からの新参衆である飯田尊継、日名内・横見ら小早川家譜代層を出自とする奉行人も起用されている。また、旧沼田家支配領域と旧竹原家支配領域の区別はみられなくなっている。これらの特徴は、隆景権力の安定化を反映したものと考えられる。

毛利・織田（羽柴）戦争期には、元就から派遣された岡就栄・桂景信が第一線を退き、彼らの後継者への世襲ではなく、側近の井上春忠に加え、毛利氏から引き抜いた鵜飼元辰を最上層に配している。また、旧沼田家・竹原家家臣層から第二世代に属する者を登用している。隆景側近への権力集中化傾向がみられる一方で、出自に配慮した登用から能力重視の登用へと変革している。旧小早川家家臣団と、毛利氏系家臣団との融合が進展して、隆景権力が確立したといえる。

そのほか、隆景権力が確立に向かうにつれて、庶家の政務への関与は限定的になっている。竹原家宿老層であった乃美宗勝も軍事指揮官としての性格が強くなり、隆景の沼田家入嗣に功績のあった椋梨家の政務への関与もみられない。ただし、座配における序列においては、庶家が上位に位置しており、儀式面においては家格が重視されていた。

2 隆景と元就・隆元

三子教訓状を読み解く

隆元と隆景との関係を示す書状として、元就が記したいわゆる三子教訓状《さんしきょうくんじょう》（『毛』）を一部引用する（五條二〇一七・二〇一八）。有名な「三本の矢」のもととなったとされるもので、弘治三年（一五五七）に比定される。

一、何度も言いますが、毛利という名字が、ずっと後世までも衰えることがないように、心がけ、気遣いがきわめて大切です。

一、元春と隆景は、毛利家とは異なる他家を継承されましたが、これは当面のことに過ぎません。毛利の二字を非常にいい加減に思われて、忘れてしまうことは、まったくけしからぬ事です。これは言うのもばかげたことです。

一、隆元は、元春と隆景を力にして内外のことを指図しなさい。そのようにすれば、何の差し支えがあるでしょうか。また、隆景と元春は、毛利家が堅固であれば、その力で、小早川家・吉川家の家中の者に対して思い通りに指図することができると思いますが、毛利家が弱くなれば、家中の者も言うことを聞かなくなりますから、このことを心得ておくことが非常に大切です。

一、先日も言いましたが、元春や隆景と意見が異なることがあっても、隆元はただただ親の気持ちで我慢しなさい。また、隆元と意見が異なることがあっても、元春と隆景は隆元に従わなければならないのが筋目です。元春と隆景は毛利家中にいれば、福原や桂とほぼ同格で、すべて隆元の下知に従わなければならなかったのですから、今は他家の当主であっても、心の中では隆元に対して従う気持ちをもってください。

隆景や元春が小早川家・吉川家当主としての立場を優先して、毛利家当主となった隆元と対立することがあったことを窺わせるものであり、元就は三人が心を合わせなければ毛利氏は滅亡してしまうことを強調して、隆景や元春に自制を促したものである。

ところが、三子教訓状に対する隆元・元春・隆景の請書（『毛』）には、引用した条に対する返答は含まれていない。隆元・元春・隆景の三人が力を合わせることによって、毛利・吉川・小早川の三家が繁栄するのだという元就の理論に納得を示しているが、隆元・毛利家を優先的に考えろという部分については明確な返答が示されてない。この点について、山室恭子氏は元就に対する元春・隆景の異議申し立てを暗示したものとしている（山室一九九五）。これに対して秋山伸隆氏は、請書は隆元が記したものであり、三人に宛てられた内容のみを優先して返答したものとしている（秋山二〇一五）。

隆景と元就

三子教訓状に対する請書が、隆景・元春と元就・隆元との潜在的対立を示したものか否かについての結論は保留するが、隆景が毛利氏一門としての意識よりも、小早川氏当主としての意識に走りがちであったことについては、次の史料からも窺える。年次は確定できないが、三子教訓状に先立つものと考えられる隆元宛ての元就自筆書状（『毛』、抜粋）である。

毛利元就（毛利博物館蔵）

今朝の書状をよく読みました。元春と隆景に対するお考えもよくわかりました。本当に非常に親しく細かいこととまで話してくれるべきなのに、以前よりも徐々に親密な様子もなくなってきたため、思いも寄らないことだと思っておられるとのこと、本当にその通りです。

一、私に対しても隆景も徐々に非常に親しい様子がなくなってきたので、腹が立つことばかりです。私に対してさえそうなのですから、あなた（隆元）に対する様子は想像できます。あなたの言うことはもっともです。元春は以前から私に対しても、非常に親しく細かいことまで話すというようなことはまったくなかったので、元春のことは言うまでもないことです。

一、たとえ、小早川・吉川という名字になったとしても、心の中ではひたすらに毛利家の親類であるという気持ちをもって、毛利家のよいことも悪いことも気をつけることが必要であるのに、小早川・吉川の家に集中するばかりなので、けしからぬことだと思っておられるとのこと、本当にどうしようもないことです。ずっと機会があるごとに、私もあなたがお考えのことを言ってきました。他の家を継承して、その家が繁栄するように努めても、毛利家の力が無くなってしまうと、まったく不必要な努力になります。古代中国の朱買臣が他国や他の場所で非常に栄え、富んだとしても、闇の夜に錦を着たようなものだと言ったことと同じです。それは故郷でなければよくないということなのです。まったくそのように思うのです。出世して栄えたとしても、毛利家を疎かにしたのでは、小早川家や吉川家が栄える必要はまったくないと思うのです。この気持ちが第一だと言ったのです。隆景や元春のあまりの様子に、甲立の宍戸隆家妻（元就娘）などまでもが、同じことをよくよく言い聞かせてくれました。このように、あなたのお考えは本当にその通りです。

一、そうではありますが、隆景・元春もこの分別はあるでしょう。内々のことは誰であっても自分に直接関係することのみを優先して行うものですから、この気持ちは持っていると思います。これは一つには、あるいは、人はみな油断しがちになるものですので、隆景や元春もそうなのでしょう。心から毛利家を疎かにする気持ちはないでしょう。言うまでもないことです。

隆景や元春に対する不満を述べた隆元に対する元就の返答であるが、一条目において、隆景が近年、元就に対しても一定の距離を置こうとしていた様子が窺える。元就にとって隆景は妙玖との間の末子であり、竹原小早川家への入嗣時の対応をみると、非常に可愛がっていたようである。隆景も元就を慕い、何でも相談していたのであるが、成長するに従い、元就への相談の機会が減ってきた。当初から元就に相談することの少なかった元春の場合、性格的なものもあったが、隆景は小早川氏当主として、「毛利家」の当主となった隆元への対抗心が徐々に芽生えてきたのであろう。

序章でみたように、室町期の小早川氏は幕府奉公衆として重用されており、毛利氏よりも高い家格であった。また、鎌倉幕府の功臣大江広元の血をひくとはいえ、大江家の庶家を出自とする毛利氏に対して、小早川氏は土肥実平の嫡系として処遇されていた。元就期以前の所領においても、高田郡《たかた》の一部を領する毛利氏に対して、沼田・竹原両家をあわせた小早川氏全体の所領はほぼ豊田郡《とよた》一円であり、島嶼部へも進出している。そのような名家の当主としての自負心が、隆景の毛利家からの自立意識を醸成した。父元就が差配する「毛利氏」の指示には従うが、隆元が当主を務める「毛利家」と小早川家は少なくとも同格であり、隆元の指示に従う必要はないと隆景が考えたとしても不思議はない。そのことを理解していた元就は、二条目において隆元の意見に同意しつつ、三条目において隆景や元春の気持ちへの理解を隆元に対して求めたのである。

小早川氏当主としての隆景

隆景の隆元への対抗意識は、単なる個人的な感情ではなく、小早川氏当主として家中をまとめていくための必要性が背景にあったと考えられる。隆元宛ての元就書状（『毛』）を一部引用する。

国衆が周防国の所領を要求したことについて、隆景が言ったことはまったく配慮する必要がないと言いました。そのようにすべきです。書状では言い尽くせないので、会った際に言います。

一、隆景は、まったく私やあなた（隆元）が考えていたようには言いませんでした。ご安心ください。ただただ所領のことのみを言いました。家中の者のためでしょう。別の狙いがあるわけでは断じてないと言いました。

一、隆景・元春の真意は、いまだかつてそのような覚悟をしたことはなさそうです。そうですから、問題ありません。そうなのに、あなたが隆景・元春には別の狙いがあるのではないかなどと、一時でも思われることは、言語道断で、よくないことです。

この問題に関連すると考えられる隆元覚書（『毛』）の「備後衆知音の趣についての事」という条には「隆景と親密な備後の国衆について、隆景とどれだけ親密な国衆であろうと、隆元はそのことを気にしてはいけませんし、腹を立ててもいけませんので、そのように心得なさい。隆景もまた、親密な国衆のことについては、隆元に尋ねて、話し合って、それを理解することが非常に大切です」とある。内容からすると、元就が話したものを隆元が書き留めたものと考えられる。

備後国衆（おそらく小早川氏領に近接する中南部の国人）は、対大内氏戦争の恩賞として周防国における所領を要求し、その実現のために、隆景の力を頼った。また、隆景は同時に小早川氏への所領配分も要求したようである。その背景には「家中の者あるべく候」という事情があったと考えられる。隆景は小早川氏当主であり、対大内氏戦争において動員され、戦功をたてた家臣に対して恩賞を与える義務があった。家臣あっての主君であり、家臣の信頼を得ることが、家中の安定的な運営には不可欠であったから、この要求は当然のものであった。

これ以前に、隆景が家臣（おそらく小早川家譜代家臣）を誅伐しようとして、元就に相談した際、元就は次のような訓戒を隆景に与えている（『毛』）。

その家の当主が家中の者を失うことは、手足を切ることになりますので、最も悪いことです。これ以上のよくないことはないのですが、毛利家においては井上衆を誅伐しなければならない事情があったので、避けることができないことで、特別な事態だったのです。小早川家においては、御親類衆・御被官衆のいずれもがしきたりをよく心得て、みなが隆景にたいへん尽くしていると聞いています。このことが非常に大切なのです。それなのに、少しのことで腹を立てて、誅伐したいと考えられることは、断じてしてはいけません。変なことをおっしゃるようなことは、絶対にしないでください。これまでは小早川家の家臣たちも、あなた（隆景）のことを褒めているように聞いており、悪く言っていないのに、もし変なことをおっしゃると、意外にも、みなが隆景から離反してしまいますので、よくよく心得ておいてください。

隆景が当主として家臣に配慮して、家臣から褒められるような人物になることを求めており、そのような配慮こそが他家から入嗣した隆景が当主の地位を維持するために必要なことであった。しかし、成長するにつれ、隆景は自らの権威を高めようとして、意に沿わない家臣を誅伐しようとした。また、小早川氏当主としての自己のみを追求して、毛利氏一門としての自己を忘れているようにみえてきた。

元就や隆元は、隆景や元春が所領の拡大によって、毛利家からの自立傾向を強めていくことを懸念したのである。また、近隣の国人と結び付いて、毛利家に対抗する意図があるのではないかと考えた。

とくに隆元は隆景や元春の真意を疑い、そのような隆元の懸念を解消するために、元就は隆元に対して弟を信頼するように諭したのであろう。「もってのほか」（本書七九頁。元就書状の二条目「言語道断」）という表現からは、長男である隆元にはもっと泰然とあってほしいとの元就の願望がみえるように思う。

三子教訓状に添えたと考えられる隆元宛ての元就書状（『毛』）にも「毛利・小早川・吉川の三家が今のように抜きんでた存在であれば、毛利家はあなた（隆元）に任せ、小早川家は隆景の思い通りに、吉川家は元春の考えに任せるのがよいでしょう」とあり、隆元は「毛利家」の当主として、狭義の毛利家家中の統治を任せられているが、小早川家や吉川家への指揮権は認められていない。元就は隆元の権限を制限して、隆景や元春の自立意識をある程度容認することにより三家の結束を維持して、毛利氏領国の安定、さらなる発展を図ったのである。

そこで、次項では隆景と隆元との関係をみていこう。

隆景と隆元の不和

天文十八年（一五四九）、竹原小早川家当主期の隆景が、元就に同行して、元春とともに山口を訪問するに先立ち、隆元は「山口への御下向が近日とのことで、お忙しくされていると思います。先日、いろいろとお尋ねがあった件、すぐにお返事すべきところ、ばたばたしており遅れてしまい、口惜しく思います。ようやくお返事いたします」との書状を隆景へ送った（『毛』）。隆景は山口における滞在が長かった兄隆元に対して、山口への下向にあたって、作

毛利隆元
（山口市・常楽寺蔵）

法などを問い合わせた。これに対して隆元は、詳細な助言を行ったのがこの書状であり、兄を頼りにする隆景、弟が失敗しないように心配する兄という仲の良い兄弟関係がみられる。隆景十七歳、隆元二十七歳のときである。

ところが、沼田小早川家も継承して、さらに、厳島合戦における勝利を決定づけた来島水軍の来援に尽力した隆景は、隆元への対抗意識を露わにし始めた。そのような隆景や元春に対して、隆元は不満を蓄積していった（三子教訓状に先立つと考えられる隆元事書（『毛』））。

一、私（隆元）の足らないところを補ってやろうというようなことは、まったく見えません。
一、吉田へ来られても、一刻も早く帰りたがります。兄弟の間ではまだしも、元就様に対して失礼ですから、元就様から言われなくても、逗留してください。
一、何事につけ、隆元だけを除け者にして、二人（隆景・元春）だけでつるんでいます。
一、さらには、他人ともつるんでいます。
一、そのような状況ですので、どのようにかしてこちらから親密にしたいと思っても、できません。
一、何よりも、何事であっても、私がそうはしないであろうと考えられることは、兄が言っていることだからと、そう思って耐え忍ぶべきです。そのような様子はまったく見えません。ただ思った通りそのままの言動と見えます。

一、隆元のことを見限ったように見えます。

一、他人であっても、親しい関係の人の場合、その人の所へ行くと、五十日・六十日・百日も逗留されて、話し合ったり、つるむのが常です。

一、このような状況ですので、どんなに私が腹を立てずにおこうと思っても、油断すると、腹が立ちます。

一、毛利家においては近年、親兄弟がこのようになることはなかったので、私の因果なのでしょうか、よく考える必要があると思っています。

一、小早川家の下に私が立つことは、ただただ私の才覚がないためだと、人は思うでしょう。

最後の条で、小早川家のみが記されていることから推測すると、隆元との関係が疎遠であったのは隆景・元春の両者であったが、なかでも隆景が隆元への対抗意識を露わにしていたと考えられる。隆元が隆景らのつるんでいることを表現した「ちこちこ」という語句には隆元の精神的な弱さも窺えるが、この時点では、「毛利氏」領国における元就の後継者が隆元であるという共通認識はなかったと考えられ、元就死没後は、隆景の指揮下で「毛利氏」が運営される可能性もあった、少なくとも、隆景にそのような野望がまったくなかったとはいえないのではなかろうか。

吉川元春（吉川史料館〔岩国市〕蔵）

この事書が実際に発せられた形跡はない。元就は隆元に対して「以前におっしゃっていた元春と隆景に対することは、このままにしていてはよろしくありません」という書状（『毛』）を発しており、隆元は鬱憤を元就に打ち明けたものの、隆景や元春に対して直接ぶつけることをためらっていた。そうすることによって、亀裂がさらに拡大することを恐れたためであろう。また、直接言った場合、隆景らが反発することが予想されていたのであろう。

一方で、なぜ元就から隆景・元春に直接訓戒しなかったのであろうか。元就が口を出すことによって、隆元が元就に讒言したと、隆景らが反発することを恐れたため、また、「毛利氏」の後継者として、隆元が毅然とした態度をとることを求めたのであろう。

この問題の結末については次節でみることとする。

3 毛利氏宿老隆景

隆景の毛利氏領国運営への関与

前節において隆景・元春に対する鬱憤を直接ぶつけることをためらっていた隆元は、その後、隆景・元春に対して直接申し入れたようである。その内容を窺わせる隆元事書（『毛』）を掲げる。

一、隆景・元春へ私の内々の所存の通り申し入れたところ、納得したとのこと、喜ばしく思います。

一、そこで、隆景・元春の両人が、毛利氏家中への関与は勘弁してほしいとの意向はわかりました。しかし、そのような遠慮はまったく必要ありません。今までのような体制のままでいって、悪い状況になるよりは、隆元が言う通りに、隆景・元春が関与した結果、悪い状況になったとしても、全然構いません。ただただ、しっかりと結束していこうと決定しました。

一、何事も相談すべき事項は、三人で何度も内々に相談したうえで、元就様へ上申しましょう。

この書状からは、隆景や元春に対する鬱積は表面に出すことなく、三人の結束をよびかけ、また、隆景・元春の隆元への対抗心を満足させるために、毛利氏領国の運営への両者の関与を要請した。隆景らはそれぞれの家の運営が疎かになることを危惧したのか、いったん、その要請を断ったようであるが、隆元は再度要請している。隆景らも内心、毛利氏領国運営への関与を歓迎したものの、隆元の真意を疑って辞退する意向を示した可能性もある。

いずれにせよ、三人の意見の一致を受けて、元就は三子教訓状を発して、「毛利家」が「毛利氏」の中心であることを明示したのである。元就からの三子教訓状によって訓戒された隆景・元春は、三家の結束の重要性を認識したものの、隆元との主従関係が形成されたわけではない。元就を「毛利氏」の当主とするという条件付きの三家の結束であったことが、次の隆元覚書（『毛』）から窺える。

一、このたび元就様から教訓状を出されたことに対して、いろいろと弁解され、同意されたこと、安心しました。そして、どのようにしても私（元就）が今しばらくの間は毛利氏を差配するべきであるとおっしゃられましたので、皆もよく心得ていただくようお願いします。少しでも油断してはいけません。

一、隆景・元春も、難しいでしょうが、しばしば、たとえ用事がなくても、吉田へ来られて、話し合っていただきたいと私は言いました。

二条目も単にコミュニケーション不足による兄弟の不和を避けるためだけでなく、「毛利氏」の運営に、隆景・元春も関与させていこうという方針に基づくものとも解釈できる。

隆景と毛利家家中

隆景や元春と毛利家家中（毛利家の庶家や譜代家臣）とはどのような関係にあったのであろうか。周防国における所領配分問題において引用した隆元覚書には「こなた家来の者、両人（隆景・元春）へ契約等の儀についての事」という条がある。

毛利家の家臣と隆景・元春が契約を結ぶことについては、まったく構いません。もし、他家（国衆など）との契約、または、家臣であっても適当でない者が契約を結ぶのであれば、適当ではありません。隆景と元春の両人であるからこそ特別に契約することを認めるのです。このことを心得ておくことが非常に大切です。

元就は毛利家家中の者と隆景・元春が誓約することを特別に認めた。同内容のことを記した別の覚書（『毛』）の末尾には、隆景と元春が今後しばしば吉田に来て、相談することを元就が訓戒して、隆元とも約束した旨の条があり、隆景・元春の毛利氏領国運営への関与と併行して、両人と毛利家家臣との融和を図ろうとしたことが窺える。両人の関与への反発が顕在化しないように配慮した一方で、適当でない者を除外するとしており、隆景・元春の毛利家家中への影響力が広がりすぎないようにしたのであろう。

弘治三年四月の大内氏滅亡後間もない時期のものと考えられる隆景に宛てた隆元書状（『毛』）には、周防国須々万《すすま》城（山口県周南市）に籠もっていたものの隆景や乃美宗勝の調略によって毛利方に寝返った江良《えら》弾正と「神六」（江良元栄と推測される）が対立した際、「隆景が江良弾正の仲立ちをして、引き立てられているということで、思いもよらないほど気分を害して、そのうえに、その結果、あなたまで「かの者」を憎むようになってしまいました」とある。

さらに「その上、あなたが江良弾正の要望を取り次いでおっしゃっているのを、自分が隆景の相手になって対抗すると、「かの者」は威圧的になっています。そのような状況なので、もう「かの者」の役職（奉行職と考えられる）も最後が近いのではないかと思います。「かの者」が言うことには、「隆景は毛利家を見限っています。忠節を尽くし奉公することをお忘れになっていますので、もう隆景と隆元の仲はすでに切れています。このことは大殿（元就）には隠してください。殿様（隆元）にのみ、わきまえておいていただくために言っているのです」と、児玉弥十郎を通じて言いました」とある。

隆景が備後国人だけでなく、大内氏旧臣についても取次的な役割を果たそうとしたこと、それに対して、毛利氏奉行人が強く反発して、隆景と隆元との仲を裂くような言動を行ったことがわかる。

「かの者」は明示されていないが、追伸には「国右事も御方を悪く存じ候事、かの者同前候」とあり、「国右」すなわち国司《くにし》元相《もとすけ》も「かの者」と同じく隆景を悪く言っていたとされており、毛利氏五奉行の一人国司元相と同格の者と推測できる。五奉行のうち、桂元忠・児玉就忠は元就側近であるから除外される。残る奉行人は赤川元保《あかがわもとやす》と粟屋元親《もとちか》であるが、江良の調略に赤川元保が関与した形跡がある（『毛』）ことから、赤川元保を指すと考えられる。元保は隆元死没後に元就によって誅伐されたことが示すように、個性の強い人物であったが、粟屋元親も「隆景が言ったことは、道理に合わないことであっても、元就も隆元も同意する」という不満を述べており、隆元側近の毛利氏奉行人が隆景の毛利氏運営参画を快く思っていなかった状況が窺える。

とはいえ、隆元生前段階における隆景・元春の参画は、軍事作戦や国人領主層との折衝など対外的な事項に限定されており、対内的な政務に参画した形跡はない。奉行人たちの反発にも配慮して、隆景らの権限は限定されていたと考えられる。

隆元の死

永禄六年（一五六三）八月四日、隆景の兄毛利隆元は、尼子攻めのために出雲国へ向かう途中、安芸国佐々部《ささべ》（広島県安芸高田市）において急死した。享年四十一歳。隆元の嫡子輝元はわずか十一歳であったため、形式的には家督を継承したものの、実質的には元就が当主として毛利氏領国を差配することとなった。

この後、隆景が「御四人」として、吉川元春・福原貞俊・口羽《くちば》通良《みちよし》とともに、毛利氏領国の政務に深く関与していった経緯やその権限については、岸田裕之氏の著書（岸田二〇一四）、中司健一氏の論稿（中司二〇〇四）に詳しいほか、著者の前著『毛利輝元』（光成二〇一六）においても触れている。このため、本書においては概略にとどめることとする。

毛利輝元（毛利博物館蔵）

輝元が元服する永禄八年二月まで、当主権限は実質的にすべて元就によって代行されていたが、輝元の元服後は元就・輝元の二頭政治体制に移行することとなった。

しかし、輝元への権限移譲は容易に進まなかった。輝元の自信不足に加え、差配を受容する側からも元就による権限行使が望まれたからである。一方で、元就も高齢になり、隠居を希望していた。輝元の懇願によって、元就は隠居を断念したが、その代わりに導入されたのが、御四人体制だったのである。

御四人体制における隆景らの権限は、「輝元の諮問機関として、大きくその当主としての権限を規制するもの」（中司二〇〇四）とされる。当主権限のあらゆる面において規制されていたとまではいえないが、それ以前の隆景らの政務参画とは大きく性格を異にするものであった。

御四人の導入に向けて調整していた元就の書状には「隆景と元春に対しても、毛利氏領国の運営についても何事についても相談して、談合にも宿老層同様に加わることとしなければ、輝元が二十歳になるまでの間の領国運営は成り立たないと、福原貞俊が考えていると聞きました。もっともなことです」(『毛』)とある。逆にいうと、これ以前の参画は先にみたように対外的なことにほぼ限定されていたのに対して、御四人体制においては、基本的にすべての政務に参画できる権限を与えるつもりであったといえよう。

また、永禄十三年(一五七〇)二月に、口羽通良が「隆景・元春に対して、直筆の書状でご相談することが非常に大切であると存じ上げます」「大殿様(元就)などは若い時から、非常に気を遣われて、対応策などについてご相談しておられましたので、心構えとしてお伝えします」と諫言しており、御四人は輝元の当主権限行使を抑制しようとしていた。

元就の死

そのような状況下で、元就は元亀二年(一五七一)六月十四日に死没した。隆景三十九歳のときである。これによって、輝元は名実ともに毛利氏領国のリーダーとなった。ところが、御四人体制はその後も維持されている。元就の死没した日に、隆景は元春に書状を送っており、その中で「御相談のため、おりふし隆家・信直・貞俊・通良御参上候て、よろず申し談じ候、内々御覚悟の前に候条、申すに及ばず候」と述べた(『吉』)。御四人に加えて、隆景の姉五龍の夫宍戸隆家、元春の岳父熊谷信直と連携して、元就の遺産を守っていく決意を表明したのである。それは単に輝元を支えるという消極的な関与ではない。元亀三年に定められた掟（『毛』）は、公共機能の執行権限が「一揆中」的家臣団ではなく主人によって掌握されることになった点に意義が認められる（池二〇一〇）が、輝元が「御四人」の決定に規制され、「御四人」が毛利氏の最高意思決定機関であるという、輝元と「御四人」の法的制度的関係の基本が明確に表れているとされる（岸田二〇一四）。したがって、この掟の制定によって、元就死没後も、輝元が「御四人」によってその権限を規制されることもあるという体制の継続が決定され、輝元もそれを受け入れた。

隆景死没後の慶長十八年（一六一三）十二月付け毛利秀元・福原広俊宛て書状案（『毛』）において、輝元は生前の隆景らを回想して「私は、日頼様からひどい折檻をうけたうえ、隆景・元春は一緒にいろいろな異見をされ、このような状態では身がもたないと感じたことが何度もありました」と記している。隆景らの異見がいつの段階のものか不明であるが、元就死没後においても親代わりとなった隆景らの異見に輝元が逆らうことは困難だったのではなかろうか。

永禄十二年（一五六九）の起請文（『毛』）や、元就死没直後の起請文（『毛』）においても、輝元への忠誠と同時に「向後の儀、悴心中残らず、何篇申し上げるべきの由、その旨を存じ候事」（前者）、「諸事存じ寄るところ申し上げ候え、一言他御言あるまじきの由、その旨を存じ候、申し上げるべく候」（後者）と記しており、隆景は輝元への異見が自らの役割であることを強調している。

実際に、織田政権と対立するようになった頃においても、輝元は「申すまでもないことですが、今は当家の一大事です。ですから、言っても実現しないことですが、私の考えを言って、もう少し頑張ってみたいと思います。とは言うものの、私は能力がないので、うまくいきませんが、今は一大事のときなので、（隆景・元春に）すべてについてご相談し、ご指南の通りに決定します。（中略）今でも隆景・元春様が私を疎かにしているというわけではないのですが、場合によっては、取捨選択されることがあるので、政務が停滞しています。また、私も相談したいことを言えずにいました。そのうえ、両方面の軍事行動についても私に相談されますので、私一人が気づかいして迷惑しています。そのうえ、私は手際が悪いので、本当は疎ましく思っていないのに、場合によっては、隆景・元春様のご機嫌を損ねることもあるでしょう。このことは、今後もあると思いますので、何度も何度もご指導いただき、また、相談して、悪い点は直します」という書状を隆景・元春に送っている（『吉』）。

このような隆景・元春と輝元との関係をみると、毛利氏当主である輝元に対して、隆景らは表面的には臣として忠誠を誓っていたものの、実体的には、親代わりの叔父として厳しく助言・指導するケースも少なくなかったと考えられる。

それは、三子教訓状などによって元就から「毛利家」が末代までも繁栄するように努めなければならないと訓戒された隆景らにとっての義務であり、いかに輝元に嫌われようとも疎かにすることのできない役割だったのである。

隆景と山陽地域

備後国人や大内氏旧臣たちが、隆景を取次として、毛利氏に対して愁訴などを行っていた状況を前節では確認した。このほかにも、平賀氏も隆景を取次とする愁訴を行っており（『平』）、これらの事例から、「元春は山陰地方を、隆景は山陽地方を分担し（中略）毛利両川体制というものの運営を成功させた」（河合一九七八）、「山陽・瀬戸内海地域には、隆景を中心とする一つのまとまり（瀬戸内小早川領）が形成された」（舘鼻一九九七）といった見解が通説となっている。また池享氏は、毛利氏領国においては「公的支配機構を通じた毛利家本宗による一元的支配の限界が、広域的支配体制としての「毛利両川体制」を生み出した」としている（池二〇一〇）。

これに対して村井良介氏は、小早川氏の山陽支配が「毛利氏の地域支配担当者としてのものにとどまるのか、「小早川領」と言いうるような一定のまとまりが形成されるのかは慎重に検討されなければならない」として、隆景の発給した宛行状・安堵状などについて検討を行った（村井二〇一二）。

宛行状について、書止文言《かきとめもんごん》が「恐々謹言《きょうきょうきんげん》」などとなる書状形式のものは、能島村上・因島村上のほか、備中国人領主赤木氏などに宛てたものが確認されるが、毛利・織田戦争が激化した時期のものがほとんどであった。隆景家中以外に正式の宛行である判物形式の宛行状を出すことはなく、また、書状形式の宛行状を出したケースも例外的なものと評価され、主従関係を形成するものではない。安堵状についても同様で、家中に宛てたものは判物形式で、毛利水軍の指揮官児玉就英《なりひで》や出雲国人領主賀木氏などに宛てたものが書状形式となっている。これらの事例から村井氏は、隆景は家中以外に対する正式の宛行・安堵権限を有さなかったとした。

また、備後国人木梨元恒に対する七月八日付け隆景書状写（『閥』）に「御方御事、諸所において忠儀抽んじられ候、然る間、感状等にわかに遣わし置くのところ、御心安く存じ今に延引候、勿論なが

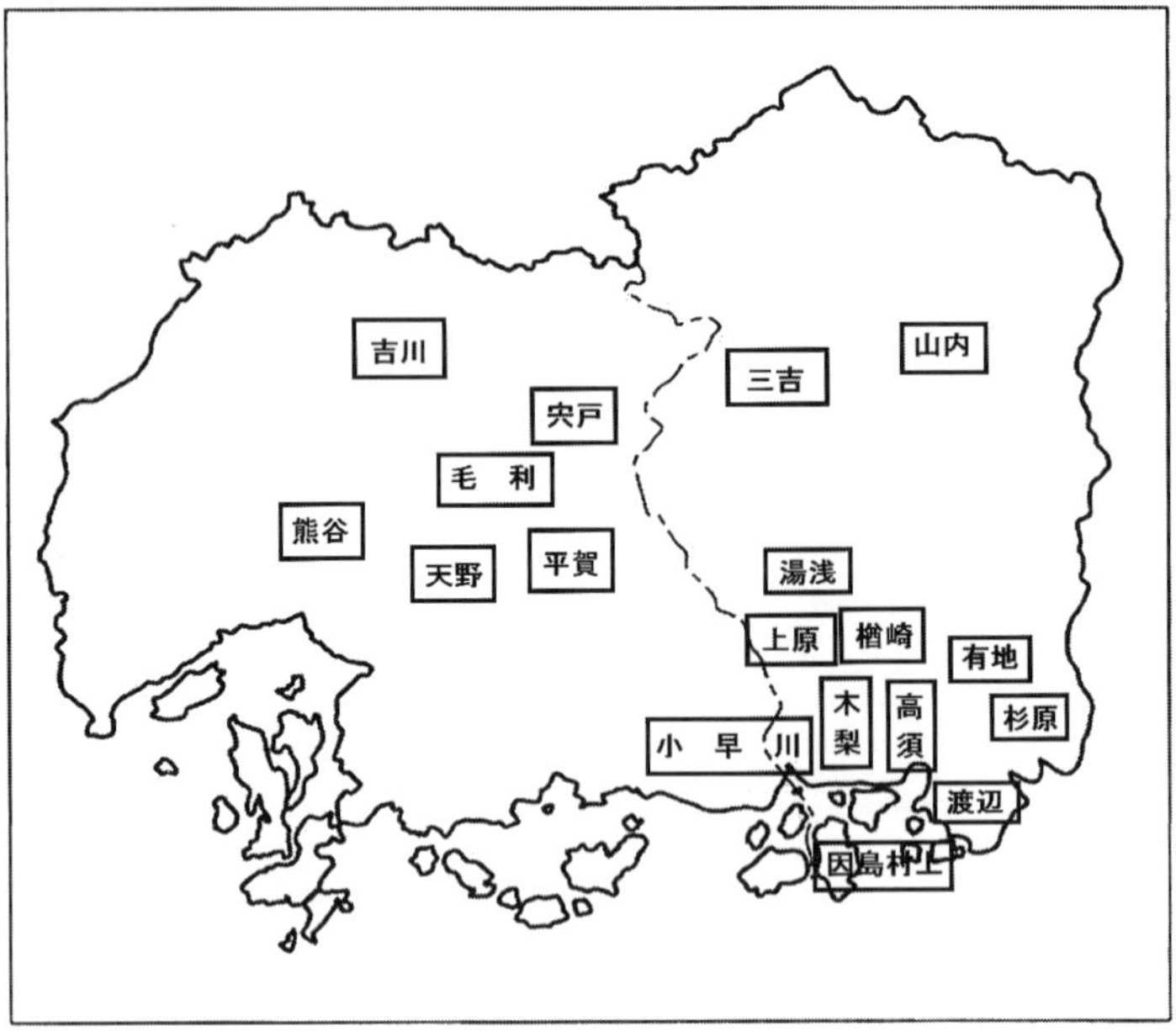

小早川氏領周辺地図

ら数年御粉骨、輝元へ相違し候、我らにおいて少しも忘却なく候」とあることから、正式な感状は輝元から出されるものであり、隆景がそれを代替することはできないとした。したがって、隆景は山陽の戦国領主（有力国人）に対して軍事指揮権を持ち、関係を深めていたが、あくまでも毛利氏の山陽支配の担当者としての位置にあったのであり、山陽地域を覆う「小早川領」と言いうる実態はなかったと結論づけたのである。また、戦国期の広域的支配は国人の支配を前提にして行われており、隆景の担っていた権限は、地理的範囲は広いものの、国人の独自の支配を否定するものではなかったとしている。

このような見解はおおむね首肯できるものであるが、先にみた座配において、天正十四年に高須氏が確認されるほか、天正十三年には楢崎氏・有地氏・因島村上氏庶家村上亮康《すけやす》（「鞆殿」）といった備後国の国人領主層が正月儀礼に参加していることを、「小早川「家中」の拡大を示す」とした点については、検討を要する。「家中」について隆景と主従関係にあることを要件とするならば、高須らのような有力国人領主層が隆景家中に包摂されたとは考え難い。

天正十年の備中高松《たかまつ》城攻防時における熊谷信直書状（「厳島野坂文書」）によると、楢崎氏は独自の軍事組織を編成している。高須や有地については確認できないが、備後国では木梨・三吉・山内、備中国では細川・三村《みむら》といった有力国人領主層も同様であり、この時点においては、毛利氏領国内の有力国人領主層は、隆景や元春の直接的な軍事指揮下に入っていなかった。楢崎らがそれ以前に隆景の下へ正月参賀しなかったと断定する史料はないが、少なくとも狭義の小早川氏家臣と同一の日に参賀した事例は見当たらない。天正十六年（一五八八）には、楢崎三河守の子で高須を称した少輔三郎（景好）が輝元から官途書出を受給しており（『閥』）、毛利宗家との主従関係が継続していた蓋然性が高い。高須氏は複数の家に分かれており、座配にみられる「高須殿」に該当する人物を特定することはできないが、高須弥三（元勝）も天正十四年に輝元から備後国深津《ふかつ》郡における宛行状（「譜録」）や官途書出（『閥』）を受給しており、正月儀礼への列席＝家中への包摂とみなすことはできないであろう。

ではなぜ、彼らは隆景への接近を加速したのであろうか。結論からいうと、豊臣政権への従属に伴う公儀の力を背景にした輝元権力の強化が進展し始め、国人領主層に対する毛利氏の統制強化に対抗するため、小早川氏に近接する国人領主層は、隆景への接近を加速したのではないかと考えられる。

備後国南部地域においては、竹原小早川興景妻「竹原にし殿」（隆景従姉妹）が最後に嫁した杉原盛重（備後国神辺城主）が天正九年に死没したのち、杉原家には内紛が勃発し、家督を継承した景盛《かげもり》も天正十二年に秀吉への内通を疑われて、輝元に誅伐されるという事件が出来した（小田一九八七、松浦一九七七、横畠二〇〇九）。景盛の誅伐後、輝元は神辺周辺を主として毛利氏の直接支配下に置こうとした結果、杉原氏家臣の土豪・地侍層は所領削減の危機に陥った（『閥』）。この危機の打開に向けて頼りとされたのが、この地域の広域的支配を統括していた隆景である。

天正十二年に比定される八月四日付けで、隆景は国司元武・児玉元兼ら輝元奉行人に対して、「横山備中守（杉原氏家臣）事、元盛（景盛に殺害された兄）相果てられ候刻より、筋目忘却なく内儀申し越され、吉田（毛利氏）へ馳走の仁（人）候、何篇仰せ合わされ、かの地下中狼藉等これなきよう、堅固の御裁判肝要たるべく候」という書状を発している。同日付けで、杉原氏領と隆景領の間を本拠とする国人高須氏に対して「横備（横山備中守）事、去々年より心底の通り御方に対して申し越さる段、馳走の筋目候間、吉田衆に対して折紙遣わし候、諸地下相違あるべからざる段、外郡衆へも案内を遂げらるの条、その御心得なさるべき事肝要候」と申し送っている（「横山文書」）。

杉原氏家臣団は隆景を通して輝元に対して所領の保全を要望し、隆景はそれに応えるとともに、備後国南部（「外郡」）国人領主層の動揺を抑えようとした。これに先立つ四月に備後北部の最大給の国人山内氏に対して毛利氏への人質提出が要求されるなど、この時期には、タテの繋がりやヨコの繋がりを人的結合関係によって補完するという従来の毛利氏・国人関係に変化が生じ、人的結合関係から奉行人体制への転換が進んだとされる（鴨川一九九二）。

そのような国人領主層を毛利氏家中へ包摂しようという動きを押し戻すために、隆景が小早川家を継承する以前から形成されていた小早川家との地縁結合関係に基づき、国人領主層は隆景を通じた輝元への愁訴を企てた。従来の地域秩序を破壊して、輝元専制体制を模索しようとする動きは、隆景にとっても歓迎すべきものではなかった。隆景も毛利家の繁栄を願うという点においては輝元に負けるものではなかったが、国人領主層の緩やかな連合体的性格をもつ毛利氏領国のあり方（菊池二〇〇一）を改革するという視点は隆景にはなかった。その意味では、隆景は守旧派だったのである。

御四人体制の解体

次章でみていく天正十三年の伊予入部、天正十五年（一五八七）の北部九州への入部によって、有力国人領主に対する行政行為についても隆景の関与はみられなくなる。天正十五年までに御四人体制は完全に解体された。ところが、惣国検地後の給地替えに伴い、毛利元康《もとやす》（隆景異母弟、元就八男）が神辺城主となった後の天正十九年になっても、隆景と備後国南部の国人領主層との結合関係は残存しており、隆景は毛利氏領国の経営に対する介入をやめなかった。

備後国沼隈《ぬまくま》郡山田郷（広島県福山市）を本拠とする渡辺氏は、元就期においても隆景を通じて毛利氏への愁訴を行い、権益の維持拡大に努めていた。ところが、元康領内に山田郷が含まれていたため、渡辺氏は本拠を失うこととなった。渡辺氏から山田郷の安堵を要望された隆景は、十二月十七日付けで（「譜録」）、元康とその兄元清に対して、渡辺氏のこれまでの毛利氏への協力実績を長々と記したうえで「今のまま山田郷を渡辺氏へ返還しないのであれば、元就様は、継室の子であるあなた方をご自慢されていましたが、この先はよくない結果となることでしょう」と、厳しく非難している。「末子のかたがた」という表現からは、正室の子である自分たちと、継室の子である元清・元康らとの格の違いを強調する意図が窺え、隆景の自尊心の高さがみえる。

またこの書状には「この帋面殿様（輝元）へ御披見入れられ、申し分け肝心候」とあり、輝元が国人領主層の既得権益を奪い、忠誠を誓う元康を優遇することによって、自己の専制体制を確立しようとしていたこと、そのような輝元の指向に対して隆景が批判的であったことが判明する。

このような介入は、御四人体制のような制度に基づくものではない。輝元の叔父、元康の兄として、超法規的に介入したものである。しかし、隆景の介入によって山田郷は渡辺氏へ返還されることとなった。父元就とともに毛利氏領国を築き上げてきた隆景の前では、元康はもちろん、輝元もその意向を無視することはできなかった。毛利氏領国の政務から退いた後も、隆景の影響力は大きく、中世的秩序の保護者として、輝元を抑制していたのである。

第三章　隆景と信長・秀吉

1　隆景と信長

隆景と信長との出会い

永禄十一年（一五六八）九月、織田信長は足利義昭を奉じて上洛を果たした。信長は天文三年（一五三四）生まれ。隆景が一歳年長である。上洛から間もない時期における信長の敵対勢力は、主に三好《みよし》三人衆（三好長逸《ながやす》・三好宗渭《そうい》・岩成友通《いわなりともみち》）とその荷担勢力であった。

四国地域のうち、阿波・讃岐両国は三好三人衆方の地盤であったが、毛利氏が備中国を影響下におさめ、また、天文二十三年には、宍戸隆家と五龍（隆景姉）との間の娘を隆景の養女として、伊予来島水軍の当主村上通康に嫁がせて、伊予河野《こうの》氏との結び付きを強めた（西尾二〇〇五）結果、三好三人衆方にとって毛利氏は脅威となっていた。

一方で、大内氏の滅亡後、旧大内氏領国の豊前国や筑前国をめぐって毛利氏と対立関係に至った大《おお》

織田信長（兵庫県立歴史博物館蔵）

友《とも》氏は、毛利氏包囲網の形成を企図していた。永禄十二年六月に挙兵した尼子勝久《かつひさ》・山中鹿介《やまなかしかのすけ》ら尼子氏残党、播磨・備前境目地域を支配する浦上宗景《うらがみむねかげ》が主たる大友派であるが、永禄十二年八月十九日付けの元就・輝元のほか、隆景・元春ら毛利氏宿老層などを宛所とした、信長禁中奉行朝山日乗《あさやまにちじょう》書状案（『大日本古文書　家わけ第二十二　益田《ますだ》家文書』、以下『益』）によると、信長は尼子氏残党を支援する但馬山名氏や浦上氏の領国へ、木下秀吉（後の豊臣秀吉）や木下祐久（助左衛門尉）らを出陣させるとともに、毛利・大友氏の和睦を仲裁し、毛利氏に対して三好三人衆方の地盤阿波・讃岐への攻撃支援を要請している。

　このように毛利氏と織田氏とは軍事同盟的関係になっていたのであるが、織田氏側の窓口は秀吉、毛利氏側の窓口は隆景であった。永禄十三年に比定される二月十三日付け隆景宛て信長書状（『小』）に「このたび元就へ使節をもって申すところ、条々御入魂本懐候、貴所（隆景）執り申すの旨歓悦候、よって御自分の使僧、ことに太刀一腰・銀子十枚贈り給い候、懇慮の次第謝し難く候、向後別して相通じらるべきの由、まことに碎啄の至り、快然候、是非とも面謁遂げ、心緒述ぶべき所存候」とある。また、三月十八日付け隆景宛て木下秀吉書状（『小』）には「このたび信長へ元就より御使として、永興寺御上国候、拙子に申し次ぐべきの由候間、執り申し候、信長別して入魂申され候条、いよいよ向後御隔心なく仰せ談じらるべき事肝要候、我ら事、若輩ながら、相応の儀示し預かり、疎意あるべからず候」とある。

なぜ、元春や他の宿老層ではなく、隆景が窓口とされたのであろうか。十三代将軍義輝が尼子氏や大友氏との和睦を斡旋しようとした際には、隆景だけでなく、元春にも御内書が送られている。上洛前後期の義昭やその近臣からの御内書・奉書も隆景・元春の両名に送られており、上方との窓口が隆景に一本化されていたわけではない。ところが、信長から元春への書状は、隆景宛てのものに比べて非常に少ない。永禄十三年に比定される三月十八日付け書状は、隆景と元春に対して個別に送られているが、内容をみると、隆景宛てのものが播磨・備前方面への出陣などを知らせる詳細なものであるのに対して、元春宛てのものは進物の礼など簡潔なものとなっている。

二月十三日付け信長書状に「貴所執り申す」とあるため、毛利氏が、隆景を信長に対する窓口とすることを決定したと考えられる。その理由を明確にすることは難しいが、元春に外交の資質がなかったわけではない。また、織田勢の進出は但馬など山陰方面、播磨など山陽方面の両方向であり、地域的要素から隆景が窓口になったとは考えられない。従来のような幕府や朝廷との折衝とは異なり、新興大名信長との折衝にはノウハウがなく、より綿密な交渉能力や情報収集能力が求められた。そのような資質に隆景が秀でていたと考えることはできないだろうか。それは個人的資質に加えて、室町幕府の有力な奉公衆として活動してきた小早川家に蓄積された上方方面におけるネットワークも有効に作用していた可能性がある。

いずれにせよ、隆景と秀吉を双方の窓口とした毛利・織田同盟関係は、信長と義昭の関係がきわめて悪化するまで有効に機能しており、毛利氏の尼子氏残党鎮圧や浦上宗景・宇喜多直家《うきたなおいえ》を従属させることにも寄与したのである。

毛利・織田軍事同盟の危機

ところが、将軍足利義昭と信長との関係が悪化すると、毛利氏と織田氏との関係にも亀裂が広がっていった。信長によって追放された義昭は、信長の打倒に向けて毛利氏に対して支援を要請したが、毛利氏は義昭と信長の和解を仲介することで、毛利・織田同盟関係を維持しようとした。しかし、義昭・信長の両者ともに強硬姿勢を変えそうになく、板挟みになった毛利氏は苦慮する。なかでも、隆景に対する義昭の期待は大きかった。天正元年（一五七三）に比定される八月一日付け義昭御内書のうち、元春宛て（『吉』）には「出勢儀、輝元異見せしめ、馳走もっとも忠節たるべく候」とあるのに対して、隆景宛て（『小』）には「その方出勢これあらば、その響きをもって五畿内一統せしめ、即時本意達すべき事、歴然候、ぜひとも輝元に対し意見専一候」とある。隆景に対する文言は元春に対するものに比べて具体的であり、義昭の両者に対する期待の大きさを反映したものと推測される。

このような義昭からの要請に対して毛利氏はどのように対処したのであろうか。

九月晦日付けの毛利元清（元就四男・隆景の異母弟）宛て輝元書状（「長府毛利家文書」）には「こちらから強い態度で、少し織田衆を押し込むように、公のことに介入するくらいでないと、適当にあしらう考えではよくないのではないでしょうか。細々したことについて仲介したのでは、信長は内心口惜しく思うでしょう。その上、備前宇喜多氏はこちらに荷担していますが、毛利氏を弱いと思った結果、織田方に転じてしまうことになれば、誠に一大事です。仮に、織田方と敵対しても、宇喜多氏を最前線に置いて防げば、一大事にはならないでしょう」「信長が本当に毛利氏と敵対しようと思っているとは思えません。五畿内において容易に敵を圧倒したのと同じようには毛利氏領国を攻めることはできないので、軍事衝突は起こらないでしょう。しかし、信長が直家を織田方の一味にすることは容易にできるでしょう。どのように対処するかよく考える必要があります。きっと隆景は熟考したうえでなければ、申し越さないでしょうから、隆景からの異見の通り対処しようと思います。宇喜多氏に織田信長のことをこのように恐れていることは、知られないようにしなければなりません」とある。

対応に迷った輝元は、織田氏との窓口であり、最も信長のことを知っている隆景の意見に従うこととした。また、この書状から隆景が「熟慮の人」であったことが窺える。隆景四十一歳。若年時には感情に走ることも少なくなかった隆景も年を重ねるにつれ、慎重に物事を判断するようになっていた。それは、若い輝元を支えて、父の願った毛利家の安泰を図ることを自らの使命と考えるようになったことも影響していると考えられる。

結局、隆景は織田氏との同盟関係を重視して、義昭を支援しないことを選択した。信長との折衝窓口であった隆景は、織田氏の軍事力・政治力の怖さを実感していたと考えられる。兵農分離の進展に伴う軍事行動の機動性・迅速性、豊富な兵站《へいたん》、既存の概念にとらわれない革新的な思考。それまでの隆景も戦闘における直接的な敗北を知らない。同じ舞台での勝負であれば、負けない自信はあったかもしれない。ところが、隆景と同年代であるにもかかわらず、信長は毛利氏の中世的な軍事態勢とは異質な態勢を採っていた。ゆえに、織田氏との戦闘は歴戦の武将隆景にとっても予測の難しいものであり、勝利の確信が持てなかった。そうすると、京都から追放されて事実上実権を失った将軍義昭をリスクを冒してまで支援することは、毛利家の安泰を考えると選択できなかったのではなかろうか。

備中兵乱

天正元年の暮れ、元亀三年（一五七二）の和睦によって実質的には毛利氏の従属下に置かれていた浦上宗景に対して、信長が備前・播磨・美作の統治権を認める朱印状《しゅいんじょう》を発給した宇喜多直家は、天正二年（一五七四）三月頃、宗景との対決に踏み切り、毛利氏は宇喜多氏を支援した。これに対して宗景は、毛利氏に従属していた宇喜多直家の仇敵備中三村元親《もとちか》（居城：備中松山（岡山県高梁市））と連携して対抗した。毛利氏からの離反によって、東に宇喜多氏、西に毛利氏と挟み撃ちされるにもかかわらず、元親が離反を決断した背景には、織田氏による支援があるとの予測があったと考えられる。結局、織田勢の出撃はなく、天正三年六月に三村元親およびその与党の滅亡、同年九月に浦上宗景が居城天神山《てんじんやま》城（岡山県和気町）から逃走して（寺尾一九九二）、毛利方は勝利した。

信長にはあわよくば宇喜多氏を滅ぼしたうえで、浦上・三村氏を織田政権下に組み込み、毛利氏との勢力境界線を西に移動させる意図があったかもしれないが、三村元親の蜂起は隆景らの調略も功を奏して短期間で鎮圧されたため、実現しなかった。隆景の調略の対象は、元親の叔父親成《ちかしげ》のほか、備中高松城（岡山市北区）水攻めの際の守将として名高い清水宗治《しみずむねはる》らである。天正二年閏十一月に隆景が宗治らに送った起請文（「岡山県立博物館所蔵文書」）には「かたがた御両人事、こなたに対し、累年の御馳走今もって聊かも忘却なく候、自然、御家中、向後何たる変化候といえども、見放し申すまじく候」とあり、隆景の調略によって、宗治らが元親に荷担した石川氏（備中国守護代を務めた家）と袂を分かって毛利氏に従属したことを窺わせる。

宇喜多氏・浦上氏・三村氏を指嗾《しそう》することによって、お互いの動きを牽制しあった毛利氏・織田氏であったが、直接の戦闘に突入する覚悟は互いに無く、同盟関係は維持されている。三村元親は滅亡したものの、浦上氏と宇喜多氏との戦闘は継続していた天正三年の七月八日付けで信長は隆景に対して、毛利氏領国から聖護院道澄《しょうごいんどうちょう》が帰国したことを報じるとともに「私は決して毛利氏を疎かにしませんので、喜ばしいことです。今後も輝元が織田氏との同盟を重視するように貴殿が仲介されることが重要です」という書状を送っている（『吉』）。天下一統を目指す信長は、毛利氏が信長に協力し、最終的には従属的な同盟下に入ることを期待しており、賢明な隆景であれば、毛利氏の安泰のためにはそのような判断をすると考えていたのではなかろうか。しかし、このような毛利・織田間の危うい均衡は、将軍義昭の毛利氏領国への下向によって崩壊した。

毛利・織田戦争の開始

天正四年二月、毛利氏の事前了解を得ることなく、備後国鞆《とも》（広島県福山市）に下向した義昭は、二月八日付けで隆景に対して「しばしば毛利氏領国へ下向すると通知したにもかかわらず、織田氏と同盟関係にあるため、容易に受け入れることは難しいとのことでした。しかし、信長が輝元に対して敵意を持っていることは明白ですので、了解はありませんでしたが、毛

足利義昭
（東京大学史料編纂所蔵模写）

利氏領国へ来ました」という御内書（『小』）を発した。

これに対して隆景は、二月九日付けで家臣井上孫兵衛（就《なり》正《まさ》）に宛て「義昭様が突然に下向されたので、あなたが上方へ赴くことをとりあえず見合わすべきではないかと、宇喜多直家が言ってきました。私もそう思います。もし、聖護院道澄様の意向に反することになると、よくないので、岩坊へ書状を出しました。上方から連絡があったらすぐに上国することを約束して、まず岩坊が早々に上方へ向かうことが非常に大切です」と指示した（「譜録」）。また、翌日に発した孫兵衛・岩坊宛ての書状には「早々に上国して上方の情報を収集して、知らせてください」とある。

岩坊は道澄の使者として毛利氏のもとへも来た経験をもつ僧であったが、この時点では毛利氏領国内（小早川氏領を含む）に滞在していたと考えられる。当初、井上孫兵衛と岩坊の両名が上方へ赴いて情報を収集する予定であった。ところが、突如として義昭が下向したことにより、毛利氏と織田氏・義昭との間を仲介してくれていた道澄に配慮する必要が生じた。そこで、岩坊のみを派遣して、信長や道澄の意向を探ろうとしたのである。

隆景は、義昭下向後すぐに織田氏との断交を覚悟していたわけではない。信長も隆景に対して三月三十日付けで、年頭の進物の礼状を発しており（『小』）、表面的には友好関係を維持していた。一方で、織田氏との断交は避けられない蓋然性が高いとして、隆景や輝元は戦闘への準備も進めていた。最終的には、五月半ば頃、毛利氏は織田氏との断交に至った。

断交の判断に至った隆景の心情を示す史料は確認できない。一方で、輝元は二月二十二日付けで湯浅将宗《まさむね》（備後国人領主）に宛て書状を発しており（「湯浅家文書」）、岩坊が上国した時期から推測すると、輝元の情報源が岩坊であった蓋然性は高い。輝元書状には「備前・播磨のことについて、昨年以来、信長から申し入れがありましたので、無事に決着するように協議してきましたが、このように将軍様がご下向されたので、信長が疑心を抱き、領国境を越えて侵攻してきましたら、すぐに出陣してくださ い」とある。岩坊からもたらされた情報は、毛利氏が織田氏と断交して義昭を支援するのではないかと信長が疑っている、というような内容だったのではなかろうか。

岩坊を派遣したのは隆景であり、先にみた九月晦日付け輝元書状が示すように、上方、とりわけ信長に関する対応について、輝元は隆景の意見を重視していた。したがって、岩坊からの情報はまず隆景にもたらされ、その上で、隆景から織田氏との断交は不可避な状況にあるという報告を輝元は受けていたと推測される。隆景の本意ではなかったであろうが、義昭と信長に追い込まれた毛利氏は、織田氏との断交を決断せざるを得なかったのである。

毛利・織田戦争の展開

毛利・織田戦争の経過については、前著（『毛利輝元』）に詳しいため、本書では割愛することとし、この戦争に対する隆景の認識に着目してみたい。

天正四年七月の石山本願寺《いしやまほんがんじ》救援、天正五年七～閏七月の讃岐元吉合戦、天正六年二月の播磨三木《みき》城

（兵庫県三木市）主別所長治《べっしょながはる》の織田氏からの離反、同年七月の播磨上月城《こうづき》の陥落、同年十月の摂津有岡《ありおか》城（兵庫県伊丹市）主荒木村重《あらきむらしげ》の織田氏からの離反など、当初の戦況は毛利氏優勢に展開していた。そこで、義昭は輝元に対して自ら兵を率いて出陣するように強く働きかけ、隆景も十一月十四日付けで、輝元奉行人粟屋元種に対して輝元の出陣を促しており（『毛』）、出陣に積極的な姿勢を示していた。その結果、輝元の出陣は天正七年（一五七九）一月十六日に決定した。ところが、この決定は実行に移されなかった。その背景には、隆景の出陣反対があったと考えられる。なぜ、隆景は百八十度方針を転換したのであろうか。天正七年に比定される三月十六日付け隆景書状（『毛』）をみてみよう。

何度申しましても、今年の戦はおそらく毛利家の運命を左右することになると思います。世の情勢はさらに不透明です。並ぶ者がないほどの親類縁者である市川元教《いちかわもとのり》や杉重良《すぎしげよし》などが、このように毛利家が栄えているときに、何を考えたのか、謀叛を企みましたので、これを教訓にして、慎重に行動していく必要があると考えます。今、輝元をはじめ皆があまりにも油断している様子で、一大事であると思っています。毛利家は、大内・尼子氏を滅ぼして、両家に続く三番目の中国地方の支配者となり、元就・隆元の代を過ぎました。輝元様および元春と私（隆景）が残され、日頼様（元就）死没後八年間、毛利家を維持してきました。思いがけないことです。また、輝元には神仏のご加護があったのでしょう。さらに、突然に将軍義昭が中国にご下向されたので、元就や隆元のことを知らない遠国の大名からも通交があり、毛利家の勢力は拡大し、輝元の評判は他に及ぶ者がないほどです。名誉なことです。しかし、消える寸前に光が増すこともあると言いますので、さらなる辛苦があるのではないかと懸念します。

天正六年三月の市川元教（元就室妙玖の兄弟吉川経世の孫、山口奉行市川経好の子）に加えて、天正七年一月には、杉重良（室は御四人福原貞俊の姉妹）の謀叛が勃発した。両者の謀叛を指嗾したのは大友義鎮《よししげ》であるが、天正三年頃には美作の国人領主草苅景継《くさかりかげつぐ》が離反を企てたとして弟重継《しげつぐ》に家督交代した事件（森二〇一三）など、備前・美作の国人領主層に対しては、信長による調略の手が伸びていた。

毛利方の優位な状況を踏まえ、上方への出撃に積極的になっていた隆景であったが、杉重良の事件を受けて冷静に考えると、領国を留守にして出撃することに不安を覚えた。永禄十二年（一五六九）の筑前・豊前をめぐる大友氏との軍事衝突時に、尼子勝久らの挙兵、大内輝弘《てるひろ》の山口乱入などを招いたことも脳裏に蘇ったのであろう。とりわけ、輝元が有頂天になっている様子が最も懸念材料だったのかもしれない。このような状況で出陣すると、逆に、元就の訓戒に従い守り抜いてきた毛利氏の安泰が崩壊してしまう危険性を感じ、方針転換したと推測される。

この隆景の判断は正しかったか否か。輝元の出陣が武田勝頼の長篠の戦いの二の舞になり、信長によって毛利氏は滅亡に追い込まれていたかもしれない。あるいは、織田政権を崩壊に追い込むことができたかもしれない。明白なのは、宇喜多直家の離反に繋がったことである。織田氏との直接的な軍事衝突の最前線に立つ宇喜多氏ら境目の領主らは、毛利氏が彼らの権益を守護してくれる存在である限り、対織田戦争の最前線に立つことを甘受していた。しかしながら、毛利氏が頼るに値しない弱い存在だと認識すると、すぐに離反してしまうことは明白であった（山本一九九七）。輝元出陣延期という判断は、まさに毛利氏が信長との対決を恐れていることを境目領主層に知らしめる結果となった。その結果、天正七年六月前後に、宇喜多直家は毛利方から離反して信長に従ったのである。

隆景の戦略

隆景は宇喜多氏が離反するとは考えなかったのであろうか。直家が心から毛利氏に従っているわけでないことは明白であった。直家との交渉にも携わった隆景が離反の可能性を認識しなかったとは考えられない。しかし、隆景にとって絶対に守らなければならない毛利氏領国とは備後以西であり、宇喜多氏の離反はやむを得ないと考えていたのではなかろうか。守らなければならないものを失うリスクをとるより、宇喜多氏の離反を招くとしても自重して、備後より東のラインで織田勢力を食い止めることを選択した。

その後の戦闘の経過をみると、天正七年十二月の宇喜多方四畝《よつうね》城（岡山県高梁市・真庭市）・天正九年六月の宇喜多方美作岩屋《いわや》城（岡山県津山市）の攻略、同年八月の備前・備中境目地域の国人領主伊賀氏の宇喜多氏からの離反、同年十月の宇喜多方の拠点忍山《しのぶやま》城（岡山市北区）の攻略（山本一九九四）など、山陽方面においては互角以上に渡り合っていた。一方で、山陰方面が手薄となり、天正九年十月には因幡鳥取城（鳥取市）が陥落するなど不利な状況にあり、兵力の絶対数、機動力、兵站の補給能力に劣る毛利氏には限界があった。しかし、山陰方面においても、おそらく出雲以西が絶対に守らなければならないものであり、想定の範囲内であったと推測される。

天正八年に比定される（山本二〇一〇）五月十二日付け安国寺恵瓊書状（「巻子本厳島文書」）には「輝元や隆景は、戦闘で決着を付けるという覚悟で、ご立派です」とあり、隆景や輝元は講和には消極的であり、国境に関する大幅な織田方の譲歩がなければ、応じる考えはなかったようである。一方の恵瓊は「織田方からの申し出内容は一層よいものです。とにかく、何をするにしても、こちらはだらしており、なかなか決定しないので、困ったことです。信長との和平については、どうしても成功させたいと今思っています」と記しており、講和に前のめりとなっていた。

織田方に関する情報には精通していたと考えられる隆景と恵瓊が、なぜ異なる結論に至ったのであろうか。この時点における隆景は、四畝城の攻略などの結果、対織田戦争に大勝利とまではいかなくとも、互角に展開しており、領土問題で大幅に譲歩させることが可能と考えていた。また、戦闘に参加している以前からの国人領主層や、備中・美作・備前などの毛利方領主層への恩賞を確保するためにも、安易な妥協はできなかった。これに対して恵瓊は、現在の戦況はあくまでも一時的なものであり、長引けば必ず毛利氏は敗北するとの予測があった。ゆえに、信長が弱気になっている今こそ講和を成立させて、信長の天下一統のもと、大大名として毛利氏が生き残る道を選ぶべきと考えていた。

結果論になるが、隆景の考えは甘かったと言わざるをえない。この段階における隆景は、国人領主層の連合体的性格をもった毛利氏の限界を超えることはできなかったのである。

2　隆景と羽柴秀吉

秀吉の調略

天正十年になると、羽柴秀吉の調略によって、二月頃に（森二〇〇三）備前国児島《こじま》の海洋領主高畠氏を皮切りに、四月には隆景と親密な関係にあった代表的な毛利方水軍である来島村上氏（福川二〇〇三、桑名二〇一一、山内二〇一四・二〇一五）、塩飽《しわく》水軍（橋詰二〇〇七）など、毛利方からの離反が相次ぎ、備前・備中方面の戦況は毛利氏にとってきわめて不利な状況に陥った。海洋領主層の離反により備讃海峡の制海権を織田方に掌握されたからである。制海権を失った結果、毛利勢は物資の輸送に支障を来たし、清水宗治の籠もる備中高松城をはじめとした境目の諸城に対する毛利勢の救援はままならなくなった。

隆景ら毛利勢先鋒部隊は幸山《こうざん》（岡山県総社市）に陣を置いたまま、積極的な軍事行動を起こさず、五月二十一日になってようやく、隆景は元春勢とともに織田勢と対峙する位置に陣を移したが、決戦を挑むことはなかった。猿掛《さるかけ》城（岡山県矢掛町）に陣を置いていたとされる輝元も動かなかった。このような消極的な姿勢は前線に配置されていた国人領主層の動揺を招き、日幡《ひばた》城（岡山県倉敷市）の在番であった備後の有力国人領主で毛利家の縁戚（妻は隆景異母妹とされる）にあたる上原元将《うえはらもとすけ》が離反するなど、さらなる離反が出来した。

上原元将妻の母について、系譜類では三吉氏（備後国北部の国人）の出自とされるものもあるが、元清のほか、元政《もとまさ》（元就七男）・秀包（元就九男）と同じく、乃美家の出自と推測される。天正七年に元清が記した十月八日付け書状（『毛』）に「こうざんの事、これ又頼み奉り候」で始まる条がある。他の条には、元政・秀包（元総《もとふさ》）のほか、元清とともに桜尾城に居住していた元就継室の一人「中の丸」（五條二〇〇三、西尾二〇一四）について記されており、元清が対織田戦争への出陣を前に、同母兄弟姉妹など最近親者の処遇を輝元に頼んだものと考えられる。したがって、「こうざん」とは上原氏の居城今高野山城《いまこうやさん》（広島県世羅町）の別称「甲山」を指し、同母妹である上原元将妻について記したものである。

その内容をみると「ことに境目へ女身にて罷り出で候て、居られ候条、自然の時は、まことにいたましき躰にて候べく候、備後衆は表裏なる衆にて候間、一段御心付けられ候わではにて候」とある。「境目」とは、上原氏領が安芸国に接した備後国最西部に位置していたことを示すと解釈される。また、上原氏をはじめとした「備後衆」には離反の可能性がある（「表裏」）と元清は認識していた。逆にいうと、従属性の低い上原氏を毛利方につなぎとめるための鎹《かすがい》として、「こうざん」は元将に嫁したのであろう。しかし、「こうざん」と元将との間には子がなく（元清書状に「子どもの一人もなく候」とある）、万一、上原氏が離反した場合には殺害される（「いたましき躰」）危険性があった。毛利氏中枢も上原氏離反の危険性を認識していたからこそ、元将を対織田戦争の最前線である日幡城に在番させたものと推測されるが、結局、元清らの懸念は現実のものとなった。「備後衆」を統括する隆景にとっては、隆景と親密な関係にあった来島村上氏の離反に続く、大きな失点となったのである。

さらに、隆景の足下も揺らいでいた。三月三日付けで秀吉家臣蜂須賀正勝《はちすかまさかつ》・黒田孝高《くろだよしたか》（後の如水《じょすい》）から乃美宗勝・同少輔四郎に宛てた書状が「乃美文書」に残されている。そこには「近日、筑前守（秀吉）出勢について、御父子仰せ談じられ、この節御忠儀抽んじられれば、何様の御望みの所、両人（正勝・孝高）御馳走仕るべく候間、御分別究められ、御返事待ち奉り候」とある。小早川氏の宿老で、小早川水軍の中核である乃美家（備前守系）にまで調略の手は及んでいたのである。秀吉は能島村上氏にも調略の手を伸ばしており（山内二〇一五）、毛利方の主要な水軍を離反させようと画策していた。水運を担う水軍が決戦の命運を握ることを秀吉は強く認識しており、離反可能性のある勢力にはすべて働きかけていたと推測される。つまり、乃美家にも離反可能性があると考えていたのである。

小早川水軍は隆景や元就によって形成されたものではなく、それ以前から芸予諸島を中心に活動していた独立的水軍勢力であった。隆景の少年期から補佐的存在として活動してきた宗勝は、隆景を支える強固な意思を持っていたと考えられるが、そもそも傭兵的性格の強い水軍の直接の担い手である乃美家被官層に、隆景や毛利氏に対する忠誠心があったとは考えられない。自らの権益を保障・拡大してくれる勢力であれば、荷担先を変更することに大きな躊躇はなかったのではないか。

「少輔四郎」は宗勝の子盛勝である。元亀三年頃には活動を開始しており、宗勝の子の中では年長であったと考えられる。宗勝・少輔四郎宛てと同日付けの、少輔四郎のみに宛てた正勝・孝高書状（「乃」）には、より具体的な条件が提示されており、秀吉の狙いは少輔四郎であったと考えられる。その書状には「御親父、御同心なきにおいては、それ様御一人御請け候て然るべく候」とあり、隆景と宗勝との信頼関係を考えると、宗勝離反の蓋然性は低いが、若年の少輔四郎の隆景への忠誠心は宗勝に比べて低いと見抜いていたのであろう。条件には、父子ともに離反した場合には、安芸・周防・長門に加えて黄金五百枚、少輔四郎のみの場合には上記三ヶ国のうち一国などとあり、少輔四郎にとって、単なる隆景家臣から一国の主となるチャンスであった。

この書状の最後には「何篇御急ぎ肝要に存じ候」とあり、少輔四郎は早急な決断を求められていたが、その後の動向はよくわからない。少なくとも、宗勝は引き続き秀吉との戦闘の最前線にあるとともに、能島村上氏の引き留めや、毛利方に留まった因島村上氏との連絡、離反した来島村上氏家中の村上吉継《よしつぐ》らの調略、毛利方である伊予河野氏との連携など、縦横無尽の活躍を続けており、秀吉の調略を一顧だにしなかったことは明白である。一方で、これ以降、少輔四郎の活動がみられなくなり、また、天正十一年九月に吉川経言《つねのぶ》（元春三男、後の広家《ひろいえ》）が人質として上洛する際の接待には、乃美新十郎・新三郎が携わっている（『小』）。新十郎は後に宗勝の継承者となっている景継であり、少輔四郎が失脚したことを窺わせる。詳細な経緯は定かでないが、少輔四郎が秀吉の調略に揺れたことに気づいた宗勝によって、廃嫡された蓋然性が高い。しかし、小早川水軍の中核乃美家にまで調略が及んだことは、隆景に衝撃を与えたことは間違いないであろう。

なお、新三郎を比定することは難しいが、同文書の写しが『萩藩閥閲録』の磯兼家に収録されていることから推測すると、宗勝の妻の実家磯兼家を継承した景継の弟とされる景綱であると考えられる。

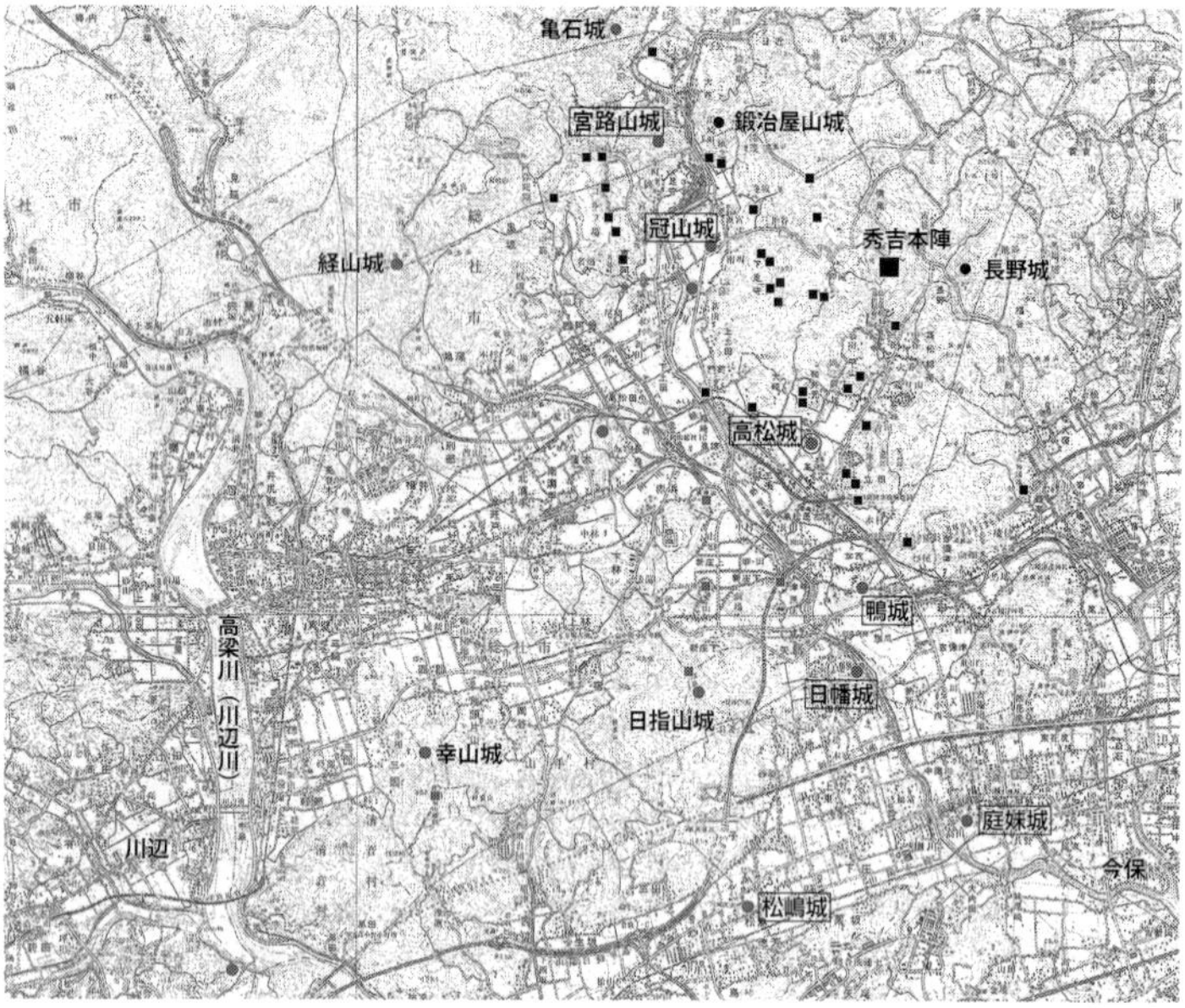

境目七城地図（『輝元の分岐点』より）

境目七城をめぐる攻防

備中・備前境目地域には、後に「境目七城」と称された毛利方の七つの拠点があった。このうち、高松城開城前に陥落したとされる城は、日幡城のほか、宮路《みやじ》山《やま》城と冠山《かんむりやま》城（ともに岡山市北区）である。織田勢は、天正十年四月十六日より前に宮路山城攻撃を開始し、ほぼ同時に冠山城も攻撃を受けた。このうち宮路山城については、軍記類によると乃美宗勝の息元信とされる人物が在番したとされるが、これは明確な誤りである。四月二十四日付け吉川経安宛て吉川元長書状（「石見吉川文書」）に「備中金床山付城冠山・宮路山両城に至り、羽柴取り懸かり候、在番衆は、乃美弾正忠・清水そのほか、隆景・元政家中宗徒の衆、罷り籠るの由候」とある。よって、在番したのは乃美隆興の子景興《かげおき》である。

境目七城をめぐる攻防をみていこう。五月十九日付け秀吉書状（「溝江文書」）には「二十五日にかむり山の城攻め崩し、城主林三郎左衛門尉・松田孫次郎をはじめとして、そのほか城中者一人残らず三百余人討ち果し、則大将両人首安土へ進上致し候事」とある。林・松田ともに備中・備前の国人領主層と考えられる。続いて、「同じく取り巻き候河屋城事、四方より仕寄る旨申し付け、責め詰め、水の手を取り、これまた、去る十三日に落去候事」とある。「河屋城」が宮路山城を指す。こちらについては城主を討ち捕ったなどの記述がないため、最後まで抵抗することなく開城したと考えられる。備中高松城開城後の六月十七日付けで、景興の子千熊丸（元興）に対して輝元が所領宛行しており（『閥』）、開城した責任を追及され、景興が隠居した可能性もある。

次に攻撃されたのは鴨城《かも》（岡山市北区）である。隆景奉行人桂景信の弟広繁《ひろしげ》らが在番していたが、在地の領主生石氏の離反により端城を落とされ、「本丸ばかりはだか城」（「溝江文書」）となった。しかし、広繁らの活躍によって敵を撃退することに成功し、鴨城は陥落を免れた。広繁とともに鴨城を守備していたのは、備後国人（世羅《せら》郡上山を本拠とする）上山元忠《もとただ》である。

残る二城のうち、松嶋城《まつしま》（岡山県倉敷市）には、梨子羽中務丞・国定左馬介・望月豊前守・田坂九郎左衛門といった隆景家臣が在番していたが、戦場になった形跡はない。梨子羽中務丞の実名は「景運」。国定以下の実名も「運」で始まっており、梨子羽家の被官とされる（田窪二〇一七）。景運の妻子も松嶋に居住しており、天正五年（一五七七）以降、梨子羽家が座配にみられなくなることから推測すると、備中兵乱鎮圧後、梨子羽家一党に松嶋周辺の統治を委ねたものと考えられる。

庭妹城については、軍記類によると、井上豊後守有景が在番し、羽柴勢の攻撃を撃退したとされているが、実際に在番していたのは隆景家臣井上孫兵衛尉就正である（「譜録」）。就正は元就に誅伐された井上衆の一人元有（元兼の従兄弟）の子とされる。井上春忠と同様に誅伐を免れた。先にみた春忠が堺へ居たことを示す文書は就正の家に伝えられており、就正も堺に居た可能性がある。先にみた義昭下向時に就正が上方へ派遣される予定であったことは、そのような就正の経歴を踏まえたものではなかろうか。赦免された時期は定かでないが、帰参した当初は毛利氏に仕えていた（あるいは小早川氏との両属）。その後、遅くとも天正年代には隆景家臣となっている。そのほか、隆景奉行人であった桂景信も在番していたと考えられるが、いずれにせよ庭妹城における戦闘は確認できない。この点でも軍記類の叙述は誤りである。

これらの戦闘経過をみると、奇妙なことに気づく。松嶋城や庭妹城といった隆景家臣が主として守備する城に対して、織田勢は攻撃をかけていない。備前・備中の国人領主層や備後衆のほか、小早川家から独立した領主乃美家（隆興系）が守備する城が標的とされた。地理的には、沿岸部に近い庭妹城から松嶋城へと進撃するルートも可能であるが、秀吉の選択は異なっていた。いずれの城に対しても力攻め一辺倒ではなく、調略を織り交ぜている点から推測すると、調略成功の可能性があると考えたルートを選択したのではなかろうか。逆に、織田勢の進撃が予想されるルートに隆景家臣が配置されていなかったとすると、あえて向背不確かな者たちを最前線に配置して捨て石的に扱い、直臣層《じきしん》を比較的安全な所に配置して温存するという戦略を、隆景や輝元は採ったことになる。

高松城水攻め

高松城水攻めについて、同時代史料に基づき再検討する。

織田方の史料をみると、五月二十三日付け秀吉書状（「総見寺所蔵文書」）に「今夜高松へ稼ぎに出られ、あき船引き取られ候由、もっとも御才覚御心懸け故、城内手を失うべく旨珍重候」とあり、高松城周辺が船による航行が可能な程度に水没していたこと、毛利方による船を用いた城内への兵粮補給が、織田方によって不可能になったことがわかる。

備中高松城跡（岡山市北区高松）

毛利方の史料をみると、五月十八日付け吉川元春書状写（「藩中」）に「この方面については、五月七日に高松城へ敵が攻めかかりました。きっと後詰をするとのことです」とあり、さらに、六月二日付け元春書状写（岩国徴古館蔵「吉川家中幷寺社文書」）には「高松城は水攻めを仕掛けられ、敵は下口に堤防を築いて河水を氾濫させて攻撃しています」とある。一方で、五月二十二日付け熊谷信直（毛利氏家臣）書状（「厳島野坂文書」）には「高松の水も以前より減っているように見えます」とある。これらの史料から、五月上旬の比較的短期間で水攻め堤が築かれたが、五月下旬には水位が低下していたことがわかる。したがって、兵粮補給が困難な程度まで高松城が水没するか否かは、降水量に左右されていたと考えられ、包囲開始からの期間を考慮すると、六月初頭の時点において、高松城が絶望的な状況にあったとは考え難い。

そのような情勢下において、六月二日に勃発した本能寺の変によって信長は横死し、その情報を得た秀吉は毛利氏に対して、停戦を提案した。毛利氏が本能寺の変の情報をいつの時点で得たのか、結論を出すのは困難である。しかしながら、停戦協定を締結し、上洛を図った秀吉を毛利勢が追撃しなかった理由については推測できる。高松城を孤立させ自らは頑強な陣城を築いて（畑二〇〇八）、持久戦に持ち込む準備を整えている織田方に対し、毛利方には力攻めするだけの兵力はなく、持久戦に耐えるだけの物資輸送手段に窮していた。物資輸送手段に窮した毛利氏には、信長の死を知っていようといまいと追撃する余力は残されていなかったのである。

軍記類においては、安国寺恵瓊を悪者に叙述することが多い。『陰徳太平記』の叙述をみてみよう。

本能寺の変勃発の情報に接した秀吉は恵瓊を呼び寄せて、高松城主清水宗治の切腹などを条件とする講和を提案したが、毛利両川の吉川元春・小早川隆景に拒絶された。講和成立が延引する間に、毛利方に信長死没の情報が伝わることを懸念した秀吉は、恵瓊に対してさまざまな引出物を与えるとともに、講和成立の暁には信長へ披露して、恵瓊に所領を与えることを約束した。元春・隆景の説得は難しいと考えた恵瓊は、独断で清水宗治の説得に赴き、宗治は切腹を決意した。そのことを恵瓊から聞いた秀吉は、「織田・毛利の講和が成立して、こののち両者が東西を平定し、天下が治まることになれば、恵瓊の忠功が第一です。抜群の恩賞を与えられることでしょう」と言ったので、信長死没を知らない恵瓊は、この講和を成し遂げれば、多くの所領を与えられるであろうと思い、頭を振って、一人ほくそ笑んだ。

また、追撃を主張した元春に対して、隆景はいったん停戦協定を結んだ以上、それを破棄することは武士の精神に反するとして追撃を押しとどめ、その結果、毛利氏攻撃のための兵力を率いて東上《とうじょう》することが可能となった秀吉は、隆景に感謝して、その後の隆景への厚遇、元春の冷遇に繋がったとする逸話もある。しかし、実態は毛利氏に追撃の余力がなかったことに加え、毛利氏においては、輝元の祖父元就の頃から、備後国支配に影響を及ぼすほどの大敗でなければ、備中国における支配圏縮小は容認することを指針としていたことが、追撃しなかった理由である。毛利氏にとっての本領は高梁川以西であり、高松城主清水宗治を犠牲にしてでも本領を死守する覚悟だった可能性が指摘されている（藤田二〇一〇）。高松城周辺を失ったとしても、備中国全体から見れば大きくない。秀吉が撤退して、備中国の過半を維持できるのであれば、秀吉からの停戦提案を拒否する理由はなかった。追撃しなかったのは、隆景の意見ではなく、元春も含めた毛利氏中枢の総意だったと考えられる。

なお、宗治とともに切腹した末近信賀《せちかのぶよし》は、羽倉（三原市久井町）を領したとされる隆景家臣である。末近家の出自については定かでないが、羽倉に近接する現在の尾道市御調町に末近城跡とされる山があり、発掘調査の結果、小規模な城があったと推定されている。一方で、隆景以前の小早川家家中において、末近家の存在は確認できない。したがって、備後国南部の領主層が隆景期に家臣化し、羽倉を領有した蓋然性が高い。そうすると、信賀の備中高松城在番についても、向背不確かな備後衆を最前線に配置するという方針の一環であった可能性もある。

隆景と羽柴秀吉・柴田勝家

本能寺の変の報に接した羽柴秀吉は、毛利氏との停戦協定を結んで上方へと攻め上り、六月十三日の山崎合戦において明智光秀を破った。秀吉の勝利に対して、隆景は蜂須賀家政《いえまさ》（正勝の子）宛て七月二十三日付け書状（「蜂須賀文書」）において祝意を表して進物を送るとともに、「国切等の事、天下御存分任さる上は、近年申し付け候榜示御分別加えられ候わば、ひとしおの儀申し談じ、長久御意を得べく候」と記して、国境画定交渉を開始した。これに先立つ七月十八日には、輝元に加えて、元春も蜂須賀家政に対して戦勝を祝す書状を送っており（「蜂須賀文書」）、このことからも元春が秀吉に対する強硬路線に立っていたとする説は否定される。一方で、輝元や元春の書状には、国境画定交渉に関する言及はなく、毛利・羽柴講和交渉の窓口は隆景（使者として実際の交渉を担ったのは安国寺恵瓊）であったことを窺わせる。

その後の交渉の経過については、前著『毛利輝元』に詳しいため割愛するが、秀吉と織田信孝《のぶたか》（信長の子）・柴田勝家との対立時における隆景の動向を確認しておきたい。

天正十年に比定される十一月一日付け元春宛て信孝書状（『吉』）に「このたび隆景相談じ候のところ、種々御入魂の由、祝着候」とある。また、翌年二月十三日付け元春宛て勝家書状（『吉』）には「御入洛の儀につき、御方受け含めせしめ馳走いたすべき旨、追々仰せ出だされ候、御請けの趣神文筆本木村市右衛門尉見置かれ候段、たしかなる上意について、三月二十日以前、江北に至り必定相働くべく候、然れば御方御手合せ見届けのため、重ねて木村差し越し候」とある。信孝・勝家との窓口は主として元春が担っていたものの、隆景も信孝・勝家と通交していたのである。

また、後者の書状は、毛利氏が信孝・勝家方に荷担する意思を示していたことを表すものであるが、天正十一年に比定される一月十七日付け隆景宛て秀吉書状写（「古案」）には「旧冬近江表出張せしめ候のところ、柴田いろいろ無事のことわり候間、柴田伊賀（勝豊《かつとよ》）人質召し置き、その上一城申し付け、人数丈夫入れ置き、和睦せしめ候、濃州（美濃国）の儀、これまた国中城を請け取り、存分に任せ打ち入り候」とあり、秀吉は隆景に対して、信孝・勝家方不利の情勢を伝えて、毛利氏を自らの陣営に引き込もうとしている。

このような両陣営からの働きかけに対して、毛利氏はどのように対処したのであろうか。通交過程における意思表示は表面的なものであり、実際には、両者の抗争を静観する方針であったと考えられる。勝家が天正十一年三月に近江へ出陣すると、足利義昭は毛利勢も羽柴方を攻撃するように命じたが、元春・隆景・福原貞俊は談合を開き、秀吉・勝家のいずれが勝利するか判断できないため、当面、両者との通交を維持して情勢を静観する（「両方の強弱知れず間、両方かけ候て見合わせ然るべく候」『毛』）という方針を決定した。

秀吉との講和

毛利氏が秀吉と信孝・勝家を両天秤にかけていたことは秀吉も認識していたと考えられ、勝家らに勝利した結果、秀吉の講和に対する態度は強硬なものに変わってい

豊臣（羽柴）秀吉（大阪城天守閣蔵）

った。五月十五日付け隆景宛て秀吉書状（『毛』）に「惣人数いたづらに置くべき儀も入らざる事候間、その御国端へ罷り越し、境目の儀をも相立て、つれづれ御等閑なき験を相見申すべく候条、よくよく御分別あり、秀吉腹を立てざるように御覚悟もっとも候事」とある。秀吉は、北国から帰還する軍勢がそのまま毛利氏との国境線に押し寄せると脅迫したうえで、国境画定について秀吉の意向に従うように要求した。

秀吉の示した条件とは、来島への攻撃を中止すること（五月七日付け恵瓊宛て孝高書状、『小』）、領地の割譲である。これに対して恵瓊は、美作・備中・伯耆三国を割譲すること、ただし、備中については高梁川を境界として西部は元清領、伯耆西半分については吉川元長領とし、両名は秀吉家臣とするという案を提示した。また、恵瓊はこの条件を毛利氏が拒否した場合、毛利氏は滅亡する（「この上においても、芸州何かと御詫言たて申し候えば、滅亡まで候」）という認識を示している（七月十日付け堀秀政・蜂須賀家政・孝高宛て恵瓊書状、『黒田家文書』、以下『黒』）。

しかし、隆景らにはこの条件を容易に受諾できない理由があった。美作の草苅・中村氏、備前の伊賀氏、伯耆の山田氏など割譲対象地域を領有する国人領主は領有地域からの退去に抵抗していた。備中高松城水攻め時の清水宗治ら国人領主層に対する非情な対応によって、毛利氏の権威は低下しており、さらなる国人領主層への冷遇は、割譲対象地域以外の国人領主層の動揺を招く危険性が大きかった。ゆえに、備前児島の常山《つねやま》城、備中松山城、美作高田《たかだ》城、伯耆八橋《やばせ》城（鳥取県琴浦町）など、割譲対象地域内において現に支配している拠点的城館の領有を強く主張したのである。

九月十六日付け佐世元嘉《させもとよし》（輝元側近）宛て恵瓊書状（『毛』）には「隆景・元春この上にても欲心御座候て、御果て候までも、手を少しも御放しあるまじくも、存ぜず候」とあり、強硬姿勢を主導したのが元春と隆景であることを示唆しているが、元春・隆景は自らの領土欲から、割譲を拒否したのではない。国人領主層の反発を抑えるためにも安易な妥協はできないと考えていた。また、そのような対応が毛利氏領国の安定に寄与すると思っていたのである。

係争地を除く地域の国境画定が進む中、隆景らは国人領主層の反発を抑える努力を続ける一方で、人質を徴収することによって、国人領主層の離反を防止するという強硬策も採っていた。天正十一年に比定される十二月五日付け妙寿寺（輝元の側に仕える僧）宛て隆景書状（『毛』）に「諸人質の儀、ぜひ御油断なきよう御申しあるべく候、新庄（吉川氏）・ここもと（小早川氏）衆中の事は、形のごとくにこれあるべく候」とあり、国人領主層のみならず、小早川家一族・被官層からも人質を徴収していた。また「いよいよ御一味中の表裏、眼前たるべく候、今一はづれ不慮出来候わば、日の中の御滅亡たるべく候」ともあり、国人領主層らの離反をたいへん恐れている様子が窺える。このような対応の延長線上に、先にみた天正十二年の杉原景盛誅伐事件があった。秀吉への内通の真偽は定かでないが、景盛が他の国人領主層への見せしめとして生け贄とされた一面もあったと考えられる。

国境画定の最終決着は容易につかなかったが、天正十二年秋頃になると、備前・美作方面における戦闘はようやく終結して、伊賀氏や草苅氏らは退城していく。九月九日付け伊賀家久宛て福原貞俊・隆景書状写（『閥』）には「都鄙和睦成行をもって、御退城の事、申し入れられ候のところ、御同心誠に以て、言語に述べ難く候、然る間、少分候といえども、神辺領の内において、一所進め置かるべく候、かの城方角簡要の在所候条、城領所相計り、その上をもって、国近所引き合わせ進め置かるべく候」とあり、講和により本領を失うこととなった備前・備中・美作などの領主に対して、杉原氏から没収した神辺周辺を給与するなどの措置がとられている。

このようにして、天正十三年初頭に秀吉との講和は正式に成立したが、本領を失った伊賀・草苅・中村・清水といった国人領主層の抜本的処遇という大きな課題が残ったのである。

第四章　豊臣大名隆景

1　隆景と伊予国

毛利氏・小早川氏と伊予国

西尾和美氏によると（西尾二〇〇五）、毛利氏と伊予国との密接な関係の端緒は毛利元就が陶隆房（晴賢）を破る厳島合戦以前に遡り、隆景の沼田小早川家相続から間もない天文二十三年（一五五四）だったとされる。

十一月八日付け元就・隆元書状（個人蔵『出雲尼子史料集（上）』）に「与州河野殿・小早川申し談じ相堅く候間、いよいよ沖の儀一方隙明け候」とある。小早川氏関係者の女性と河野氏との婚姻によって、毛利氏と河野氏は親密な関係に入ったのであるが、「沖の儀一方隙明け候」という認識が示す通り、大内氏との決戦に加えて、北方の尼子氏に対する警戒も必要な状況下において、南方の憂いを除くことが毛利氏には不可欠だった。また、河野氏と親密な関係を結んだことにより、翌二十四年

（一五五五）の厳島合戦における来島村上氏の来援に繋がり、毛利氏を勝利に導いた。

西尾氏はこの婚姻の当事者について、次のように推測されている。小早川氏関係者の女性とは宍戸隆家娘（元就外孫）である。また、「河野氏」については、河野氏家中において重臣的な役割を担っていた来島村上氏の村上通康に比定されている。

まず、元就・隆元が「小早川」と記していることから、隆景の養女として嫁したと考えられるが、元就の外孫である女性をなぜ隆景の養女にする必要があったのかという点について検討したい。序章でみたように、小早川家一族の中には伊予国に所領を有する者もあった。また、南北朝期以降、沼田小早川家は伊予国の島嶼部への進出を図っていた。戦国期においても、竹原小早川家弘平は、天文九～十年頃、大内氏の命令により、伊予国へ渡海して戦闘を繰り広げている。このような長期にわたる伊予国との関係をもっている小早川氏の方が、婚姻の当事者として相応しいという判断や、婚姻をまとめるにあたっての人脈を小早川氏がもっていたため、隆景養女とされたと考えられる。

次に、宍戸隆家娘が村上通康に嫁して、後の河野通直《みちなお》（牛福）を産んだが、通康死没後、河野氏当主通宣に再嫁したとする点については、山内譲氏や中平景介氏らによる批判がある。元就・隆元が村上通康を「河野氏」と表現するとは考え難い。また、通宣に再嫁した際に同伴した通康の子牛福を、河野氏当主に擁立することは困難ではなかろうか。

いずれにせよ、厳島合戦後も毛利氏・小早川氏と河野氏・来島村上氏との親密な関係は継続していた。一方で、毛利氏によって大内氏が滅ぼされたのち、永禄二年（一五五九）、大友氏に対して豊前・

筑前守護職が与えられ、大内家の家督継承が認められたことにより、毛利氏による防長支配の正統性が大きく揺らぐこととなった。そこで、元就は大友氏進出によって毛利氏領内へ逃れていた豊前・筑前などの国人領主を支援して帰国させ、毛利・大友間の緩衝地帯を形成して、毛利氏領国の安定化を図ろうとした。この企ては、対尼子氏戦争を優先するために、永禄七年（一五六四）、将軍義輝の斡旋を受け入れて、毛利・大友講和が成立したことによっていったん沈静化したが、永禄九年十一月の尼子氏居城富田城開城によって対尼子戦争が終結すると、再び毛利方国人領主と大友氏との抗争は激化していった。このような毛利氏と大友氏との対立が伊予国においても戦闘を引き起こした。

鳥坂合戦

土佐国幡多庄《はたのしょう》（高知県四万十市）を拠点とした一条氏は、大友氏のほか、伊予国地蔵ケ岳《じぞうがだけ》城（愛媛県大洲市）を本拠とする宇都宮氏と親密な関係にあった。その宇都宮氏と河野氏とは永禄六年頃から対立するようになり、永禄十年になると、毛利勢による伊予渡海、一条勢による伊予進攻がみられた（山内二〇一三、山内二〇一四、石野二〇一五）。その時期から推測すると、一条氏の動向に大友氏との同盟関係が無縁だったとは考え難い。また、河野氏にとっては、毛利勢が九州へ進攻する前に、宇都宮・一条方の脅威を取り除いておかなければならないという危機感があったと考えられる。

以下、右記の西尾和美氏・山内治朋氏・山内譲氏・石野弥栄氏のほか、宮尾克彦氏（宮尾一九九四）・川岡勉氏（川岡二〇〇四）・中平景介氏（中平二〇〇七）などの研究に学びながら、合戦の実像をみていきたい。

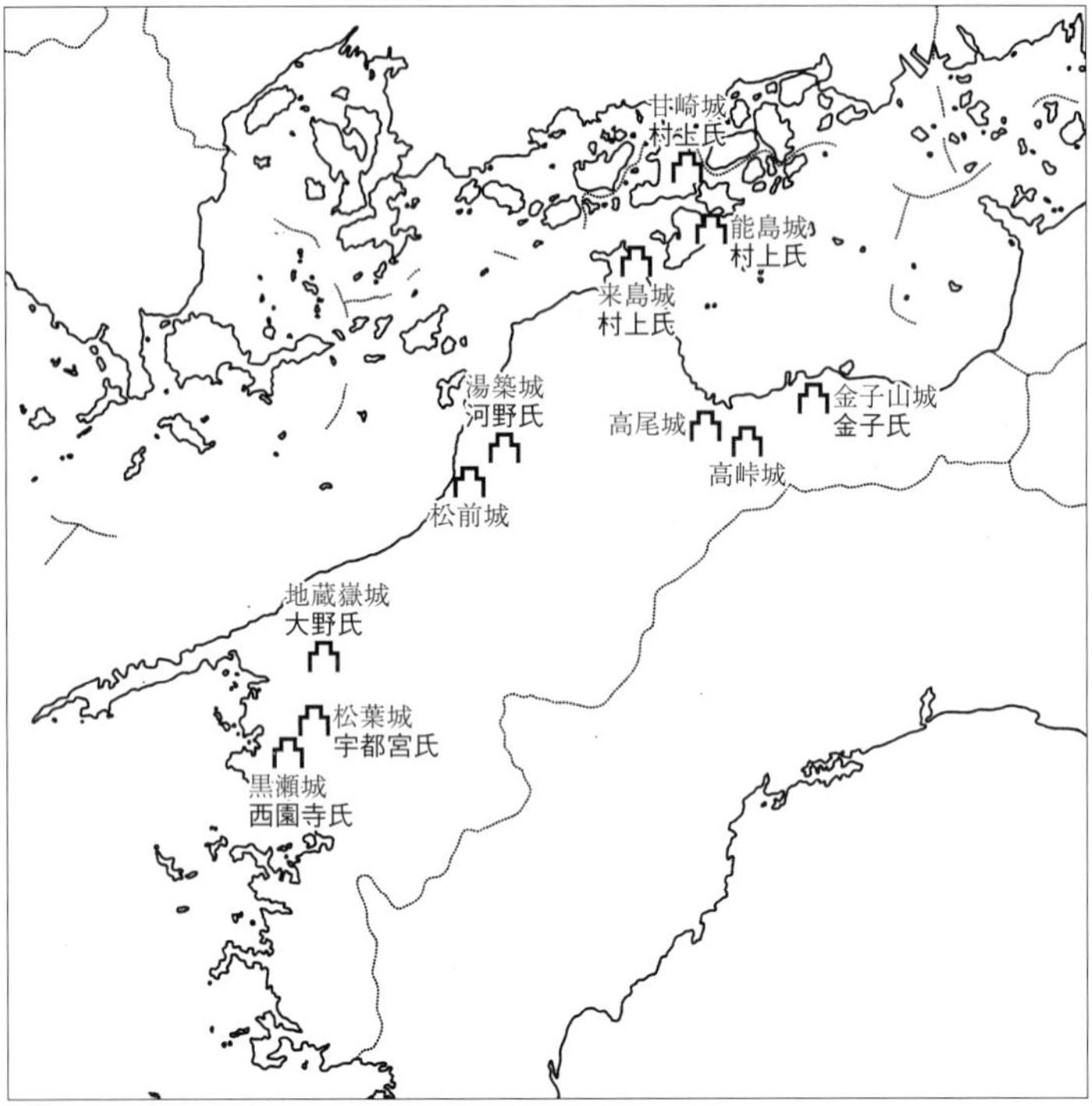
甘崎城
村上氏
能島城
村上氏
来島城
村上氏
湯築城
河野氏
高尾城
金子山城
金子氏
高峠城
松前城
地蔵嶽城
大野氏
松葉城
宇都宮氏
黒瀬城
西園寺氏

伊予国関係地図

永禄十年に比定される十月十三日付け乃美宗勝宛て隆景書状（「乃」）をみてみよう（抜粋）。

一、伊予国大津（大洲《おおず》）方面については、大きな変化はありません。しかし、先月二十一日、土佐からの進入路に二つの城を築き、来島・平岡《ひらおか》（河野氏重臣、櫻井二〇一五）勢が守備しているとのことです。

一、毛利勢が一つの城を築いて守備してほしいと、吉田へ下嶋次郎左衛門尉（来島村上氏家臣）が使者としてやって来ました。たいへん懇願されるので、了承して帰らせました。そこで、備後外郡衆（備後国南部国人）に対して、二百余人の軍勢動員を申し付けることとなりました。こちらからは、梨子羽そのほかの者に対して、十八日に渡海するように決定しました。

一、通康は先般からの病気が直らないので、今月二日に道後へ帰られました。万一、病気が長引くようであれば大変なことになります。今ところは変わったことはないのですが、平岡や能島村上ほかのみでは、どうしても十分ではありませんので、大津方面では大事が起こってしまうでしょう。このたび、こちら方に寝返った領主たちも、再び一条方に戻ってしまいます。

一、通康の病状は、二十〜三十日以内に死没する様子はありません。しかし、快復する可能性はさらに低いと、こちらを訪れた下嶋は考えているようです。いずれにせよ、このたびの合戦の役には立たないと聞きました。このような状況下で援軍を渡海させれば、なおさら河野氏を見捨てることはできなくなるので、毛利氏と宇都宮・一条氏との戦闘になるでしょう。

来島村上通康の病気による河野勢の弱体化を補うために、毛利勢は渡海することとなったが、隆景は通康の快復が見込めない以上、毛利勢が主力となって戦わざるをえないと考えていた。さらに、この書状の続きには「私は伊予方面についてはよくわからないので、どのようにすべきか考えが及びません」とある。しかし、十一月三日付け宗勝宛て隆景書状（「乃」）には「通康が死没したため、非常に心配しています。梨子羽・裳懸新右衛門（盛聰の子カ）・井上春忠らを渡海させた時から、通康の病状がよくないことを覚悟していたので、それほど先陣の兵に動揺はなく、落ち着いています」とあり、通康が死没したこと（十月二十三日）、井上春忠もこの時点では一軍事指揮官を務めていたことが判明する。また「あなた様については、そちらの前線から今、離脱することは難しい状況であると思います。いかがでしょうか。これまた、お考えをお知らせください」ともあり、伊予方面の事情に詳しくない隆景は、北部九州に在陣中の宗勝を可能であれば呼び寄せたいと考えていた。

これ以前の伊予方面における折衝はおそらく宗勝が担っており、名目的には隆景が前面に出ていても、実体的には宗勝に委任していたと推測される。厳島合戦直前に元就が隆景に宛てた書状（『毛』）にも「乃兵（宗勝）来島へお出での通り、これまたその心を得候、とかくにこの時合力なく候えば、万事入らざるまで候」とあり、宗勝の尽力によって来島水軍が来援したのである。

一方で、毛利氏家中には河野氏支援に対する消極的な意見が少なくなかった。元就も「このたび与州への儀、来島扶持をもって、隆元・我ら、首をつぎたる事候、その恩おくりにて候ほどに、これほど本望なる事は候わねども、この段を存じ候者は一人としてあるまじく候、このたび与州の御弓矢は、隆景の御弓矢にてこそ候えと、この家中の者どもは、諸人万人申す事候」と記しており（『毛』）、毛利氏家中の多くは、河野氏との縁戚関係を重視していなかった。隆景と縁戚関係にあると認識していたのである。これに対して隆景は、大友氏との戦闘を有利に展開するためにも、伊予渡海に積極的であったとされる（川岡二〇〇四）。

永禄十一年二月の鳥坂《とさか》合戦において河野勢は勝利したが、二月九日付け村上吉継宛て河野通宣書状写（「藩中古文書」村上小四郎蔵文書、以下「村上」）には「後巻として芸州よりの人躰乃美兵部丞宗勝そのほか密談の首尾をもって」とあり、乃美宗勝らの援兵が大きな役割を果たしている。この時点においてて隆景は渡海していなかったが、三月二日には渡海のために忠海港に到着しており、その後間もなく渡海した結果、宇都宮氏は降伏した（六月十五日付け村上元安書状（「浅野忠允氏旧蔵厳島文書」）に「隆景・御両三人御渡海について、郡内表一着仰せ付けられ、国中大慶これに過ぎず候」とある）。河野氏は小早川勢を中心とした毛利氏の救援によって、重大な危機から脱したのである。

隆景と河野通直

その後、元亀元年（一五七〇）頃に通宣が死没すると、宍戸隆家娘の子牛福（河野通直）が河野氏の当主となった（山内一九九一・九二）。通直は元就の曾孫に当たる。通直の家督継承時には混乱があったようである。この年の九月二十六日付け宗勝宛て平岡通資・房実《ふさざね》書状（「乃」）に「愚国所々乱れ申し、少々境目乱れ立ち候の条、牛福より御方御意を得られ候、その表御繁多察せしめ候といえども、この節別して御異見をもって静謐候のよう、御取り合わせ頼み存じ候」とある。牛福が通宣の実子でなかったため、その家督継承に反対する者も少なくなかった。来島

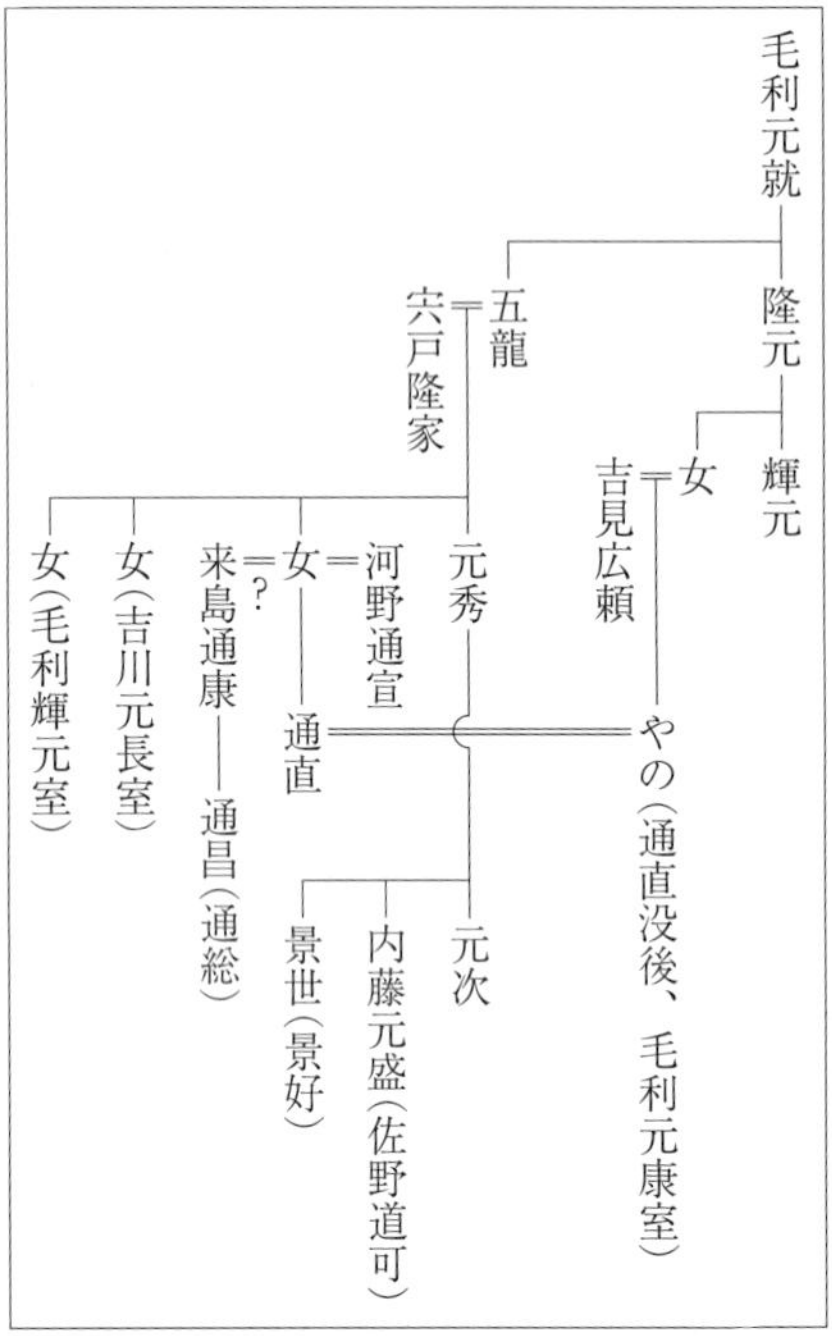

毛利家・河野家婚姻関係図
（『関ヶ原前夜』より）

村上通康の子通総もその一人であった（西尾二〇〇五、中平二〇〇七・二〇〇九、山内二〇一四）。そこで、来島村上氏と親密な乃美宗勝、あるいは宗勝を通して隆景に、通総の説得を依頼したものと考えられる。通総は不本意ながら説得に応じた。しかし、通総の母は河野氏の出自であり、通総自身が当主に意欲を持っていたため、通直への対抗心は消えず、それが天正十年（一五八二）の離反の一因になったと推測される。

通直の家督継承後、河野氏は毛利氏、とりわけ隆景への依存度を増していった。たとえば、元亀三年に比定される十月二日付け宗勝宛て隆景書状（「乃」）には「道後表、村河（村上吉継）・来嶋衆出頭の由誠に然るべく候、下須戎相渡され、重見衆失い候事、調いのため、興居嶋御下向あるべきの由、もっとも然るべく候、何と様にもいよいよ調いの儀、御短息肝要候」とあり、河野氏領国内の問題解決のために、宗勝が道後沖の興居島《ごごしま》（愛媛県松山市）に赴いている。

その後、通直は天正九年に吉見広頼と隆元娘（隆景姪）との間に生まれた娘と婚姻し、毛利氏と河野氏は幾重もの婚姻関係で深く結ばれることとなった。この頃から、より一層、隆景家臣の伊予への派遣や河野氏本拠道後への逗留が増えている（西尾二〇〇五）。井上春忠のほか、有田右京進（亮）・山田新右衛門らである。また、天正十年に河野・毛利方から離反した来島村上氏領への攻撃・占領によって、伊予国内において毛利氏が実質的に支配する地域も発生していた。隆景は来島村上氏領への進攻指揮や河野氏との連携を担っており、とりわけ、毛利方に留まった能島村上氏に対する指示などは主として隆景が窓口となった。天正十二年に比定される十一月十五日付け河野通直書状（「村上家文書」）に「父子（能島村上武吉《たけよし》と次男景親《かげちか》）とも芸州案内者の儀にて、諸事談合申し候間、留め申し候」とある。能島村上氏は毛利氏の伊予進攻の先導役になっていった。

一方で、離反した来島村上氏は、本能寺の変後、秀吉勢が撤退したため、来島通昌（通総から改名）は孤立し、いったん伊予を追われたが、毛利氏と羽柴氏の講和が最終的に調った後、帰国した。

また、毛利氏と羽柴氏の講和は、織田信雄《のぶかつ》・徳川家康と結ぶ長宗我部《ちょうそかべ》氏と毛利氏の断交に繋がったとされる（福川二〇〇三、桑名二〇一一・二〇一四、中平二〇〇八Ⓐ・二〇一一、山内二〇一四）。なお、毛利・羽柴講和交渉の過程で、天正十一年七月頃には毛利氏の伊予領有が立案されていたとする桑名洋一氏の説は注目に値する（桑名二〇一七）。先に指摘した通り、来島村上氏領への攻撃・占領によって、伊予国内において毛利氏が実質的に支配する地域も発生していたことに着目すると、そこには伊予国を支配下におさめようとする意図があった可能性も否定できない。

毛利氏と長宗我部氏との断交と前後して、長宗我部氏による伊予進出の動きは加速していき、河野氏の毛利氏に対する依存度も増していった。天正十二年に比定される一月十五日付け書状（「金子文書」）に「河野氏について、現在ところ大きな動きはないようですか。毛利氏次第のようであると推察しています」とある。また、同年に比定される八月十八日付け瀧本坊栄音（長宗我部氏外交僧）書状（「金子文書」）には「人質については、残らずお願いしていますので、奔走をお頼みいたします。毛利氏・河野氏への評判のためです」「毛利氏・河野氏（「芸・道後」）が秀吉の一味であっても、彼らとの合戦についてはご安心ください」とある。後者の書状の「芸・道後」について、一体化を示す用語とする説（西尾二〇〇五）はさらなる検討が必要であるが、少なくとも、「芸」を先に表記する点は、河野氏が毛利氏の庇護下にあるという長宗我部氏の認識を反映したものであろう。毛利氏と河野氏との関係は、対等な同盟ではなく、毛利氏を上位におく関係に変化しており、毛利氏の伊予対策を統括する役割は隆景によって担われていたのである。

長宗我部攻め

天正十三年の毛利・羽柴講和条件が記された一月十七日井上春忠宛て黒田孝高・蜂須賀正勝連署状（『小』）には「来る三月初、雑賀表御出馬候間、御警固として、大将御上りあるべく候」「四国の儀、来夏御てだて及ばるべきの条、伊予・土佐両国進め置かるべき由、仰せ出られ候、それにつき、長曽我部種々懇望いたし候といえども、御許容なく候」とあり、三月に予定する秀吉の紀伊出兵にあたり、水軍の派遣を要請していること、夏には四国出兵を計画し、長宗我部氏征討後、伊予と土佐を毛利氏領とする旨が合意されている。このうち長宗我部氏領の処分については、国境画定に言及した直後に記されており、国境最終案を毛利氏が受諾する条件として、長宗我部氏領の毛利氏への割譲が合意されたことを窺わせる。国境画定に伴い、毛利氏に従った美作や備中東部の領主は所領を失っており、彼らの給地を必要とする毛利氏にとって、新たな所領の獲得は不可欠であった。羽柴方への領地割譲を受諾する代替として、長宗我部氏領を獲得しようとしたのである。

ところが、この四国国分《くにわけ》プランはその後変転する。六月十八日付け隆景宛秀吉書状（『小』）によると、阿波・讃岐を返上、さらに人質を提出して降伏を申し出た長宗我部元親に対し、秀吉は土佐と伊予を安堵しようとした。この秀吉の方針に対して、隆景は強く伊予の領有を要求した。秀吉との講和によって本領を失った国人領主層に対して、旧領相当分の給地を与えるためには、毛利氏領国の拡大は不可欠だったからである。このため、いったん受け取った人質を返して長宗我部氏を征討する方針が決定され、長宗我部氏領国への進攻は六月末から開始された。戦闘の結果、八月初頭、元親は降伏して、長宗我部氏は土佐一国のみを安堵され、伊予は隆景に与えられることとなったのである。

四国国分の最終決着に至るまでの経緯や、その意義については、藤田達生氏の研究によって明らかにされている（藤田二〇〇一）。また藤田氏は、秀吉の四国征伐前に河野氏は長宗我部氏に降伏していたため、河野氏は平定軍に対する抵抗を試みたが、湯築城《ゆづき》（愛媛県松山市）を攻められて隆景に降伏した、という従来の通説を否定し、(1)長宗我部氏は河野氏を降伏させるに至らず、長宗我部氏の伊予国における支配領域は東伊予の新居《にい》・宇摩《うま》、南伊予の宇和《うわ》・喜多《きた》の四郡であった、(2)小早川隆景は河野氏や宇和郡の西園寺氏とは戦闘することなく、その後の伊予支配に彼らを積極的に利用したとしている（藤田二〇〇〇）。長宗我部氏が伊予を統合していないとする説も多いが（山内一九九一・九二、西尾二〇〇五、川岡二〇〇六、津野二〇一二）、河野氏領内の桑村《くわむら》・越智・野間《のま》郡にかけて、小早川隆景軍と河野氏配下の国人領主との間に戦闘が行われたとする説もある（桑名二〇〇三）。ただし、桑名氏も河野氏配下の在地領主の多くは毛利勢に協力したとしている（桑名二〇一七）。

河野氏は婚姻を通じた毛利氏との密接な関係を一貫して維持しており、毛利勢の進攻に敵対したとは考えられない。河野氏家臣団の一部による敵対行為があったため河野氏の断絶を招いたとする見解についても、長宗我部攻め以前に隆景による伊予の領有が決定しており（六月十八日付け隆景宛秀吉書状）、長宗我部方との合戦開始以前から、河野通直の隠居は決定事項であった。

通直の隠居に関して、近年、藤田達生氏から新たな見解が提示された（藤田二〇一七）。通直は天正十二年十二月までに、毛利氏との連携関係を維持する一方で、長宗我部氏との和睦も交渉するという二股外交を行ったという。それは毛利氏が秀吉との国分交渉において河野氏を排除したことに対する不信感によるものだったとされ、そのような通直の行動が、隆景による伊予一国の強硬な要求や、国分け後の通直の蟄居に繋がったと推測されている。

藤田氏の新説には説得力があるが、それに加えて、河野氏家中にも毛利氏との一体化路線を支持する勢力も多かったと考えられる。そのような河野氏家臣が、通直母の叔父に当たる隆景を推戴しようとした。それに対して長宗我部氏との和睦路線を支持する勢力の反発もあり、それが一部の抵抗行為を招いたのではなかろうか。

河野氏の毛利氏への従属傾向が四国国分までに徐々に進行していたことに加えて、河野氏家臣にとっても既得権益や在地支配を維持するためには、中世的秩序の保護者としての一面を持つ隆景を新たな当主として、豊臣政権下においても生き残ることが最適であった。小早川氏と伊予国との伝統的関係、毛利氏の伊予進出にあたって隆景の担った大きな役割が、隆景を伊予国主に引き上げた。通直の隠居に伴い、外戚である隆景が家督継承に準じて伊予領有権を承継することには正当性もあった。四国国分によって、戦国大名河野氏は完全に断絶したのではなく、河野氏当主の役割は隆景に継承され（あるいは隆景の庇護の下で）、河野氏の国成敗権が生きていたのである（川岡二〇〇五）。

2 隆景の伊予国支配

隆景の居城湊山城

隆景の伊予国支配に関する藤田達生（藤田二〇〇〇）・西尾和美（西尾二〇〇三・二〇〇五）両氏の見解をまとめておく。藤田氏は、(1)隆景は河野通直を庇護し

湊山城跡（松山市港山）

つつ河野氏家臣団を自己の家臣団に吸収して、国内支配を開始した、⑵湯築城と湊山《みなとやま》城（松山市）の両城郭を中心に城わりを経て形成された拠点城郭網を利用した地域支配を展開しようとした、⑶天正十四～十五年に毛利氏家臣によって検地が実施された、とした。西尾氏は、⑴天正十四年末、伊予に置かれた隆景家臣桂景種・有田右京亮らが、旧国主である河野氏権力の協力を取り付けつつ、国内の職人を動員して湊山城普請を継続した、⑵前面に出ることのできない旧主河野通直に代わって、通直母「仕出」が側近の杉原氏を動かしつつ、小早川氏の伊予支配に協力した、とした。両氏の研究に学びつつ、小早川期の伊予統治の拠点といわれる湊山城普請の経緯について考察していきたい。

藤田達生氏は、『フロイス日本史』や『イエズス会日本年報』といった宣教師の記録にみられる隆景による伊予国における天正十四年の新城普請について、三津の湊山城に比定した。また、三月四日付け宗勝宛て隆景書状（『小』）の「普請の儀、その事に候、少しも差し急ぎたく候、当国衆への配り、垣肥・出筑など今朝より申し談じ半ば候、かの隙あかず故、井又右以下ただいま浜へ遣わし候事延引候、おのおの一円無調法に聞こえ候間、石などよせ候事、存のほか、はかいきまじく候」や、三月五日付け宗勝宛て隆景書状（『小』）の「普請配りは道後の奉行衆と昨今以来申し談じ、よきほど相調い候」にみられる「普請」を湊山城に関するものとし、本拠地三原との連絡や秀吉の九州戦略を念頭に、河野期に築城されていた（山内二〇〇三）中世城郭を天正十四年に大規模な国人領主動員によって修築する突貫工事を進めたものとした。

「普請」が湊山城に関するものであるとする点については、三月十六日付け山内隆通《たかみち》（備後国人）宛て隆景書状（『山』）に「この国の儀卜等申し付け候、まずもって当時湊山の普請等相企て半ば候」とある。また、同書状に「この表渡海せしむにつき、仰せ蒙り候、誠に遼遠に至り御懇意、畏し入り候」とあり、備後国地毗庄《じびのしょう》を本拠とする山内氏から「遼遠」に位置し、隆景が渡海した場所であるため、伊予国内に比定でき、この書状は三津の湊山城普請に関するものと評価される。さらに、同書状にある「御書付等差し出され候の由、もっとも然るべく候」の「御書付」とは、天正十四年に毛利氏が全領国規模で知行高調査を実施した際のものであり（秋山一九九八）、天正十四年に比定される。したがって、天正十四年三月から湊山城の普請が実施されたことを確定できる。一方で、天正十三年に比定される八月八日付け安芸国厳島大願寺宛隆景書状（「大願寺文書」）に「このたび与州表存分に任せ大慶候、偏に　神慮故候、然る間新居郡之内において、一所寄進いたすべく候」とあり、隆景による伊予統治は天正十三年八月から開始されている。つまり、湊山城普請は伊予統治開始から半年以上経過した後に着手されたのである。

その要因は、同年に比定される十月二十六日付け冷泉元満《れいぜいもとみつ》（毛利氏家臣）宛て隆景書状（「冷泉家文書」）に「当国諸城番配りの儀について、草津より申し渡され候条、その趣申し談ずべく候間、伊賀崎方きっとここもと御意懸けらるべく候、年内上洛ついて、渡海差し急ぎ候条、右御使の儀、一日片時も頓に下向待ち申し候」とあり、伊予国内の諸城の処理を優先したうえ、同年年末には上方へ赴いたためと考えられる。

湊山城はいつ頃完成したのであろうか。九月一日付け宗勝宛て隆景書状写（「譜録」）に「新居郡の内、大嶋かえの地」について「湊山において申し渡さるの由候間、相違なく知行あるべきの由、申さるべく候」とあり、湊山が政庁として機能していたことが判明する。隆景が湊山城に不在であることから、この書状は隆景が吉田から島津攻めへ向けて進発した天正十四年に比定され、少なくとも天正十四年九月以前には、政務の遂行が可能な程度の普請は完了していたと確定できる。

一方で、西尾和美氏が考察した（西尾二〇〇三）十二月十一日付け杉原春良（河野通直母に随伴して伊予に赴いた備後杉原家の一族）宛て「したし」（河野通直母）書状写（「譜録」）には、「こんど木びき衆の事、みなとよりさいそく、奉行に進られ候て然るべきの由、申され事に候」とある。この書状写しに関する西尾氏の見解（(1)天正十四年に比定される、(2)「みなと」は湊山城を指す、(3)木曳衆《こびき》が派遣されており、湊山城において普請が行われていた）は首肯され、天正十四年九月以降も湊山城普請は継続している。木曳衆を必要としていたことから推測すると、縄張りや主要な政庁は概成したものの、政庁の付属施設や家臣団屋敷などの作事部分が未整備だったと考えられ、結局、それらの完成をみることなく、隆景は九州へと国替えされるのである。

湯築城跡（松山市道後町）

湊山城普請の意義

先にみた三月五日付け隆景書状には、「曽祢・恵良・しらされ三ケ所の儀は破却に相澄み、道具以下当城へ取り越すべく候」とある。「当城」は河野氏の居城であった湯築城を指すと考えられ、この時点において、隆景は湯築城に滞在していたと推測される。一方、同じ湯築城に居たにもかかわらず、河野氏奉行人は「道後の奉行衆」と認識され、隆景直属家臣団とは区別されていたことが窺える。

藤田氏は三月四日付け隆景書状にみられる「垣肥」を垣生肥前守、「出筑」を出淵筑後守に比定し、垣生・出淵といった河野氏奉行人と相談して湊山城普請が実施されたとした。垣生や出淵は、「道後の奉行衆」の一員と考えられる。これらの史料から、伊予国人領主への湊山城普請役の賦課については、河野氏奉行人の承諾を要した、あるいは河野氏奉行人を通して命じる必要があったことが窺える。

河野氏家中の過半は隆景を通直に代わる当主に推戴することによって、彼ら自身の権益を維持しようとしていた。また、伊予国主となった後の隆景は、天正十四年三月から湊山城普請に着手したものの、先に記したように、同年九月以降は九州へ出陣して、翌年の九州国替えに至るため、隆景自身が伊予に腰を据えて統治に取り組む余裕がなかった。

先に引用した十二月十一日付け「したし」書状写の続きに「残りの衆はこの二十五日より、湯築へ祇候候えと、申し触れられ候べく候」、また、年月日欠「したし」書状写（「譜録」）に「浅海木番の事、この分を御おき候べく候、そのほかは年越え、ここもとへ呼び申すべく候」とある。これらの史料から、湯築城においても普請が行われていたと結論づけた西尾氏の見解は首肯できるものであり、湯築においても引き続き政務が執り行われていた。それを形式上主導したのは通直母であり、通直母を援けて実務を担ったのは、「道後の奉行衆」だったと考えられる。

天正十四年に比定される向居安芸守（喜多郡上須戒《かみすがい》を本拠とする国人領主）に宛てた小早川氏奉行人書状（「大野芳夫氏所蔵文書」）をみてみよう（山内二〇一六）。連署しているのは、井上春忠・鵜飼元辰に加えて、四国国分以前から河野氏のもとへしばしば派遣されていた有田右京亮景勝、及び南景亮である。有田右京亮は、「朝枝嘉右衛門聞書」（岩国徴古館蔵「吉川家臣覚書」）によると、吉川氏家臣朝枝家を出自とするが、吉川興経の殺害時に父三郎左衛門が死去したため、それ以前に吉川氏から離れて隆景家臣となって「有田」を名乗っていた叔父加賀守のもとに引き取られたという。南家は竹原小早川家一族の中でも筆頭格で、隆景期の座配においても上位に位置している。一方、戦国期小早川氏において、一族のうち上位層が政務に携わることはなく、南家が奉行人を務めているケースはなかった（奏者を務めているケースはある）。ところが、これ以降、南家からも奉行人が起用されている。たとえば、天正十九年の周防国熊毛《くまげ》郡における打渡状（『小』）には、南木工助が連署している。

一族上位層は自立性が高いゆえに、宗家の政務に携わっていなかったが、隆景の伊予国主化による所領の拡大は、奉行人層の拡大も必要とした。また、毛利・織田戦争期における隆景権力の確立によって、沼田家庶家の政務への関与は限定的になっていったが、この時期からは、隆景権力の専制化に伴い、一族上位層の自立性が否定された結果、一族上位層もその他の家臣同様の処遇となり、能力に応じて登用されるようになったと考えられる。

話を連署状の内容に戻そう。連署状には「かたがた御知行方の儀、去年松前において御差出、相調えられ候といえども、大辻ばかりに存じ候、第一当時郡郷の究め申し付けられる刻候条、ただ今明日に書き立てられ、御上せあるべく候、かさねて違目の儀候わば、御無沙汰に罷り成るべく候間、少しも御聊爾の儀なきのよう御分別あり、一日も早々ここもと御出で候て、仰せ達せらるべき事肝要候」とある。「松前」は湯築城の出城であったとされる（日下部一九七八）松前城《まさき》（愛媛県松前町）を指す。

隆景が伊予国主となった直後に伊予国内の給人からの知行高調査が行われ、その際、隆景は松前城に滞在していた蓋然性が高い。従来の通説の通り、河野氏が隆景に降伏して湯築城を開城したとすると、その後、隆景は湯築城に滞在するはずである。この点からも従来説は否定できる。

以上のように、隆景が伊予国主となった当初、小早川氏権力と河野氏権力とは完全には一体化していなかった。そうすると隆景は、小早川氏権力と河野氏権力の二元構造によって、伊予統治を進めようとしたのであろうか。前項でみた湊山城普請への動員については河野氏奉行人の関与が確認できるが、伊予国内のすべての国人領主層の統制を河野氏奉行人が担ったとは考えられない。

先にみた三月四日付け隆景書状の三条目には「久之村の事は、分別あるまじきに相聞こえ候えば、申事なく候、惣別かの堺の持口、何と相定められ候や、この覚悟をば大坂より下向、持ち懸けられ、松葉よりこそ差し急がらるべき事候、久又越され候ても、一廉の申され様聞かず候や、いよいよその段、彼仁御尋ね候て給うべく候、肝心の儀候」とある。「久之村」は久枝村、「久又」は久枝村を本拠とする国人領主久枝又左衛門尉を指す。宇和地域の統治については、「松葉」、すなわち西園寺氏との協議によって決すべきこととされたのである。

また、三月五日付け隆景書状の河野氏領内城わりに関する条目には、河野氏奉行人が政策決定を担ったことを窺わせる記述はみられない。西園寺氏領の城わりや得居氏(来島村上氏一族)領の処理についても、隆景や伊予統治において中心的な役割を担っていた隆景家臣乃美宗勝と、西園寺氏・得居氏との協議によって決することとされている。

これらの史料から、次のような仮説が成り立つ。

隆景への伊予国給与は、河野氏家中過半の支持を得て、河野氏と姻戚関係にある隆景が通直の後継者的な地位を得ることによって、秀吉に認められた。しかし隆景は、伊予一国を給与されたのであり、四国国分時において伊予国の一部のみを実効支配していた河野氏の権限を継承したのではない。伊予統治にあたっては、河野氏奉行人の活用が不可欠であったが、河野氏奉行人の管轄範囲は、原則として、四国国分時に河野氏が支配していた地域に限定されており、隆景は伊予国主として、河野氏のほか、西園寺氏・得居氏・来島村上氏・能島村上氏などの地域領主層を統括する地位にあったと考えられる。

そのような隆景の地位を可視的に象徴するものとして、新城湊山城が必要だったのである。一時的に松前城に滞在したものの、松前が狭小であったこと、河野氏家臣団を掌握する必要性などから、いったんは湯築へと居を移した隆景であったが、そのまま湯築城を居所とした場合、隆景は河野氏後継者にすぎないこととなる。そこで、伊予国内の領主層を総動員して、新城普請に携わらせることによって、隆景の統括者としての地位を明示しようとした。湊山築城には隆景による専制的統治体制を進展させる意義があったと考えられよう。

城わりと地域支配(1)——東伊予

伊予国における隆景の城わり政策については、三月五日付け隆景書状を用いて明らかにされてきた。代表的な研究として、藤田達生氏の見解（藤田二〇〇〇）を掲げると、(1)地域ブロックごとに拠点の城郭を決め、それ以外を破却する、(2)軍事的拠点に立地し、かつ充分な所領に根ざした城郭のみを残置する、方針であったとされる。また藤田氏は、宇摩・新居郡の城郭が対象となっていないことをあげ、その原因は、毛利勢と金《かね》子《こ》元《もと》宅《いえ》以下の在地勢力との激戦地となり、主要城郭が焼失したか破却されたためとした。

これに対して日和佐宣正氏は、政治状況によっては反乱のおそれがあり、反乱軍に奪われて拠点とされることを恐れたためとした（日和佐二〇〇二）。さらに山内治朋氏は、宇摩・新居郡では、敗戦地への統一政権の戦後処理として逸早く接収され隆景の管理下へ置かれ、最初期に強権的な整理執行が可能だったはずであり、城わり政策の遂行過程において執行段階の異なる地域が混在したことを示すものとした（山内二〇一〇）。

山内氏は宇摩・新居郡においても残置された城郭が存在した可能性を示唆した。この点について、宇摩・新居郡の分郡守護細川氏家臣で、新居郡代官であった（川岡二〇〇六）石川氏の居城だったとされる高峠《たかとうげ》城（愛媛県西条市）に関する史料をみてみよう。毛利勢が伊予へ進攻した天正十三年当時、石川氏の被官金子元宅が幼少の石川氏当主虎竹丸の義兄として郡内の諸勢力を統括する存在に台頭していた（桑名二〇一〇）。長宗我部方として毛利勢に抗戦した元宅は高尾《たかお》城（愛媛県新居浜市）に籠もり、石川勢が高峠城に籠もっていたと考えられる。しかし、毛利勢の指揮官として渡海していた吉川元長の七月二十七日付け書状（『吉』）によると、高尾城が七月十七日に落城したこと、高峠城などの兵は自ら退城したことが判明する。

したがって、この時点では高峠城は破壊されていない。その後、同年に比定される十月十六日付け椙杜元縁《すぎのもりもとより》（毛利氏家臣）宛て輝元書状写（「譜録」）に「高峠今に達して在番の由、誠に御辛労の至り候、切々申すべく候、渡海の故無音せしめ候、その表の儀、今においては隙明け候、然れば追々在番の儀もっとも候」とあり、石川勢の退去後、毛利勢が高峠城に入り、在番を続けていたこと、十月以降も在番を継続する方針であったことを示す。

東伊予においては、九月二十三日付け隆景書状（「湯浅家文書」）に「当国衆下城の事、このたび大坂より黒田吉兵衛尉（長政）申し下され候条、ここもとにおいて、おのおの申し渡すの処、異儀なく請け及ばれ候、御存知のために申せしめ候、いよいよ堅固御在番の御心持肝要に候、上衆申し談じ、きっと検使差し出し候、猶もって持せ候条、破却の要害見分け候て申し付くべく候」、九月二十九日付け隆景書状（「湯浅家文書」）に「国中諸城下城候て、北条の儀も破却候、然る間、冷民（冷泉元満）・杉十（長相）・渡民（渡辺元）事、その城にまず在番あるべきの由申し入れ候間、その意なされ、右のかたがた仰せ談じられ、御逗留あるべく候、何もやがて替申し付くべく候、壬生川事は外構まで、かたがたへ、去り渡し候て罷り退くべきの由、堅く上衆より申し究められ候」とあり、破却する城郭と残置する城郭との選別を行う方針が示されている。これらのことから、高峠城は天正十四年になっても残置されていた蓋然性が高く、先に引用した山内氏の見解の妥当性を確認できる。すなわち、宇摩・新居郡においても主要な城郭は残置され、地域統治の拠点になったと推測される。

一方で、右記隆景書状に「当国衆下城」「国中諸城下城」とあり、およそ一ヶ月後の十月二十六日付け隆景書状（「冷泉家文書」）に「当国諸城番配」とあるにもかかわらず、伊予国内の城郭配置は天正十四年三月になっても未完了であった。この点からも、政策遂行過程において執行段階の異なる地域が混在したとする山内治朋氏の見解の妥当性が立証される。

続いて、宇摩郡について考察する。高尾城を落とした毛利勢はさらに東進して、八月末頃、仏殿《ぶつでん》城（愛媛県四国中央市）の開城によって宇摩郡も平定された。

『愛媛県史』においては、「新居・宇摩・周敷・桑村・越智・野間・風早《かざはや》の諸郡を討掃した平定軍は、道後平野に進撃し、八月下旬には湯築城に迫った」とするが、仏殿城の開城が八月末であり、かつ、仏殿城の開城によって「当国の儀平均」と認識されていることから、毛利勢と河野勢との戦闘があったとは考えられない。河野氏家中における反毛利氏の動きがまったく存在しなかったと結論づけることはできないが、河野氏家中過半は毛利氏に従ったと考えるべきである。

城わりと地域支配(2)——喜多郡・南伊予

東伊予以外において、毛利方と長宗我部方との戦闘が展開された地域は喜多郡である。天正十三年閏八月十六日付け輝元書状写(『閥』)に「おのおの郡内打ち廻られ、曽祢、大津取り詰められ」とあり、長宗我部氏の降伏した後も、喜多郡において混乱状況が続いていたことが判明する。その混乱を鎮静化するために、毛利氏は東伊予の長宗我部方と戦った毛利勢とは別の部隊を喜多郡方面へ派遣した。閏八月八日付け神保就俊宛て輝元書状(「臼井家文書」)に「その表の儀、おのおの打ち廻り候条、この者差し渡し候、方角の儀毎事心遣い肝要候、御上へも文して申し候」とある。宛所の神保就俊は、河野通直の側に逗留していたとされる毛利氏家臣である(西尾二〇〇五)。したがって、「御上」とは河野通直を指すと考えられ、小早川氏の伊予統治開始後においても、河野氏権力が維持されていたことを示すとともに、喜多郡において河野氏と対立していた勢力が存在していたことを窺わせる。

「曽祢」は喜多郡曽祢《そね》城(愛媛県内子町)を本拠とする国人領主曽祢氏で、天正十二年十二月以前に長宗我部方から離反していた。「大津」(大洲城)には、浮穴《うけな》郡久万山の国人領主大野直昌の弟菅田直之が在城していたと考えられる(山内二〇〇九)。毛利方として戦ったことにより、曽祢氏は九月十四日付け安国寺恵瓊・井上春忠連署状(『閥』)によって、給地宛行を約された。ところが、この連署状の宛所は蜂須賀正勝・黒田孝高である。このことから、曽祢氏の処遇には豊臣政権の関与を必要としたことが窺え、隆景が伊予国主となった当初、有力国人領主層は小早川氏直臣というより、与力《よりき》的な存在であったと位置づけられる。一方で、連署状には「但し以来の儀は、国並たるべき次第候」とあり、特別な処遇を行わないとしている。その結果、曽祢城は破却の対象とされた。隆景が伊予国主となる以前において、伊予国内の国人領主層は、河野氏を通して毛利氏に荷担する存在に過ぎず、毛利氏との間に主従関係は成立していない。毛利氏の指揮命令下にはなかったのである。しかし、隆景が伊予国主となった後は隆景の指揮命令下に置かれることとなった。隆景が伊予国主となったことは、伝統的な慣行を重視する分権的地域統治から、国主が専制的な権限をもつ集権的地域統治へと変革する画期となったといえよう。

喜多郡には大野（菅田）氏など、長宗我部氏に荷担して没落した家があった。それらの家が支配していた地域は、本領を失った備前・美作・備中国人領主層の処遇に用いられた。いずれも由緒書（『閥』）であるが、草苅重継は白実城主、清水景治《かげはる》は喜多郡に給地を与えられたとされる。白実城は三月五日付け隆景書状において曽祢城などとともに廃城予定となっていた「しらされ」である。草苅氏は九州移封後においても城持ち領主であったとされており、廃城予定を変更した可能性がある。

また、南伊予の西園寺氏については、三月五日付け隆景書状に「たびたび申し候西園寺殿御抱えの城、領地のやりかえかつてもって相聞きかず、笑止の儀候、たぶん久又左（久枝又左衛門尉）相心得えべきの条、内談遂げられ候て、公廣（西園寺）御着においては、則相とめ、時分の儀候間、この節普請等申し付けたき事候」とある。西園寺氏は来島村上氏や得居氏とは異なり、独立大名的処遇を認められなかった。小早川氏領内の一給人として、普請役も務める存在とされたのである。また、天正十三年に比定される七月十八日付け久枝又左衛門尉宛て西園寺公広書状写（「宇和旧記」）に「その方居屋敷幷びに知行三十貫分相添え遣さるべきの由、隆景より仰せ出され候由、肝要に候、早々請け付けられ候て然るべく候」とあり、西園寺氏家中の有力者久枝又左衛門尉は、隆景から知行を宛行われている。これによって、隆景と久枝との間に主従関係が成立し、久枝は事実上、西園寺氏家中から独立することとなった。同年に比定される十一月五日付け久枝宛て隆景書状写（「宇和旧記」）の「いよいよ貴殿長久御意を得べく候間、毎事御馳走肝要に候」という文言も、隆景・久枝間の主従関係を表すものである。このように、隆景は地域領主の家臣と直接的な主従関係を結ぶことによって、伝統的な支配構造を解体していった。

伊予における奉行人

宇摩・新居郡と喜多郡の一部を除き、小早川氏は旧来の領主権力を武力で打倒することなく、統治を開始した。ゆえに、伝統的な支配構造を解体していくことには多くの障害があったと考えられる。その障害を打破する方策として実施されたのが隆景の新たな居城湊山城の普請であり、段階的な城わりであった。国人領主層を強制的に湊山城普請に従事させ、曽祢氏のような最終的には毛利氏に荷担した国人領主の居城を破却することによって、国人領主層に対する小早川氏権力の専制化を進め、集権的地域統治を実現しようとした。山内治朋氏は、隆景の伊予の城郭政策について、独自の論理に基づき前代の課題の克服と自国の権力集中強化をも志向したものと評価している（山内二〇一八）。

しかし、その実現には河野氏奉行人の協力が必要であり、河野氏家臣団の隆景家中への一元化は漸進的に実施せざるをえなかった。

一方で、当初は給人からの指出によっていた在地の実態把握についても、天正十四年十一〜十二月、野間郡において打渡坪付が発給されており（「波頭家文書」など）、検地による掌握深化がみられる。ただし、検地基準は三六〇歩＝一反、大半小という単位を用いる（畝《せ》を用いない）、畠は分銭《ぶんせん》で表示、等級表示を欠く、年貢高であるなど天正十五年から実施された毛利氏領国内における検地と同様の基準であり、標準的な太閤検地基準を採用していないため、中世的慣行を完全に排除したものではなく、在地掌握にも限界はあったと考えられる。

野間郡の検地に携わったのは、荒谷左馬助・手嶋孫兵衛・宗近三郎右衛門・久芳四郎右衛門・大隅平右衛門・神野左馬允・河野二郎右衛門尉である。そのほか、同時期に伊予郡における寺領打渡に携わっている裳懸采女佐（新右衛門尉弟カ）・沼間田民部丞も検地奉行と推測される。

これら検地奉行のうち、荒谷・手嶋は竹原小早川家被官、裳懸は竹原小早川家庶家、沼間田は沼田小早川家被官を出自とする。宗近は安芸国賀茂郡宗近（東広島市黒瀬町）、久芳は同郡久芳（東広島市福富町）を本拠とする国人領主層を出自とするが、毛利氏家中にも同名の家が存在しているため、庶家が小早川氏に被官化したものと推測される。河野は伊予河野氏の同族と考えられるが、河野を名字とする家の中には、元就の父弘元期に安芸国へ来住したとする由緒をもつ家もあり、この時期の毛利氏家中にも河野家があることから、隆景期以前に安芸国へ来住していた家が小早川氏に被官化したと推測される。大隅は不明であるが、河野氏家臣とは考え難い。残る神野左馬允は来島村上氏家臣であったとされるが、そのほかは隆景家臣であり、少なくとも、野間郡における検地には河野氏奉行人は関与していない。河野氏奉行人の政務への関与は、河野氏の旧支配領域に限定されていた。また、そのような関与も、伊予国全土における検地が小早川氏奉行人主導で行われることを通じて、隆景を頂点とする行政組織下に組み込まれる予定であったと考えられる。

しかし、わずか二年足らずで隆景・秀包（大津城主）が九州へ国替えされたため、家臣団の一元化は完成に至らず、河野氏家臣（出淵、垣生など）や伊予国人領主層（曽祢、向居、久枝など）の多くは、九州へ移住することなく、伊予国内に留まることになったのである。

3　隆景の九州移封

北部九州と毛利氏・隆景

永禄十一年の鳥坂合戦が毛利氏と大友氏との対立に連動して起こったものであることについては、前節で説明したところであるが、同時期の北部九州においては、筑前国立花山城主《たちばなやま》（福岡県新宮町・久山町、福岡市東区）を務めていた大友氏一族立花鑑載《たちばなあきとし》が毛利氏に荷担して、大友氏から離反するという事件が出来していた。鑑載の離反は永禄十一年二月であったが、隆景や元春が伊予への渡海を優先したため、毛利勢の北部九州への本格的出兵は遅延し、その間に、鑑載の謀叛は鎮圧された（永禄十一年七月頃）。

同じ頃、豊前国においても、六月に宮山城《みややま》（北九州市小倉南区）が陥落するなど、毛利方は苦戦して

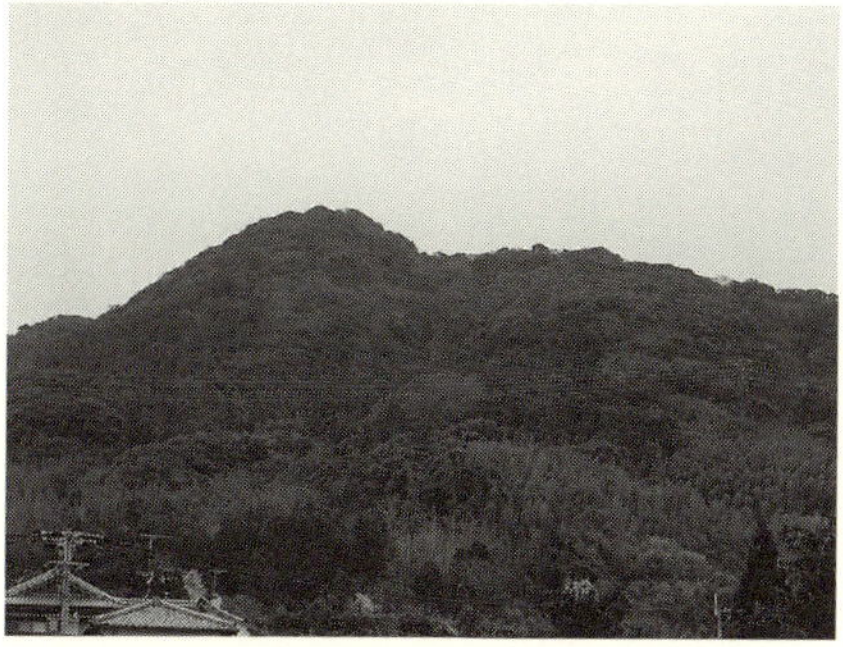

立花山城跡（福岡市東区新宮町立花山）

いた。七月には毛利方の重要拠点の一つ苅田松山《かんだまつやま》城（福岡県苅田町）が大友勢に攻められ危機に陥ったが、何とか撃退に成功した。八月になると、伊予から引き揚げた小早川・吉川勢がようやく九州へ渡海し、九月には、大友方に荷担していた国人長野氏の三岳《みつだけ》城（北九州市小倉南区）・宮山城などの攻略に成功した。

翌永禄十二年二月には、隆景や元春らによって、大友氏が回復していた立花山城が包囲され、閏五月、立花山城は再び毛利方によって制圧された。ところが、同年六月に尼子勝久・山中鹿介らが出雲・伯耆へ乱入、八月には備後国神辺において山名氏旧臣が蜂起すると、毛利氏は将軍義昭の勧告を受け入れて、大友氏との講和を企図するが、拒絶された。さらに、十月には大内輝弘（大内義興（義隆の父）の弟高弘《たかひろ》の子、高弘は義興と対立して大友領へ亡命していた）が、大友氏の支援を受けて山口へ乱入し、毛利氏領国は各地の騒乱によって混乱状態に陥った。そこで、隆景・元春らは北部九州から撤退して、中国地域における騒乱鎮圧を優先することとした。隆景らの撤退にあたり、立花山城の守備を任されたのは乃美宗勝らである。この人選は、隆景家中において宗勝が大きな軍事力を有していたことに加えて、隆景からの信頼も厚かったことを示しているが、敵地において孤立した立花山城は、同年十一月に開城して、宗勝らは中国地域へと撤退した。

その結果、秋月《あきづき》氏（居城古処山《こしょさん》城〔福岡県朝倉市〕）・宗像《むなかた》氏（宗像社大宮司家〔福岡県宗像市〕桑田二〇〇三・二〇一六）・麻生《あそう》氏（居城山鹿《やまが》城〔福岡県芦屋町〕、花尾《はなお》城〔北九州市八幡西区〕）などの大友氏に対する抵抗も鎮圧されていった。また、永禄五年に大友氏から離反して毛利氏に荷担していた（荒木一九九〇）高橋鑑種《たかはしあきたね》（大友氏一族一万田《いちまた》家の出身、太宰府府官大蔵党の一族高橋氏を継承していた）は、岩屋《いわや》城・宝満《ほうまん》城（福岡県太宰府市）から退去して小倉《こくら》城（北九州市小倉北区）へ移され、高橋家は大友氏家臣吉弘鎮理《よしひろ》が継承した。後の高橋紹運《じょううん》である。立花山城には大友氏家臣戸次鑑連《べっきあきつら》が入った。後の立花道雪《どうせつ》である。

以降も、毛利氏と大友氏との対立関係は続いており、豊前国門司《もじ》城（北九州市門司区）を本拠とする門司氏が毛利氏家臣化していったほか、秋月・麻生・宗像・高橋鑑種らは毛利氏に誼を通じていた。たとえば、麻生氏の場合、十二月三日付け麻生上総介宛て隆景書状（『中世史料集　筑前麻生文書』、以下『麻』）に「先年立花陣以来の御志等、忘却なく毎事申しのべ候といえども、上口錊楯により御入国の調儀などこれなく相過ぎ候事、輝元・われらにおいて迷惑せしめ候」とある。「上口錊楯」とは信長との対立を指すと考えられ、北部九州への出兵（「御入国」）ができないことを詫びている。立花合戦以降、毛利勢が本格的に北部九州へ出兵することはなく、大内氏が守護職を保持していた豊前・筑前国（肥前国）を、大内氏の継承者として支配するという毛利氏の野望は実現困難な状況にあった。

一方で、天正六年（一五七八）に大友氏が耳川《みみかわ》の戦いにおいて島津氏に敗れると、豊前・筑前などにおける反大友の動きは活発化していった。秋月種実《たねざね》や高橋元種《もとたね》（種実の子あるいは弟で、鑑種の養子となって高橋家を継承、居城は香春岳城《かわらだけ》（福岡県香春町）川添一九九六）のほか、麻生、宗像、長野（居城は馬岳城《うまがたけ》（福岡県行橋市）有川一九九五）、原田《はらだ》（居城は高祖城《たかす》（福岡県糸島市）丸山一九九七）、筑紫（居城は勝尾城《かつのお》（佐賀県鳥栖市））などである。しかし、織田政権と対立が激化していた毛利氏にとって、反大友の動きを直接的に支援する余裕はなかった。このため、肥前佐賀の龍造寺隆信《りゅうぞうじたかのぶ》が台頭すると、反大友勢力の中には龍造寺氏へ接近する者（原田、筑紫《つくし》）も現れた。

天正十二年三月の沖田畷《おきたなわて》の戦いにおいて、島津氏・有馬氏に敗れて隆信が討死すると、秋月・高橋元種らは島津氏へ接近していった。麻生氏や宗像氏らは毛利氏との連携を重視していたようであるが、本能寺の変後においても、毛利氏は北部九州への介入を避けており、反大友勢力を結集することはできずにいた。毛利・織田戦争開始時前後における領国拡大政策が危機を招いた反省を踏まえ、毛利氏は北部九州への進出を控えたものと考えられる。

ただし、反大友勢力との友好関係が途絶えたわけではない。たとえば、天正十二年に比定される十一月二十七日付け秋月種実宛て隆景書状写（「吉川家中幷寺社文書」）には、筑後方面における立花道雪・高橋紹運との戦闘の状況を報告するとともに「その国に至り不忠たるべきの根源候条、幾度申し候ても、種実事、いよいよ未来大友殿へ申し談ずまじき覚悟浅からず候」とあり、秋月氏は隆景を窓口として、毛利氏への荷担を誓った。隆景は先にみた麻生上総介のほか、長野三河守とも通交しており（「神代文書」）、北部九州国人層との窓口として、隆景の果たした役割の大きさに注目しておきたい。

九州停戦令と島津氏

天正十三年十月、秀吉は九州地域における停戦令を発布し（『大日本古文書　家わけ第十六　島津家文書』、以下『島』）、天正十四年三月頃に国分令が提示された。国分案の内容は、大友氏へ豊後・筑後＋豊前・肥後各半国、島津氏へ薩摩・大隅・日向＋肥後半国、毛利氏へ肥前を与えるというものであった（『上井覚軒日記』）。筑前については「京都より知行あるべく候」とあるため、秋月など国人層に対して直接秀吉から給地を与えると解釈され、筑前国は豊臣直轄地となる予定であった。

しかし、島津氏はこの国分令を無視して、戦闘に突入した。天正十四年七月に進攻を開始した島津勢はまず肥後から筑後・筑前へと進んだ。筑紫広門《ひろかど》は高橋紹運や立花統虎《むねとら》（後の宗茂《むねしげ》、紹運の子で道雪の養子）と連携して島津勢に対抗したが、居城勝尾城を攻略され、広門は島津氏に捕縛された。紹運も岩屋城において討死、紹運の子高橋統増《むねます》（統虎の弟）が守備していた宝満城も開城して、統増は捕縛されたが、統虎は立花山城において抵抗を続けた。

その後、島津勢は大友氏の本領豊後へ向かい、大友義統《よしむね》を本拠である府内から豊前へ逃走させるという危機的状況に追い込んだ。しかし、島津氏のこのような軍事行動は豊臣政権の停戦令に違反したものであったことから、秀吉による島津攻めを招いた。

これに先立つ一月二十五日付け島津宛て輝元書状写（「旧記雑録附録」）に「九州の儀、諸家無事あり、京都馳走遂げられ候のよう、助言致すべきの由候」、八月五日付け秀吉朱印状写（『毛』）に「筑紫の儀、諸事異見に任さるべき儀、この節候」とあり、秀吉は毛利氏に対して、九州の諸大名・領主を統括する役割を期待していた。毛利氏は「九州取次」（山本一九九〇、藤田二〇〇一、戸谷二〇〇五）に位置づけられ、九州諸大名・領主への指揮権限の根拠を得ていたのである。なお、肥前龍造寺氏を取り次ぐ役割は、少なくとも天正十七年まで継続しているという（尾下二〇一二）。

また、四月十日付け秀吉朱印状（『毛』）には「豊前・肥前人質取り堅めるべき事」（ア）、「門司・麻生・宗像・山鹿城々へ人数・兵粮差し籠めるべき事」（イ）、「筑前検使、安国寺・黒田官兵衛仰せ付けられ候事」（ウ）とある。アはこの時点で豊前・肥前を毛利氏領とする計画があったこと、イは門司氏のほか、麻生氏（花尾・山鹿の両家）・宗像氏が毛利氏を通じて、豊臣政権に服属姿勢を示していたこと、ウは筑前を豊臣直轄地とする予定であったことを窺わせる。

隆景は八月の出陣予定から遅延して九月に輝元とともに吉田を出立して、十月初頭、九州へ渡海した。毛利氏の出兵前後には、反大友勢力としてかつて毛利氏と連携していた北部九州の国人たちと毛利氏との通交がみられる。たとえば、七月二十日付け原田信種《のぶたね》宛て輝元書状写（『大蔵姓原田氏編年史料』）には「先年より御入魂の首尾忘却なく候、以来の儀、政家（龍造寺）仰せ談じられ、渡海の刻、御忠節肝要候、関白殿御取り成し緩がせあるべからず候、趣においては隆景申し達せられるべく候」とある。毛利勢の渡海を目前に控え、原田氏は毛利氏を通じて豊臣政権への服属を願い出、隆景が原田氏との折衝を担っていた。山鹿麻生氏の場合、宗像氏とともに親毛利氏の立場はほぼ一貫していたと推測される。八月十五日付け恵瓊・黒田孝高連署状写（『麻』）においても「輝元・隆景・元春中途に至り、御出張候、切々仰せ談じられ堅固の御覚悟専一候」とされ、隆景らが小倉城（高橋元種領）

を攻めた際、毛利勢の渡海にあわせて、秋月氏領へと進攻している。

秋月種実・高橋元種については、元来、親毛利氏の中心的存在であったが、天正十四年段階においては島津氏と密接な関係が構築されていたため、毛利氏と対峙することとなった。小倉城落城後も高橋元種は抵抗を続けたが、十二月、香春岳城を開城して降伏。秋月種実はその後も抵抗していたが、天正十五年三月に島津勢が退却すると孤立し、四月、古処山城を開城して降伏した。その際に、所持していた名器楢柴肩衝《ならしばかたつき》を秀吉に献上して赦されたという。島津氏の降伏前に豊臣政権に従ったため、秋月・高橋両氏は大名としての存続を許されたが、現に支配していた所領は没収され、島津氏が支配していた日向国へ国替えされた。

長野氏の場合、十月十日付け隆景・恵瓊・孝高宛て秀吉書状（『黒』）に「長野色を立て、人質を出す由、神妙候」とあり、開戦当初は島津氏に従っていたものの、毛利勢の渡海間もなく豊臣政権に服属している。このような豊臣政権勢の攻勢の結果、天正十五年五月八日、島津義久は薩摩国川内まで進攻してきていた秀吉の前に剃髪して赴いて降伏を申し出、戦闘は終結した。

九州国分

秀吉は当初、「隆景様をば、九州置き申さるべきとの御内意にて候」「輝元様御分別においては、豊前・筑前・筑後・肥後御渡しあるべく候、備中・伯耆・備後御あけこれあるべきやとの儀候」（「不動院文書」五月九日付け安国寺恵瓊書状）として、毛利氏領国のうち、備中・伯耆・備後を収公して、豊前・筑前・筑後・肥後を与えること、九州には隆景を置くこと、を提案した（中野二〇〇六Ⓐ、尾下二〇一〇）。明記されていないが、隆景を九州へ移すとしているから、収公される国には伊予も含まれていたと考えられる。

この案については、毛利氏が高松城水攻めの際にも守り抜こうとした、また、隆景支配地も多く、小早川氏と伝統的に関係の深い備後国を収公対象に含むことから、拒否したと考えられる。そこで、秀吉は伊予以外の毛利氏領国の収公を断念して、「筑前・筑後の事、芸州（毛利氏）へ付け置かれ、隆景罷り居るべき」（「吉見家文書」六月五日付け隆景書状案）との新提案を行った。毛利氏へ筑前・筑後を与えるという内容であり、隆景が自分自身ではなく、毛利氏への給与を主張したのではないかと思われる。

しかし、隆景の居所を北部九州に置くことが明記されており、事実上、隆景を独立大名として九州に移封しようとするものであった（桑田二〇一六）。このため、隆景はこの新提案に対しても難色を示した。その理由には「唯今中国七八ヶ国に及ぶの儀さえ上役等見合わせ申すところ、御気色に応じ候ところに相叶い難く、気遣い致し候ところに、御意忝くと申し候て、あら所両国まで御請け致し、堅固にこれを申し付け、京役相調い申すべき事、かつてもっておのおの才覚に及ばずの儀候の条、思し召し分けらるべきの通り、頻りに申し上げ候」（「吉見家文書」）とある。七・八ヶ国を領有している現状でさえ、秀吉から命じられた公役を果たすことに苦慮しており、戦乱によって荒廃した筑前・筑後を与えられても、公役を果たすことはできないことを理由にしているが、隆景の真意は独立大名とされることを避けようとしたのであろう。

新提案に対する拒否を受けて秀吉が行った「両国の事、関白殿（秀吉）御公領として、隆景御代官いたすべき」（「吉見家文書」）との再提案に対しても、隆景は「私が九州へ移住してしまうと、輝元は若年なので、万一、秀吉からの公役を果たせなかった場合、毛利家は滅亡してしまいます。元春も亡くなってしまったので、私が輝元を見捨てるわけにはいかないと、秀吉にお断りしているところです」としている。この当時、輝元は三十五歳。若年と呼ばれる年齢ではなかったが、隆景は輝元には毛利氏領国を経営していく力量が未だ備わっていないと評価していた。自らが輔弼しなければ、毛利氏領国は崩壊するとの懸念を抱いていたのである。

また、北部九州への移封によって、秀吉の企図していた大陸侵攻の先兵とされることも恐れていたと推測される。西瀬戸内海の海洋領主層は東アジア地域との交易にも関係しており、それら海洋領主層と親しく、かつ、小早川氏自体も海洋領主的側面を有していたことから、隆景は東アジア社会の実情にも詳しかったと考えられる。ゆえに、秀吉の企図する大陸制覇が夢物語であると認識していたのではなかろうか。最前線に立たされることによって、多大な被害を蒙ることを避けたかった。

しかし、隆景の固辞にもかかわらず、結局、筑前一国と筑後・肥前の一部は隆景領とされ、隆景は伊予国を収公のうえ、居所を筑前へ移さざるをえないことになった。大陸侵攻の前線基地となる北部九州には、合戦の経験が豊富で、かつ、九州地域の大名の多くと親交のある隆景を置く必要があったのだ。大内氏の正統継承者を主張する毛利氏にとって北部九州の獲得は宿願であることを認識していた秀吉は、拒む理由に乏しい案を投げかけて隆景を毛利氏から引き離そうとした。この段階における秀吉にとって、同盟関係を結んだとはいえ、毛利氏は潜在的脅威であり、その力が強固となることは歓迎すべきものとはいえなかった。しかし、長宗我部攻めや島津攻めにおける貢献に対して報いる必要があったため、毛利氏による支配が安定化していた備後国などを収公して、長年の合戦により荒廃した北部九州地域を与えるという案を突き付けた。この案は拒否したものの、島津氏も降伏した結果、豊臣政権に対抗する西国の勢力がなくなった状況において、秀吉の意向に逆らい続けることは難しくなった。そのため隆景は、既存の毛利氏領国にはまったく手を付けさせることなく、自らが北部九州に移封されることによって、秀吉の意向と、毛利氏を守り抜くという元就からの遺訓を両立させたのである。

とはいえ、この移封によって隆景は毛利氏領国から引き離され、豊臣大名とされた。輝元の補弼が事実上困難になるという問題点に加え、毛利氏一族の支配地域が大きくなりすぎて秀吉に警戒されるのではないかという懸念もあり、隆景はあくまでも豊臣政権の「公領」を「代官」として預かるという形態に拘ったと考えられる。北部九州の国主となったことはあくまでも一時的なものという認識で、最終的には毛利氏領国へ復帰して、輝元の補弼に専念したいと考えていたのではなかろうか。

隆景与力衆(1)――原田・宗像・麻生

六月二十五日付け秀吉朱印領知目録（『毛』）によると、隆景の支配領域は、筑前一国、筑後一国、肥前一郡半である。この時点では石高は明記されていなかったが、天正十九年三月十三日付け秀吉朱印知行方目録（『小』）によると、筑前一国二十六万九千三百五十石、肥前内二郡・筑後内二郡三万七千九百五十石とされている。このうち筑後国については、弟秀包（久留米城主）や立花統虎・高橋統増・筑紫広門が独立大名とされたため、残る領域が隆景領である（中野一九九六）。筑後二郡とは、生葉《いくは》郡（天正十九年三月二日付け「山北村御検地名寄帳《なよせちょう》」（「島田隆重文書」（『久留米藩農政・農民史料集』））と竹野《たけの》郡（天正十六年二月十二日付け「是松文書」（「児玉韞採集文書」））。肥前国二郡とは、当初、基肆《きい》郡と、養夫《やふ》郡のうち半分が隆景領。隆景領内に「前筑紫居候つ

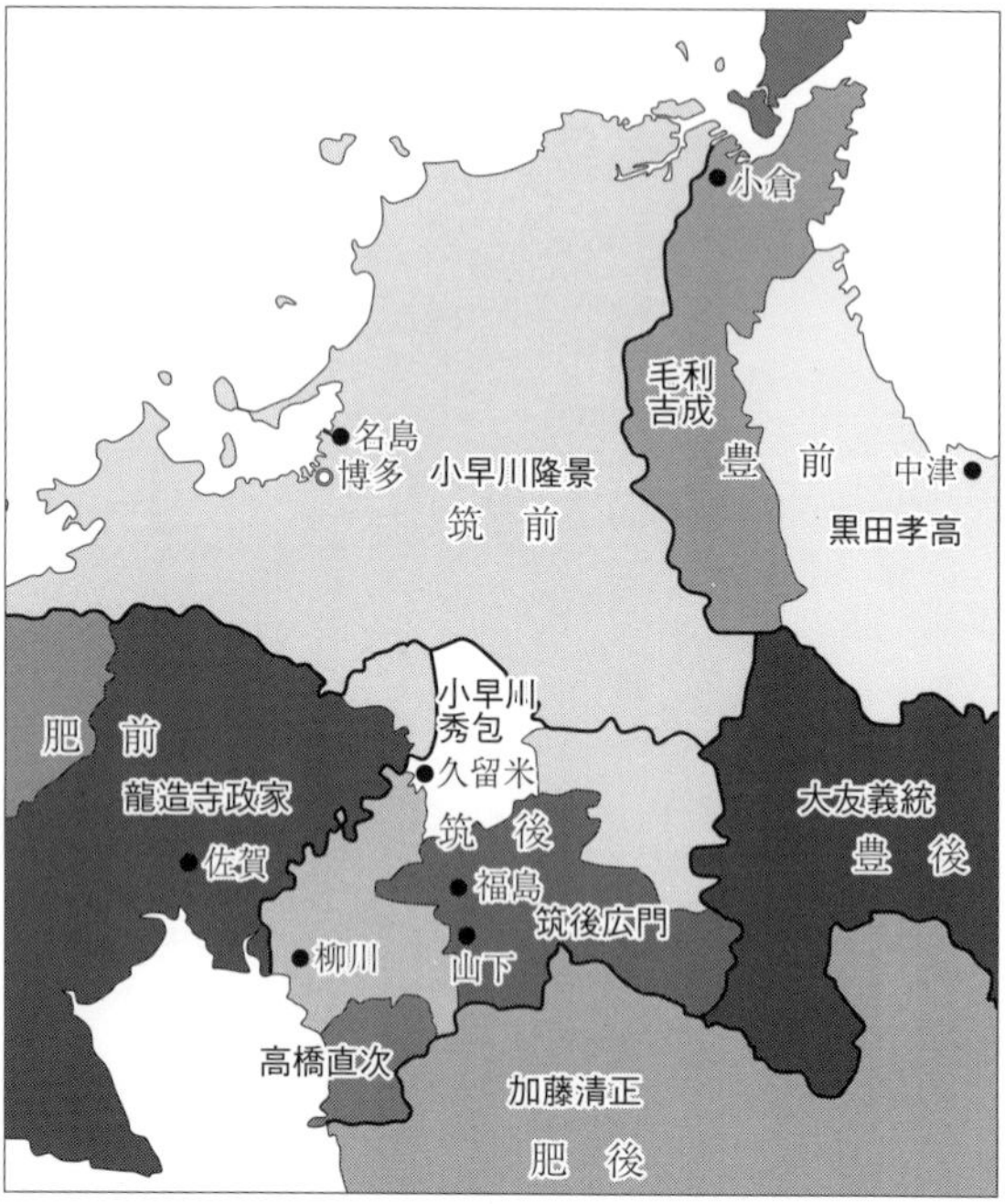

北部九州国分図（『戦国武将の誇りと祈り』より）

る城」があり（『小』）、養夫郡に立地する筑紫氏の居城勝尾城を指す。したがって、主として筑紫氏の肥前国における旧領分（勝尾城周辺）が隆景領とされたと推測される。残る半分は鍋島領であったが、天正十九年になると、鍋島領分も隆景領へ編入された（中野二〇〇六Ⓑ）。

次に、北部九州地域の国人の処遇についてみていく。天正十五年六月二十八日付け隆景宛て秀吉朱印状（『毛』）においては、「筑後国における領知方の事」として、原田弾正少弼へ四百町、宗像才鶴へ三百町、麻生次郎左衛門尉へ二百町を引き渡して、「与力として召し置くべきの由候也」とされた。

原田弾正少弼（信種）は筑前国怡土《いと》郡・志摩《しま》郡などを領有していたが（丸山一九九七）、知行替え後の給地は、竹野郡牧村東、同郡高野・江口村、御原《みはら》郡今隈、筑前国下座《げざ》郡牛鶴村である。このうち御原郡については、秀包領内であるが、隆景与力原田氏の給地が存在することになる。郡単位の知行割が徹底していなかった、あるいは、秀包領内にも原田氏領が設定された可能性を指摘できる。

宗像氏は筑前国宗像郡などを領有していたが、氏貞《うじさだ》が天正十四年に死没しており、後継者となる男子がいなかった。「才鶴」については氏貞の妻とされる（桑田二〇一六）。秀吉朱印状では筑後への国替えとされていたが、天正十六年十月二日付け宗像氏奉行人連署坪付（「新撰宗像記考証」所収文書、「増福院文書」）においては「夜須郡二百町」と記されており、筑後への知行替えは変更され、筑前国において所領を宛行われた。

筑前国遠賀《おんが》郡などを領有していた麻生氏（次郎左衛門）については、天正十四年の時点で「このたび嶋津御下知に背き、筑前に至り取り出し候ところ、手前堅固の儀神妙候、然る間本知の儀、右馬頭

（輝元）内儀次第宛行うべく候、いよいよ忠儀肝要候、委細安国寺・黒田勘解由申すべく候也」（十月十日付け麻生次郎左衛門宛て秀吉書状写〔『麻』〕）とされていた。早くから毛利氏と行動をともにしていたことによって、本領安堵を約束されていたのであるが、その処遇は当初から独立大名ではなく、毛利氏領内における所領配分が予定されていた。秀吉の基本方針は国単位での大名配置であり。豊前・筑前国人のような郡規模の領主は独立大名となりえなかったのである。

国分後の麻生氏に対する処遇を示す史料として、天正十五年六月二十八日付け秀吉朱印状写（『麻』）が確認される。「筑後国において二百町事、宛行われおわんぬ、すべて領知いたし、小早川左衛門佐与力せしめ、向後忠勤抽んずべきの由候也」とあるが、具体的な知行地は不明である。

このほか、豊前国馬岳城を本拠としていた長野氏（三郎左衛門）も隆景与力になっていたが、天正十六年八月十二日付け隆景宛て秀吉朱印状（『小』）に「長野三郎左衛門尉・原田五郎・草野中務大輔両三人事、肥後国に至り差し遣わされ、替地仰せ付けられ候、然るに、右入替として、筑前国内において、八百町城十郎太郎、五百町伯耆左兵衛尉、合千三百町事これを相渡し、則随遂せしむべく候也」とあり、九州国分から一年足らずで、原田氏・長野氏・草野氏が肥後へ国替えされ、逆に、肥後の国人城氏、伯耆（名和）氏を隆景領へ国替えするという大規模な再編が行われた。

この再編は、九州国分直後から肥後国を中心に、豊前国・筑後国・肥前国において勃発した国衆一揆（尾下二〇一一、森山一九七四、外園二〇〇三、国重一九八八）の影響を受けたものである。国替えの対象となった家は一揆に荷担したわけではなかったが、一揆の再燃を警戒した中央政府の意向によって、在地から引き離された。ただし、隆景領内の長野・原田氏については、いずれもすでに本拠地以外を所領とされている。したがって、この再編は肥後国人対策の側面が大きいものであった。なお、肥前草野氏（鎮永）は肥前国松浦《まつら》郡草野を本拠としており、隆景領外である。

ここで、明確に隆景与力とされた国人の処遇について整理しておきたい。

いずれも、豊臣政権の九州出兵以前から、毛利氏との関係が深い家であり、麻生次郎左衛門のように、早期に豊臣政権への服属姿勢を明らかにした者に対しては、本領安堵の方針が示されていた。しかし、その安堵は独立大名としてではなく、当初から毛利氏領内における処遇が想定されていたのである。最終的に隆景が九州移封されたことによって、原田・麻生・宗像といった国人は隆景与力となった。隆景与力の入れ替えについても中央政府の決定であり、隆景に決定権限はなかった。与力とされた国人は秀吉から直接朱印状を受給しており、本質的には秀吉に直結する存在だったのである。

隆景与力衆(2)——筑後国

与力とは明示されていないものの、秀吉に直結する存在であると推測される筑後国人として、(1)生葉郡を本拠とする問注所《もんちゅうじょ》氏（統景《むねかげ》）、(2)生葉郡星野を本拠としていた星野氏、(3)上妻《かみつま》郡黒木郷を本拠とする黒木氏、(4)山本郡を本拠とする（堀本二〇〇一）筑後草野氏が挙げられる。

(1)の問注所氏は島津氏進攻後も大友氏に従っていたが、天正十五年に比定される十月十八日付け井上春忠書状（『問注所文書』）に「問注所刑部少輔殿へまず二百町渡し申さるべき由、御意候、相残る分の儀、殿下様に至り仰せ伺われ、その上をもって進め置かるべきの由、吾らより申すべき旨候」とある。宛所の入江与三兵衛・木原善右衛門は隆景の筑後支配を統括した奉行人である。

このうち入江与三兵衛は、天正十七年に死没した際、息彦次郎に対して輝元が跡目継承を承認しており、毛利氏家臣で、隆景の北部九州入部にあたり、一時的に派遣されたと考えられる。入江与三兵衛に宛てた天正十五年に比定される五月六日付け隆景書状写（『閥』）に「今晩そこも御着の由然るべく候、明日しづしづと御出あるべく候、明後日ここもとをたて申すべく候、木原善右衛門事案内者事候間、御方に副え申すべくと存じ、今に相待たせ申し候」とある。木原が入江の案内役として副えられたことを示すものであり、木原が北部九州の事情に精通していたことを窺わせるが、その出自は定かでない。いずれにせよ、この後、入江と木原は天正十六年にかけて、筑後国において国人領の打渡しや国人に対する取次役として協働しているが、それ以降、隆景家臣としての動向はみられない。

問注所氏に話を戻そう。当面、二百町を給与し、「殿下様」＝秀吉の意向を確認したうえで、二百町にどの程度上積みするかを決定するものとされている。しかしながら、この上積み分の実現を示す史料は確認できず、文禄四年（一五九五）の秀俊《ひでとし》小早川家継承後の問注所統康（統景の子）宛知行目録（「問註所家文書」）の石高が千六百石にすぎないことから推測すると、隆景期の問注所氏の所領は二百町を大きく超えるものではなく、九州国分前の実効支配所領から縮小したものと考えられる。

また、秀吉の意向を確認する必要があるということは、問注所氏が秀吉との直接的な主従関係にあったことを窺わせる。問注所氏に直接宛てた秀吉朱印状や、問注所氏を与力とする旨の隆景宛秀吉朱印状は確認できないが、文禄四年の秀俊知行目録には、秀俊花押に秀吉朱印が添えられていることから推測すると、問注所氏も隆景の与力だったものと考えられる（桑田二〇〇三）。

(2)の星野氏について、大友氏と大内氏の抗争の際、大内氏に従って豊前国位登荘を本拠とした家（「位登星野家」）と、大友氏に従って筑後国生葉郡・竹野郡一帯に所領を有した家（「星野谷星野家」）に分かれた。大内氏の滅亡後、前者は毛利氏に荷担したが（「星野文書」）、毛利氏が立花山城から撤退した後は、大友氏に従ったものと推測される。一方後者は、島津氏の筑後進攻時には島津氏に従っており、豊臣政権軍の出兵に伴い島津氏が撤退した後も筑前高鳥居城を守備して、天正十四年八月、星野鎮胤・親胤兄弟は討死した。豊臣政権に敵対しなかった位登星野家は、天正十五年十一月二十三日付け木原善右衛門尉・入江与三兵衛尉連署打渡坪付（「星野文書」）の通り、生葉郡内において三百一町一段の所領を宛行われている。また、位登星野家に関する秀吉朱印状は確認できないが、文禄四年十二月一日付け星野実信宛て小早川秀俊知行方目録（「星野文書」）には、問注所氏と同様に秀吉朱印が添えられていることから、位登星野家は隆景の与力であり、秀吉との直接的な主従関係にあったことが窺える。

(3)の黒木氏について、天正十三年には島津氏に内通していたが、『筑後国史』によると、黒木信実が九州国分にあたり、猫尾《ねこお》城（上妻郡）を没収されたものの、倉園・大石・石垣・原口において二百町を給与され、鳥飼村に居住したとされる。倉園を除く地はすべて、生葉郡、竹野郡であり、小早川隆景の与力とされた蓋然性が高い。

(4)の筑後草野氏について、天正十三年八月以前に島津氏に従っていたが、天正十五年に比定される十月二日付けで草野右衛門督に対して、隆景らが「このたび、この境において、忠儀抽んじらるべきの由候条、山本・御井《みい》・竹野三郡の内七百五十町の地進め置き候」という連署状（「草野文書」）を発給しており、島津氏降伏以前に、豊臣政権に服属していたことが判明する。また、この連署状には隆景の弟秀包が連署しており、草野氏は筑後久留米城主とされた秀包の与力だったものと考えられる。

なお、草野氏は肥後国衆一揆と連動して勃発した筑後国における騒乱において、星野谷星野家の一部家臣とともに豊臣政権に叛旗を翻した結果、討伐された。

久留米城跡（福岡県久留米市篠山町）

小括として、隆景領内の与力の性格について考察しておく。先にみたように、隆景に与えられた地域は「公領」であるから、公領内に所領を有していた国人は必然的に秀吉直属の領主となる。領主権力を豊臣政権に結集させるための装置として、国人層を国主たる隆景の統制下に置く体制を構築し、さらに、大陸侵攻を想定した軍事力編成上も国人層を隆景の指揮下に置くことが有効であった。このため、与力という編成が採られたのであるが、与力層による領内支配の自立性はきわめて高かったと考えられ、隆景も秀吉の「代官」にすぎないことを自認していたから、与力層を隆景家中に包摂していこうとは考えていない。したがって、制度上も実質的にも国人層が隆景家臣といいえないことは明白であるが、中小領主層についてはどうであろうか。

隆景領内の中小領主層

豊前国規矩《きく》郡能行村（北九州市小倉南区）において二十五町をかつて毛利氏から給与されていた小田村氏の場合、天正十四年に比定される十月十五日付け隆景・恵瓊ほか連署状写（「小城藩士佐嘉差出古文書写」）に「申し越さるの趣聞き届け候、人質差し越さるにおいては、本地の儀相違あるべからず候」とあり、九州へ渡海してきた毛利勢に服属したため、本領安堵とされていた。しかし、規矩郡が秀吉家臣毛利吉成《よしなり》領とされた結果、国替えされて、隆景領内に給地を与えられたと考えられる。天正十八年の小田原攻めにあたり出兵する隆景から、十二月十三日付けで小田村左近允らが受給した書状写（「佐賀文書纂」）には「人数の出入り、桂宮・手市・粟四兵申し渡すべく候」とあり、軍役を課されている。このため、軍役負担の面からは隆景家中に包摂されたといえよう。

なお、「桂宮」は桂宮内少輔景種。隆景初期の奉行人景信の子孫七郎と同一人物と考えられる。「手市」は手嶋景繁。竹原小早川家譜代奉行人家を出自とする。「粟四兵」は粟屋景雄。隆景近臣奉行人粟屋盛忠の子である。この三人は、井上春忠・鵜飼元辰らと並んで九州移封以降の隆景奉行人の筆頭格を占めている。毛利氏出身であるが隆景に抜擢された性格の強い井上・鵜飼、毛利氏から隆景に付された家臣の第二世代である桂・粟屋、竹原家譜代奉行人手嶋という多様な出自をもつ者によって政治中枢は構成されており、毛利・織田戦争期にみられた出自に配慮した登用から能力重視の登用への変革が、この時期にはさらに進展していると評価できる。

小田村氏は秀俊の所領継承後においても秀俊家中に確認され、小田村彦四郎が文禄四年十二月一日付けで、筑後国における宛行状を発給されている。これに対して、隆景期の宛行状などは確認されない。秀俊宛行状には「このたび検地の上をもって」という文言がみられることから類推すると、隆景期の給地は検地を経たものではなく、宛行状も発給されていなかった蓋然性が高い。

後に、小田村氏と同日付けで秀俊から宛行状を発給されている北部九州地域の中小領主層として、筑後国竹野郡において給地を与えられている樋口越前守・小金丸式部丞・大（王）丸藤右衛門尉が挙げられる。

このうち樋口越前守は星野氏の一族であったが、九州国分後の国衆一揆において星野谷星野家家臣が蜂起した際に一揆に荷担しなかった。天正十五年に比定される十月九日付け隆景書状写（「歴世古文書」）に「その表において昼夜緩なく才覚の由、もっとも祝着候、いよいよ馳走肝要に候、跡口存分のごとく成り行き候間、大慶たるべく候、なお入江与三兵衛、木原善右衛門申し聞かすべく候」とあり、筑後国を統括する入江・木原の指示に従い、隆景方として戦っている。その結果、星野谷星野家の幼主長虎（鎮胤の子）は肥前鍋島家へ抑留され、樋口氏が星野谷を拝領したとされるが、そのことを示す隆景宛行状などは残されていない。

小金丸氏は秋月・高橋・原田と同様に大蔵党とされる。筑前国志摩郡小金丸（福岡県糸島市）を本拠として、戦国末期には原田氏に従っていた。天正十四年の毛利勢九州渡海に際して早くから毛利氏に通じており（十二月九日付け吉川元長（元春長男）書状写（「児玉韞採集文書」）に「御方の儀先年の首尾をもってにわかにこの表御越し、われらにおいて本望候、いよいよ相かわらず申し談ずべく候、方角において御入魂本懐たるべく候」とある）、原田氏が肥後へ国替えされた後も隆景領内に留まっている。差出人不明で、年次を確定することもできないが、九月十八日付けで小金丸式部丞へ宛てた書状写（「児玉韞採集文書」）に「にわかに桂殿御帰国候、去夜半程承るにつき、則唐津へ罷り出、御暇乞い申し候」とある。「桂殿」は桂景種を指すと考えられ、小金丸氏がこの時点で隆景領内に給地を与えられていたこと、その給地は唐津に近い志摩郡内であったことを窺わせる。旧領をそのまま安堵されたと確定することはできないが、中世的権益から切断されていたとは考え難い。

以上のように、隆景領内の中小領主層は与力とされた国人に比べると自立性は低く、軍事編成上は隆景家中に包摂された状況にあったが、給地支配の面における自立性は低くなかったと推測される。

隆景領内の検地

中小領主層に対する宛行状などは確認できなかった一方で、入部時の天正十五年には、雷山大悲王院（怡土郡、「大悲王院文書」）、横岳山崇福寺《そうふくじ》（三笠郡、「聖福寺文書」）といった寺社領や中小領主領における当年の土貢を確定する作業が行われている。奉行人は、井上春忠・鵜飼元辰・桂景種である。

中小領主層としては、糟屋《かすや》郡和白郷における唐傍新四郎（虎政）に対するものが確認される。虎政は小金丸氏から養子に入ったとされ、立花統虎に従っていた。統虎の柳川《やながわ》への移封にあたって在地を離脱した領主もあったが、唐傍氏はそのまま在地に留まり、隆景に従ったことが判明する。いずれにせよ、これらの作業が丈量《じょうりょう》検地に基づくものとは考えられない。

十月以降には、聖福寺《しょうふくじ》（那珂郡、「聖福寺文書」）や宗像社（宗像郡、「宗像家文書」）に対して、寺社領の打渡が行われている。これらの打渡についても、面積表示のみとなっており、丈量検地に基づくものとは考えられない。

このような所領把握は、七月二十一日付けの「三苫文書」に「御社領分田数の儀、仰せ聞かされ候の条、付記の通り上申候」とあることから、領主からの指出に基づくものであったと考えられる。この点については、本多博之氏（本多一九九六Ⓐ）や木村忠夫氏（木村一九九六）も指摘しており、没収地や欠所地において秀吉が百姓指出を要求したとする見解もあるが、安堵地が除外された確証はなく、また、秀吉の直接的な命令も確認できない。一方、西村圭子氏（西村一九八七）は、諸領主層の知行安堵のための上申に対して、包括的に知行枠を与え、領主側で自主的に内部配分案を提示させて知行地配分を既成させたものとしており、この見解が実態に近いのではなかろうか。

天正十六年になると、検地の実施が明示されている。天正十六年七月七日付けで、筑前・肥前境目地域（志摩郡）の在地領主奈良崎備前守に対して、隆景奉行人が「このたび筑前国検地申し付けらるにつき、肥筑両国境目の事、先年より申し来る辻、山の包石を限り、谷川の北は筑前、南は肥前国、その身合せ仕り候、山は、とんほうか巌水走を限りに候、その先々の儀はたとえ在々相定むべきの条、この境一通取り替わし申す所、くだんのごとし」という文書（「奈良崎文書」）を発給している。検地に基づき筑前・肥前国境を画定したことを示しており、村の境界などについても定めていったと考えられるが、「その先々の儀はたとえ在々相定むべき」とあることから、小早川氏の検地役人が現地を細かく精査していったとは考え難い。

これ以降、天正十六年十一月・天正十七年十一月の宗像社領（宗像郡、「宗像家文書」）、天正十七年十一月の彦山座主領（上座郡、「彦山増了坊文書」）、天正十八年の満盛院領（穂波《ほなみ》郡・三笠郡、「満盛院文書」）において検地の実施が確認される。しかし、天正十六年の宗像社領に「御帳面に永々否・当否極め分けられず」、天正十七年の彦山座主領に「曲村は永不・当荒御書分これなきにより」とあることなどから、在地の実態把握には地域差があったと考えられ、丈領も行われなかったと評価されている（木村一九八三、西村一九八七、本多一九九六Ⓐ、木村一九九六）。

一方で松下志朗氏は、中世的検注方式によっているものの、畠地を田数表示に直して、「惣田数」を算出していることから、「太閤検地」による石高表示の全般的な採用を可能とする素地が作られたと評価している（松下一九八四）。また、天正十九年に志摩郡において村ごとに田畠面積の一覧（「志摩郡惣田数付の事」）が作成されていること（「朱雀文書」）から、太閤検地の原型ができあがっていたとする見解もある（西村一九八七）。これに対して中野等氏は、文禄二年（一五九三）の「宗像郡社家半済の目録」（「宗像家文書」）にみられる半済分の上納が宗像社の収取体系に依拠して行われ、また、「分米」は物成高を指すものであって、「村」の生産力を反映していないとして、隆景領においては石高制原理が在地へ浸透していないと評価している（中野一九九六）。

筑後国隆景領では、生葉郡山北村において「御検地名寄帳」（「島田隆重文書」）が作成されている。「志摩郡惣田数付の事」とほぼ同時期であり、この時期に、隆景入部以降、暫時実施されてきた指出検地の結果をまとめる作業が行われたことを窺わせる。この名寄帳の特徴として、三百六十歩＝一反、大半小という単位を用いる（畝を用いない）という中世的な検地のあり方が残存する一方で、一筆ごとに分米が付され、等級分けも行われており、標準的な太閤検地基準に近づいている（松下一九八四）。しかし中野等氏は、大陸侵攻に向けた「御前帳」徴収のためのものであり、実際の年貢徴収基準、知行表示基準としては有効たりえなかったとしている（中野一九九六）。

「御検地名寄帳」を伊予国主期の検地や毛利氏領国内隆景領における検地と比較すると、等級分けが行われた点において伊予期からの進展がみられる。また、毛利氏領国内においては慶長二年（一五九七）になっても等級分けが行われていない（「米山寺文書」）。したがって、北部九州隆景領における検地が豊臣政権の影響を強くうけたものであり、北部九州という豊臣政権の「公領」的一面をもった地域においては在地の掌握がある程度進んだといえよう。畠数を「分古銭」額表示したうえで、一貫＝三石換算で石高を割り出すという点で、太閤検地とも、惣国検地とも異なる隆景独自の方式を用いているとする本多博之氏の研究（本多一九九六Ⓐ、二〇〇六）も、北部九州隆景領が豊臣政権の「公領」的一面をもっていたことの傍証といえよう。

このような検地を通じて、宗像社のように直接支配という中世的な経営を喪失していった例もみられるが（本多一九九六Ⓑ）、地域支配という観点からみると、隆景には伝統的な慣行を急速に打破していこうとする意欲はみられず、保守的な傾向が強かったといえよう。

第五章　秀秋入嗣と「大老」隆景

1　入嗣までの秀秋

秀秋の出自

秀秋（数度の改名があるため、総称としては「秀秋」と表記し、各時期における表記はその時点の実名に従う）は豊臣秀吉の妻「ね」（以下「北政所」）の実兄木下家定《いえさだ》の子（五男と考えられる）として生まれた。家定は「日出《ひじ》木下家譜」によると、「桓武天皇の皇子葛原親王十四代杉原伯耆主平光平の後胤」で、尾張国柿崎城主杉原七郎兵衛家利の娘婿とされている。平光平は鎌倉御家人として実在が確認され、備後国に地盤をもち、後の備後国人高須・木梨・杉原氏などの祖となった人物である。しかし、杉原家利が鎌倉御家人杉原氏の血をひくという点の信憑性は低く、柿崎城主であったとする点も僭称と考えられ、地侍層あるいは百姓上層であったと推測される。

また、家定を家利の娘婿とする点については「日出木下家譜」においても混乱が生じており、系図

木下家定（京都市・建仁寺常光院蔵）

においては、家利の娘と婚姻して杉原を称した助左衛門尉定利《さだとし》（一族林氏の出身）の子として、家定や北政所が記されている。また、「足守《あしもり》木下家譜」においても、杉原定利（常陸入道道松）の長男で、母方の祖父家利の嫡子となったとしている。田端泰子氏の研究（田端二〇〇七）では、定利は妻某氏との間に家定を儲けたのち、婿養子として杉原氏に入り、その後に生まれたのが北政所としている。北政所の母は「朝日《あさひ》」。杉原定利と「朝日」の間には、妹「やや」も生まれたとされるが、「やや」については、浅野長勝《あさのながかつ》の娘とする説もある。浅野長勝は織田信長に仕える弓衆であったとされ、「朝日」の妹「七曲《ななまがり》」と婚姻したが、子がなかったため、北政所を養女としたという。通説では「やや」も養女となったとされ、「やや」と婚姻して、浅野氏を継承したのが、後の豊臣政権五奉行の一人浅野長吉《ながよし》（長政《ながまさ》）である。

家定は慶長十三年（一六〇八）に六十六歳で死没していることから、天文十二年（一五四三）生まれとなる。幼年より秀吉に仕えたとされるが、秀吉と北政所が婚姻した永禄四年（一五六一）頃以降に秀吉に仕えたと考えられるため、「幼年」と記すのは明らかな誤りである。当初は杉原孫兵衛と称していたが、初期の秀吉の名字「木下」を賜り、それ以降、「木下」を称した。「朝日」や「七曲」には兄杉原家次《いえつぐ》があり、家次は遅くとも天正二年（一五七四）から秀吉家臣として活動している（堀越二〇一七）が、家定の活動は天正十年代以降である。したがって、秀吉支配地域の急激な拡大に伴い、有力家臣として登用されたと考えられる。

「足守木下家譜」によると、天正十五年に播磨国において一万一千石余を与えられ、さらに、文禄四年（一五九五）に姫路（兵庫県姫路市）二万五千石の城主となったとされる。姫路は織田政権期に秀吉が拠点とした地であり、杉原家次や浅野長吉のように政権中枢で奉行を務めることはなかったが、北政所の血縁者として、秀吉の一族的な処遇を受けていたと評価できる。関ヶ原合戦に際して北政所の警護を務め、戦闘に参加しなかったが、戦後、備中国足守（岡山市北区）において二万五千石を与えられた。慶長十三年の家定死没後、遺領は長男勝俊《かつとし》と次男利房《としふさ》で分割相続することとされたが、北政所が勝俊に単独相続させようとするなどの争いが起こったため、結局、遺領は浅野長政の次男長《なが》晟《あきら》に与えられ、木下足守藩はいったん断絶する。

次に、秀秋の兄弟についてみていく。

家定長男木下勝俊は永禄十二年生まれ。父家定が播磨国において所領を与えられた頃に、播磨国龍《たつ》野《の》城（兵庫県たつの市）主になったとされ、文禄二年以降には若狭国後瀬山《のちせやま》城（福井県小浜市）主であった。石高は六万二千石とされる。関ヶ原合戦の際に家康から留守を任されていた伏見城から逃亡したとして除封。父の遺領足守をめぐる争いののち隠遁して、歌人（長嘯子《ちょうしょうし》）として活動し、慶安二年（一六四九）に八十一歳で死没した。

次男木下利房は天正元年あるいは二年生まれとされる。母は杉原家次娘。兄勝俊の異母弟となる。

豊臣期には若狭国高浜城《たかはま》（福井県高浜町）主。石高は二万石あるいは三万石。関ヶ原合戦において西軍に属して除封。大坂の陣において徳川方として参戦して、備中国足守藩主に復帰。利房系は幕末まで足守藩（二万五千石）として存続した。

三男木下延俊《のぶとし》は、「日出木下家譜」に寛永十九年（一六四二）に六十六歳で死没したとあり、逆算すると天正五年生まれとなる。次兄俊房の同母弟。豊臣期には播磨国において二万五千石を与えられ、大坂に居た父に代わって、姫路城の留守居だったという。妻が細川忠興妹であったため、関ヶ原合戦においては忠興を通じて家康に荷担し、姫路城を守備。関ヶ原合戦後、豊後国日出藩主（三万石）となり、延俊系は幕末まで日出藩として存続した。

四男と考えられる木下俊定《としさだ》の生年は定かでない。俊房・延俊と同母とする系図と異母弟とする系図がある。豊臣期には丹波国において一万石を与えられていたが、関ヶ原合戦において西軍に属して除封。秀秋に寄食したが、慶長七年（一六〇二）に死没した。このほか、秀秋の弟とされる出雲守や末弟とされる僧紹叔《しょうしゅく》（高台院、のち常光院住持）が系図上確認できる。

秀秋の生年についても諸説がみられる。「足守木下家譜」によると、天正十年生まれ。「慶長見聞書」においては、没年齢を二十八歳とするため、逆算すると天正三年生まれとなる。服部英雄氏は、「竹生島奉加帳」の天正四年にみられる「石松丸」について、秀秋に比定される可能性を指摘した（服部二〇一二）。黒田基樹氏は、文禄四年の秀秋（秀俊）の筑前下向時に鵜飼元辰が記した「中納言様（秀俊）御祈念のために、御伊勢へ隆景様より進納の事」に「右、午の御年にて、十四才になられ」

とあること（「村山書状　村山家蔵証書」）から、天正十年生まれ説を採った（黒田二〇一七）。

これまでにみてきたように、鵜飼は隆景奉行人筆頭格であり、北部九州の隆景領支配の中枢にあるとともに、近江国の出身で、上方の情報にも精通している。したがって、鵜飼の記した内容は確度が高いと考えられる。天正十年は「午の年」であり、天正十年生まれとすると、文禄四年には十四歳になる。兄延俊が天正五年生まれで、延俊と秀秋との中間に俊定が生まれたとすると、秀秋の天正十年生まれ説に不自然さはない。母は系図にもある通り、杉原家次娘。北政所にとって、秀秋は兄の子であり、かつ、従姉妹の子という重縁にあったのである。

幼少期の秀秋

秀秋の最も幼い時期の動向を示す史料は、服部氏が引用した駒井次郎左衛門宛て「ひがし」（北政所老女、大谷吉継《おおたによしつぐ》母とされる）書状（総持寺蔵）である。総持寺に対して被官五・六人を支給するとしたうえで「これは、明智乱の折節、金吾《きんご》様を御かかえ候により、総持寺へ下され申し候由に候まま、そなたにも御用捨候て給わるべく候」とあり、本能寺の変の折、秀秋が北政所らとともに近江国長浜城（滋賀県長浜市）に居り、明智勢の襲撃から逃れるために、総持寺に匿われたことを示している。この史料から、本能寺の変の段階で、秀秋が秀吉の養子であったと断定することはできないが、天正十年生まれ説に従うと、生まれて間もない幼児であり、北政所のそばで養育されていたことになる。

続いて、秀秋が史料上に現れるのは、天正十三年閏八月に比定される「いわ」（北政所侍女）宛て秀吉書状（「今出川勇子氏所蔵文書」）である。越中の佐々成政《さっさなりまさ》を降伏させて凱旋する途中で記されたもので、実質的には北政所へ宛てたものである。「五もじへ返事申すべく候えども、眼悪しく候間、御心得候べく候、きん五にも言づて申し候」とあり、「五もじ」のほか、「きん五」にも便りをしたいが、眼の調子が悪いため、伝言してほしいと述べている。「五もじ」は秀吉の養女となっていた前田利家の娘「豪」のこと。「きん五」が秀秋である。秀吉養女と並列されていることから、秀秋もこれ以前に秀吉の養子となっていることが窺える。

同年九月、本願寺顕如《けんにょ》・教如《きょうにょ》・興正寺顕尊《こうしょうじけんそん》父子が秀吉を訪問した際にも、秀吉のほか、北政所・大政所（秀吉生母）と並んで「金吾殿」に対して進物を贈っている（『顕如証人貝塚御座所日記』）。進物先の顔ぶれをみると、秀秋がこの時点で秀吉の後継者的地位にあったと推測される。また、「金吾」は衛門府の唐名であり、この時点で四歳の秀秋が実際に任官していたとは考え難いが、関白秀吉の後継者に相応しい呼称を付されていたのである。

これ以降も、聚楽第《じゅらくてい》普請中の天正十四～十五年に比定される北政所宛て秀吉書状（『太閤書信』）に「きん五・よめ・五もじも、健気にや、腹用心専にて候」「このひばり、五もじ・きん五・そもじ三人へまいらせ候、賞翫候べく候」、天正十五年に比定される「ちく」（北政所侍女）宛て秀吉書状（『太閤書信』）に「おひめ・五もじ・きん五へ言づて頼みまいらせ候」とあり、北政所に養育されている金吾への秀吉の深い愛情が窺える。

さらに、天正十六年四月の正親町《おおぎまち》上皇・後陽成《ごようぜい》天皇の聚楽第行幸時には、前田利家・宇喜多秀家《ひでいえ》・豊臣秀次《ひでつぐ》（秀吉甥）・豊臣秀長《ひでなが》（秀吉弟）・徳川家康・織田信雄（信長次男）連署起請文写や長宗我部元親等二十三名起請文写（「聚楽第行幸記」）の宛所が「金吾殿」となっている。また、行幸時の行列においては「金吾侍従」と記されており（「聚楽第行幸記」）、この折に侍従に任官していることが判明する。「金吾」が官職を示すとすると、「侍従」と重複するため、「金吾」は幼名であり、それを元服後の仮名にしたという黒田基樹氏の見解は首肯される（黒田二〇一七）。

位階は従五位下で公家成りしているが、行列の上では、織田信雄（内大臣）・徳川家康（権大納言）・豊臣秀長（権大納言）・豊臣秀次（権中納言）・宇喜多秀家（参議）が公家行列中に混在しているのに対して、関白に扈従《こしょう》する大名に区分され（池二〇〇三）、その位置も前田利家・織田信包《のぶかね》（信長弟）・羽柴秀勝《ひでかつ》（秀次弟）・羽柴秀康《ひでやす》（家康次男）・織田秀信《ひでのぶ》（信長嫡孫）より後ろである。このような位置づけは、幼年であるために同じ一族の中でも、秀次・秀勝らの下位に置かれていた状況を反映している。また、豊臣家の後継者に擬せられたものの、公的に決定・認知したものではなかったことを示している。

とはいえ、同年に毛利輝元が上洛した際の座配をみると（「天正記」）、七月二十四日は上座に着座、九月十日には上座の秀吉の左に着座しており、秀吉の後継者に擬された状況は変化していない。七月二十四日の輝元からの進物は、秀吉に次いで、北政所より先に記されており、進物内容も「沈香百両、虎皮十枚、太刀（金覆輪《きんぷくりん》）一腰」と高価なものであった。

このように、天正十六年まで秀秋は秀吉の後継者候補の筆頭であった。ところが、この年の十月頃、秀吉の妻茶々（淀殿、浅井長政と信長妹市との間に生まれた娘）の懐妊《かいにん》が明らかになる（福田二〇〇七）。そして、天正十七年五月二十七日に生まれた子は男児であった。この男児「鶴松《つるまつ》」の誕生が、秀秋の処遇に大きな影響を及ぼすことになったのである。

丹波中納言秀俊

鶴松誕生の二ヶ月後、秀吉の養子となっていた小吉《こきち》秀勝（三好吉房《よしふさ》と秀吉の姉「智《とも》」の次男）が、丹波亀山城主の座から追われるという事件が発生した。丹波亀山（京都府亀岡市）は、信長期に明智光秀が居城の一つとしていた地であり、光秀没落後は、信長生前から秀吉の養子となっていた於次《おつぎ》秀勝（信長四男）の居城となった。しかし、於次秀勝が天正十三年十二月十日に死没したため、天正十四年以降は、小吉秀勝（妻は後に徳川秀忠の妻となる「江《ごう》」）の居城となっていた（福田二〇一〇）。

小吉秀勝が丹波亀山城を没収された原因について、『多聞院日記《たもんいんにっき》』天正十七年七月二十七日条には「小吉殿、知行不足の由訴訟、曲事とて堪当」とある。十月八日条にも「知行少分の由訴訟に及ぶところ、曲事とて、亀山を取り返し、堪当」とあるため、伝聞ではあるが、かなり正確な情報と評価できる。秀勝は加増を秀吉に願い出たところ、機嫌を損ねたのである。

この後に、丹波亀山城は秀秋に与えられた。ただし、小吉秀勝からの没収直後には、豊臣秀長へ亀山城は預けられている（『多聞院日記』）。小田原陣立書（「伊達家文書」）において、於次秀勝の旧臣で丹波国内に知行を与えられていた藤掛永勝《ふじかけながかつ》や、この時点では美濃国大垣に移されていた小吉秀勝の出兵は確認されるが、秀秋勢の出兵は確認できない。九歳の秀秋自身が出兵しないのは当然であろうが、大名として処遇されていれば、原則として軍役は賦課される。また、同年四月に秀吉が淀殿を小田原へ召し寄せた際、一柳《ひとつやなぎ》越後守（秀吉家臣）や草野次郎右衛門尉（隆景与力）とともに、秀秋の重臣とされる山口玄蕃頭《やまぐちげんばのかみ》が、日限の連絡を受けている（「松涛棹筆」）。山口は、小田原開城後の九月六日付けで作成された「山城国御蔵入所々目録」（京都大学法学部蔵）の宛所ともなっている。山口が管轄した地域は山城国周辺部を中心に多方面にわたっており、さらに、丹波国のうち桑田《くわだ》郡においても五千二百石余の直轄地を管轄している。これらの史料から、少なくとも天正十八年九月以前に、秀俊が亀山城主であった蓋然性は高くない。

亀山城跡（京都府亀岡市荒塚町）

天正十八年の五月十四日に秀吉が北政所へ発した書状（神奈川県立博物館蔵）にも「若君（鶴松）・大政所殿・五おひめ・きん五・そもじさま、息災の由、満足申し候」とあり、小田原攻め時の秀秋が北政所のそばに居たことは明白である。将来的に秀秋に期待されていた役割は鶴松の補佐であり、秀吉の後継者たる地位は失ったものの、後継者鶴松を支える一族大名として処遇されていたのである。

ところが、鶴松は天正十九年八月五日にわずか三歳で死没した。この年の十二月に秀吉は関白職を秀次に譲るのであるが、秀秋はそれに先立つ十月（あるいは十一月）に参議、さらに天正二十年（一五九二）一月には権中納言に任官した。遅くともこの頃には実名「秀俊」を称し、豊臣姓も賜っている（以下、「秀俊」と表記）。また、この叙任によって武家内における秀俊の序列は、秀長（天正十九年一月死没）の後継者秀保《ひでやす》（秀次・小吉秀勝の弟）に次ぐ二位となった（矢部二〇一一Ⓐ）。横田冬彦氏は、遅くとも秀長が死没した天正十九年一月には、秀俊は亀山へ入ったとしている（横田一九九〇）。

天正二十年になると、ようやく丹波亀山城主としての活動がみられるようになる。三月二十日付けで秀吉朱印目録（「田住孝氏所蔵文書」）が発給され、丹波国桑田郡一万石が「丹波中納言」に与えられている。この時点で「丹波中納言」と呼称されており、それ以前に亀岡城主になったと考えられる。それ以降、同年十一月には氷上《ひかみ》郡下村・三方村（兵庫県丹波市）、文禄三年には多喜郡（兵庫県篠山市）や舟井《ふない》郡横田村（京都府南丹市）における秀俊による知行宛行が確認され、石高は不明であるが、丹波国南部がその支配領域であった。

この時期の家臣として、右記の宛行を受給した栗本喜左衛門・村田平左衛門尉・太田九左衛門尉が確認されるが、栗本を除き出自は定かでない。栗本は天正十九年二月に、伊勢国において関一政《せきかずまさ》から知行を宛行われたが、天正二十年十一月には秀俊から知行を宛行われている（「栗本文書」）。これは、天正十九年半ばに関氏が奥州へ移封された際に随伴しなかったためであろう。そのほか、丹波国の土豪層で秀俊に仕えた者として、波部又右衛門が挙げられている（中野一九九四）。

山口玄蕃頭については、天正二十年五月十八日付け秀吉朱印状（「尊経閣《そんけいかく》文庫所蔵文書」）に「丹波中納言（秀俊）こなたへ召し寄すべく候条、用意せしめ、一左右相待つべく候、八月以前たるべく候、借米等の儀、山口かたへ仰せ遣わされ候、八月以前に召し寄せられ、高麗か名護屋《なごや》の御留守仰せ付けらるべき事」とある。また、同年十月二日付け丹波中納言宛て秀吉朱印覚書（「大阪城天守閣所蔵文書』）には「すべてのことについて、山口の意見に従いなさい」とある。これらの史料から、秀俊の補佐役として丹波亀山領支配も担っていたとみなされる。秀吉覚書のその他の内容は、学問・鷹狩り・行水・お歯黒・日課・服装など、日常の生活に関する訓戒であり、領内の経営に関する指示はまったくない。また、この時、秀俊は十一歳。城主とは名ばかりで、亀山城ではなく、京都に居たと考えられる。

なお、山口は秀秋重臣であることが明白な文禄二年、大友氏が改易された豊後国へ下向して検地を行っており（『島』）、秀秋重臣でありながら、豊臣政権奉行人としての性格も併せ持っており、与力的一面も有していた（中野一九九四）。したがって、先にみた桑田郡において豊臣政権直轄地以外に秀俊領が存在し、山口は秀秋家臣と直轄地代官を兼ねていた可能性もある。山口と同様に秀俊に付された与力として、松野重元《まつのしげもと》が挙げられる（中野一九九四）。松野は天正十九年四月二十七日付け秀吉朱印状（「松野文書」）で、丹波国多喜郡宮田・矢代（兵庫県篠山市）において三百石を宛行われており、秀吉に直結していた。このように、この時期の秀俊家臣団は秀吉から付された与力を中心に、他大名から転じた者、在地の土豪層などさまざまな出自を持つ者によって構成されていたのである。

秀頼の誕生

文禄二年三月、秀俊は秀吉が駐留する名護屋城（佐賀県唐津市）へ下向した。緒戦において勝利して朝鮮半島北部まで侵攻した日本軍は、この年に入ると後退していき、秀俊が下向する頃には漢城（現在のソウル）からの撤退を余儀なくされていた。そのため、秀吉は前田利家や蒲生氏郷《がもううじさと》、さらには徳川家康までも渡海させる計画を三月に立てているが（中野二〇〇六©）、秀俊の渡海は予定されていない。

前年五月時点における秀吉の構想では、秀吉自身の渡海にあわせて、秀俊が下向して留守居を務める計画であった（先にみた天正二十年五月十八日付け秀吉朱印状）が、秀吉の渡海延期に伴い、秀俊の下向も遅延していたのである。また、中国大陸制圧後の構想として「丹波中納言は九州に置かるべく候事」とあり、秀俊に九州が配分される予定であった点にも注目しておきたい。一方で、下向の差配も山口玄蕃頭が担っており、秀俊に当主としての実態は乏しかった。

文禄二年三月の秀俊下向は、秀吉の渡海計画を前提としたものと考えられ、秀俊の大陸侵攻計画における位置づけは変わっていない。なお、秀俊到着直後に秀吉が北政所へ発したとされる書状（「武家事紀古案」）については、原本を確認することができず、検討を要する。秀俊に「太閤隠居領分をとらせ候わんと存じ候」という内容は興味深いが、他の史料から、その事実を証することはできない。逆に、秀俊が名護屋へ下向した頃には、淀殿の懐妊が判明しており（福田二〇〇七）、この時点では胎児が男児か否かはわからないが、男児が生まれる可能性を念頭におく秀吉が、隠居分を秀俊に与えるとした点には信憑性に疑念が残る。

結局、文禄二年八月三日、淀殿は男児を出産した。「拾《ひろい》」、後の豊臣秀頼《ひでより》の誕生である。秀頼の誕生によって、秀俊の運命は大きく変わっていくのである。

秀俊入嗣の真相

秀俊が隆景の養子となることに決定したのは、文禄三年（一五九四）七月以前である。備後国人領主湯浅氏へ宛てた七月十二日付け隆景書状（「湯浅家文書」）に

「金吾殿、来る八月当地御下向について、広島より御合力として、普請衆仰せ付けられ候」とある。

文禄二年八月の秀頼誕生から一年も経たない時期であり、秀頼誕生と無縁とは考え難い。鶴松のケースでは、補佐役として一族に残されていた秀俊であったが、なぜ、秀頼のケースでは他家へ養子に出されたのであろうか。第一に、年齢差が考えられる。秀俊と鶴松は七歳差であるが、秀頼とは十三歳差。年齢差のみであれば、補佐役として適任ともいえる。しかし、これに秀吉の高齢化を加味すると、大きな問題が生じる。秀吉は天文六年（一五三七）生まれ。この当時、五十八歳。秀頼が十歳になる時点で六十六歳。その頃までに秀吉の命は尽きるかもしれない。秀頼が十歳の時、秀俊は二十三歳。まだまだ実力主義の風潮が色濃い社会を考えると、秀頼ではなく、秀俊に支持が集まる可能性も考えられる。秀吉としては、老年期に誕生した秀頼の将来に不安を感じ、その不安の芽を少しでも取り除こうとした。豊臣（羽柴）家の人間でなくなれば、後継者からは除外される。秀吉は秀俊を他大名へ入嗣させることで、秀頼の後継者としての座を安泰にしようと考えたのではなかろうか。

この秀俊入嗣に関して、有名な軍記『陰徳太平記』においては次のように叙述している。

秀吉は輝元に実子がなかったことから、秀俊を輝元の養子にしようと考えた。その意向を知った隆景が、秀俊の胡乱さでは毛利氏滅亡は必定と考えて、秀吉からの公式の打診がある前に、元就の四男元清の子秀元が養子として決定していることを秀吉に伝えた。このため、秀俊養子の件は沙汰やみになったが、この件によって秀吉の機嫌を損ねると、毛利氏にとって禍根になると考えた隆景が、

安国寺恵瓊（広島市・不動院蔵）

秀俊を小早川家の養子にすることによって、毛利氏の危機を救った。

この叙述に類似した史料も存在する。毛利輝元の出頭人《しゅっとうにん》的奉行人を務めた佐世元嘉が慶長十四年（一六〇九）に記した「佐世宗孚《そうふ》書案」（山口県文書館蔵）である。佐世は「宗瑞（輝元）には実子が無かったので、安国寺恵瓊が金吾様を養子に迎えたいと、国許には相談することなく、勝手に大坂で太閤様へ申し入れた。それを知った隆景が、急いで秀元（元就四男元清の子）を毛利氏の家督継承者にしようと、宗瑞へ提案して、秀元を養子にすることとなった」と記している。関ヶ原合戦から十年も経っていない時期であり、信憑性が高いようにみえるが、事実とは明らかに相違している。

名護屋へ下向する途中の天正二十年四月、秀吉が広島城へ立ち寄った際、秀元と対面した秀吉は「秀元は単に養育しているだけなのか、それとも、輝元の跡継ぎなのか」と尋ねた。そこで、同席していた施薬院全宗《やくいんぜんそう》（秀吉側近）が「跡継ぎです」と答え、恵瓊は「秀吉様のお考えどおりにすると、輝元・隆景は言っております」と言上した。すると秀吉は「よいことである」「毛利家のことについては口出ししないので、輝元がよいと思うのであれば、それでよい。輝元はまだ若いので、もし実子が生まれた場合、実子を跡継ぎに立て、秀元には相応しい知行を与えればよい」と言った。また、この決定について秀元が承諾したことを記した文書を秀吉に提出するように、という指示もあったという（『毛』）。したがって、秀元を輝元の後継者とすることは、天正二十年の時点で決定しており、それは秀吉が直接的に公認したものであった。証拠となる文書も作成されており、文禄三年になって、秀元を廃して秀俊を毛利氏後継者にすることは、秀吉であっても不可能に近い。

秀吉が広島を訪問した際の動向は、恵瓊とともに、佐世も連署した書状に記されたものであり、佐世は秀元養子の経緯には詳しかった。にもかかわらず、事実と矛盾した内容を「佐世宗孚書案」に記したのは、なぜなのか。関ヶ原合戦までは、輝元出頭人として、領国経営の中枢にあった佐世であったが、関ヶ原合戦後は、輝元の実子秀就の実母二ノ丸の兄である児玉元兼や、譜代家臣筆頭格の福原広俊、有力国人筆頭格の益田元祥《ますだもとよし》を輝元が重用するようになっていた。元兼・広俊・元祥らは、江戸や上方へ赴き、滞在することも多く、徳川政権との交渉に携わっているが、元嘉は基本的に在国しており、幕閣との親交は深くない。関ヶ原合戦後の防長減封の一因とされた伊予侵攻に佐世が深く関与していたことが、幕閣との親交に影響していると考えられ、そのような徳川政権との関係の浅さが元嘉の権限を制約していった。結局、慶長十三（一六〇八）年頃には、藩の要職である「当職」を退き、藩政の表舞台を去っている。「佐世宗孚書案」はその直後に記されたものであり、その時点における藩政に対する佐世の不満を反映した内容になっていることに留意しなければならない。佐世の意図を定かにすることは難しいが、故意に虚説を記したと考えられる。

続いて、この件に関する『黒田家譜《くろだかふ》』の叙述もみてみよう。

天正十九年に秀俊を輝元の養子とするという孝高の提議を聞いた隆景は、「毛利の家を他人に奪われたくない」と考えて、全宗に対して、隆景の養子に秀俊を迎えたいと申し出た。それを報告された秀吉はたいへん喜んだ。そこで隆景は、秀包は自分の養子分なので、筑後において別家を立てさせ、自分の養子には秀俊を迎えて国を譲り、隆景自身は中国地域に隠居したいと正式に申し出て、秀吉の了解を得たとする。そのことを知った恵瓊は、筑前国は中国地域同様に毛利氏の分国であるにもかかわらず、秀俊を養子に迎えると、事実上返上してしまうことになるとして、隆景の対応を批判した。すると隆景は「私が日頃から懸念していることは、毛利氏の分国が八ヶ国で、その上、筑前国を私が拝領して、あわせて九ヶ国となってしまったことである。これは毛利家には多すぎて、毛利家の災いになるのではないかと思っている。そこで、筑前国を毛利氏一族に譲らずに、秀俊に譲ることにしたのである。秀吉が毛利氏から国を奪おうと思っても、その種がなければ奪われることもない」と述べた。

恵瓊の浅はかさを強調するために、隆景の深謀遠慮を叙述するという、『陰徳太平記』や『黒田家譜』においてしばしば用いられる手法である。

これまでにみてきたように、天正十九年に鶴松が死没するまでの秀俊は、鶴松を支える一族大名として期待されており、豊臣一族から離脱させるという考えを秀吉が持っていたとは思えない。鶴松が死没して、秀次が後継者になると、秀俊は序列を上昇させて、秀保と並ぶ一族大名としての地位を確立している。したがって、この時期に毛利家への秀俊入嗣問題があったとは考えられない。

そうすると、秀俊の養子問題は、文禄二年の秀頼誕生後に惹起したと考えられ、すでに後継者として秀元が公認されている毛利氏の養子ではあり得ない。当初から、隆景は自分の養子として秀俊を迎えようとしたのである。その契機を孝高が作った可能性は否定できない。孝高は毛利・羽柴講和交渉以来、毛利氏との窓口として活動していたが、文禄二年頃から、その役割を石田三成・増田《ました》長盛《ながもり》に奪われようとしていた。同じ九州地域の大名として、隆景ときわめて親密な孝高が、自らの存在価値を高めるために、養子問題を持ちかけたのかもしれない。

しかし、孝高の意図とは別に、そもそも隆景自身、北部九州の所領には固執していなかった。確かに、筑前国は元就が大内氏の継承者として手に入れようと努力した地であり、隆景も大友氏との争いに出兵した場所である。元就の宿願を果たすという意味では、筑前国を手放すことには忸怩たる思いもあったかもしれない。しかし、先にみたように、北部九州移封の段階で、隆景は豊臣政権の「公領」を「代官」として預かるという形態に拘っていた。北部九州の国主となったことはあくまでも一時的なものという認識で、最終的には毛利氏領国へ復帰して、輝元の補弼に専念したいと考えていた。さらに、秀吉の企図した大陸侵攻はおろか、朝鮮制圧さえも困難であるという状況がみえており、行き過ぎた領土への欲望がもたらす弊害を隆景は再認識していたのではなかろうか。

そのうえ、秀頼の誕生によって豊臣政権の混乱も予想され、毛利家を守り抜くという元就の遺訓を果たすためには、毛利氏領国へ帰ることが最善の方法と隆景は考えた。秀俊の処遇に困っている秀吉に恩を売ることによって、毛利氏の安泰を確実にすることができるとの狙いもあったと考えられる。秀俊入嗣は隆景自身の当初からの予定に加えて、九州に秀俊を置くという秀吉の構想を実現したものといえよう。

2　豊臣政権における隆景

博多代官

博多は古代から中国大陸、東アジアと日本とを結ぶ結節点の港湾都市として繁栄してきた（大庭二〇一一、伊藤二〇一三）。ところが、大内氏滅亡を経て、秀吉による九州国分が実施される頃の博多は戦乱により荒廃していたとされる。天正十五年に比定される安国寺恵瓊・大谷吉継・石田三成書状写（「原文書」）に「このたび御諚めにより、博多再興の儀について、かの町人還住の輩、いずれの分領これあるといえども、諸役免除らるべき旨、仰せ出され候」とあり、島津氏を降伏させた秀吉が最優先課題の一つとして、博多の再興を掲げ、そのために戦乱を避けるために避難していた博多町人の還住を推進したことが判明する。

ただし、都市機能が完全に停止するほどの荒廃であったとは考えられず、町人の避難も、島津氏の北上・島津討伐軍の下向に伴う一時的なものであったと推測される。「再興」というのは、博多を「唐入り」の拠点基地にしようとしていた秀吉が、中世自治都市博多の既得権を否定し、豊臣政権の統制下に置くための、一種のレトリックだったのではなかろうか。

豊臣政権の統制下というものの、その具体的な方法については、数通りが想定される。(1)筑前と筑後・肥前の一部は隆景領とするが、その領内にある博多は豊臣直轄地とする。(2)博多も隆景領とする。さらに、(1)と(2)の折衷であるが、(3)博多は豊臣直轄地とするが、隆景を代官として統治を委任する。

天正十五年半ばまでは、博多津に関する「定」を秀吉朱印状で発布（「櫛田《くしだ》神社文書」）、秀吉が直接、博多を視察して町割りを指示（『宗湛日記』）など、豊臣政権の直轄地であることを窺わせる史料が存する一方で、秀吉から毛利輝元に対して「博多町中改め、先々のごとく相立つべき旨仰せ付けられ候事」（「中村家文書」）と指示されていることから、博多再興を毛利氏に委ねる意向であったともみえる。これらの史料について、中野等氏は、筑前や博多をどのような支配体制に置くか最終的な決定を見ていなかったことを反映するものとしている（中野二〇一三）。

天正十五年後半になると、隆景による統治を示す史料がみられるようになる。九月二十四日付け井上春忠書状写（「聖福寺文書」）には「形のごとくも博多の儀成り立ち候のように仰せ付けたきとの御心中ゆえ、京都の置目少し相甘じられ、御裁許なされ候」「不入の儀は、関白様（秀吉）御代には日本にこれなく候、その御分別肝要候」とある。前者の「京都」は豊臣政権、「御裁許」を行ったのは隆景と考えられる。この史料について本多博之氏は、豊臣政権の政策が隆景によって若干緩やかに裁定されたものの、中世的な寺社領の性格を否定する秀吉の理念でもって、隆景が領国支配に望んだことを示すものとする（本多一九九六Ⓒ）。

その後も、天正十七年に比定される二月二十日付け神屋宗湛《かみやそうたん》宛て隆景書状（「嶋井家資料」）に「博多家作りの儀につき、先度も申し下し候、少々相調えるべく肝要候、幸い、宗室下りの儀候間、いよいよ申し含め候、談合あるべく候」、同年十一月二十二日付け宗湛・小山田寿才宛て隆景書状写（「神屋文書」）に「名嶋・博多両町家でき候ように心づかい専一候」、天正二十年に比定される七月十七日付け宗湛宛て隆景書状写（「神屋文書」）に「そこもと何篇、手市（手嶋景繁）相尋ね、博多町中の儀ども油断あるべからず候」、文禄二年に比定される三月二十二日付け宗室・宗湛宛て隆景書状（「嶋井家資料」）に「津内の蔵ことごとく明け置き、御米積ませらるの由、寺沢殿（正成《まさなり》、秀吉家臣）をもって仰せ出だされ候条、その意を得、裁判肝要候」など、隆景が豪商神屋宗湛・島井宗室らを通して、博多の統治を差配している状況が窺える。

一方で、文禄二年一月には、秀吉朱印状で博多津に対する「定」が発布されている（「櫛田神社文書」）。

このような状況について本多博之氏は、博多は豊臣政権の準直轄領的性格を持つ地域であり、隆景はその代官的存在であったとする（本多一九九六ⓒ）。また中野等氏は、博多は豊臣直轄地であり、隆景はその直轄地の支配を代官として委ねられたものとする（中野二〇一三）。

卑見を述べると、そもそも隆景は、北部九州の所領自体が豊臣政権の「公領」であり、それを「代官」として預かったという認識であった。実態的には博多以外の所領支配に中央政府が細かく介入することはなく、隆景固有の支配が展開しているが、博多については、天正十五年半ば以降も秀吉の直接的指示がみられる。都市博多は隆景領の一部であるが、豊臣直轄地的な色彩がきわめて強かったといえよう。また、その統治は、神屋・島井を中心とした秀吉や隆景にも直接繋がる御用商人的な町人を中心とする自治を基本とし、隆景の命を受けた手嶋景繁・横見道貞（「嶋井家資料」）・宗近長勝・高尾盛吉・弘中景輔（「神屋文書」）らによって担われていたのである（本多一九九三）。

「隠居」地三原城の築城

文禄三年に秀俊を養子として迎えた隆景は、翌文禄四年に北部九州の所領を秀俊に譲った。この出来事をもって、隆景は家督を秀俊に譲って隠居したとするのが通説である。これに対して矢部健太郎氏は、家督引退後は羽柴名字を称する権利を失うとした堀越祐一氏の見解（堀越二〇〇三）を引用して、文禄五年（一五九六）九月、隆景が「羽柴三原中納言」と呼ばれている（『小』）ことから、隆景がこれ以降に隠居した可能性を示唆された（矢部二〇〇八）。

矢部氏の指摘は卓見である。第六章において詳しくみていくが、隆景遺臣のうち、毛利氏系・旧小早川家系のほとんどが秀俊に仕えることなく、引き続き隆景に仕えている。秀俊に仕えたのは、天正十年以降に毛利氏・小早川氏に家臣化した者であり、麻生・星野・問注所といった北部九州の国人が隆景の「与力」とみなされていたことからもわかるように、豊臣政権に直結する側面も残していた。したがって、秀俊が継承したのは、北部九州における豊臣政権の「公領」（直轄地）的性格を持った隆景領と、豊臣政権に直結する側面を残していた家臣であった。名島《なじま》城主としての地位は譲ったが、小早川家の家督を譲ったわけではない。この時点で、小早川氏は隆景を当主とする毛利系小早川氏と、秀俊を当主とする豊臣系小早川氏に分裂したと評価すべきである。

秀俊が名島を居城とし「筑前中納言」と呼ばれた一方で、隆景は「三原中納言」と呼ばれており、居城を三原（広島県三原市）に置いた。

沼田小早川家を継承した隆景が居城としていたのは妻高山城、後に新高山城を築造して、これに移った。新高山城は「仏通禅寺住持記」によると、天文二十一年（一五五二）六月に普請を開始し、その月のうちに隆景が入城したとされる。隆景の妻高山入城から約八ヶ月後のことであり、現実的に新高山城が機能し始めるのはもう少し後のことと考えられるが、天正九年（一五八一）の「村山檀那帳」においても、隆景や妻問田大方は「高山」に居住しており、少なくともこの時点までは新高山城が隆景の居城であった。

一方で、三原城が史料に姿を現すのは、天文二十二年とされてきた。三月十五日付け毛利隆元書状写（『閥』）に「（八幡原）六郎右衛門尉事、隆景に対し遣わし置き、三原要害在番申し付け候」とある。しかし、近年の研究では、「三原要害」は現在の三原城の背後に位置する「桜山城」を指すと考えられている（木村一九九〇、本多二〇〇八）。

三原要害の在番として毛利氏から派遣された八幡原六郎右衛門尉はその後も隆景家中に残留し、天正九年の檀那帳においては六郎右衛門尉を指すと考えられる「八幡原」が「三原」に居屋敷を有している。また、それ以外に三原に居屋敷を有するのは「（八幡原）大かみさま」や元直子と考えられる八幡原孫兵衛尉のほか、国広三郎兵衛尉、岩城屋彦右衛門尉である。これに対して高山には、隆景家族のほか、桂景種、粟屋盛忠・景雄、真田与三右衛門尉、岡景忠、横見助右衛門、井上春忠・景貞《かげさだ》、飯田尊継、磯兼景道、裳懸采女、手嶋景繁などの奉行人層が居屋敷を有しており、桂・粟屋・井上といった奉行人筆頭層は妻子も居住している。この時点における小早川氏の本拠が高山であったことは明白であるが、三原にも在番を務める八幡原家以外に、「岩城屋」を称する武士的商人が屋敷を有しており、ある程度の町が形成されていたと考えられる。

また、永禄十一年（一五六八）に伊予へ向けて進発する小早川・毛利勢は「鞆・笠岡・尾道・三原・忠海・高崎・竹原津々浦々出船」とされており（『閥』）、それ以前における小早川氏領内の主要な港であった忠海・高崎・竹原と並び、三原が港として発展してきた状況を窺わせる。

さらに、対織田戦争期になると、三原は東方面への出撃拠点として機能している。その際、隆景は磯兼景道に対して「来る十二日、三原に至り出張候間、同日にかの津へことごとく相揃うべきの由、諸警固衆へ相触れらるべく候」（「譜録」三月六日付け隆景書状写）と指示している。隆景自身が三原へ赴くと認識していることからも、三原が本拠ではなかったことを窺わせる。

対織田戦争が終結する頃になると、三原に本拠を移す動きがみられるようになる。たとえば、天正十一年に比定される三月三日付け隆景書状写（『閥』）には「三原屋敷配り申し付け、下向候間、定て、このごろは五間三間ずつも立つべく候や、両三人（磯兼景道・飯田尊継・粟屋盛忠）輪番に仕られ、五日に一度見廻られ候て、坪泉（坪井元貞）申し談じられ、家々出目入目これなきように小路、直に申し付けらるべく候」とあり、三原において屋敷の配分、路地の整備を進めている状況が確認される。

このような三原城下町の整備が概成したことを示す史料として、十二月六日付け乃美三郎兵衛（景興の子元興とされるが、元興は天正十四年に「少輔十郎」を称しており、その前世代と推測される）宛て隆景書

三原城跡（広島県三原市城町）

状写（「譜録」）が挙げられる。そこには「高山より移られ候事、去る二日、相調えの由各所より申し下し候、来る正月二十日を限り、渡し置き候屋敷へ陣屋開き候躰にて、まずもって女房衆相移られ御在宅肝要候」とある。これを伝達したのは、城下町の整備を指揮していた三人のうち、磯兼・粟屋と、奉行人筆頭格の井上春忠・鵜飼元辰であり、この書状は天正十一年に比定される。城下町の概成に伴い、家臣女房衆は天正十二年一月までに三原へ移住することとされたのである。おそらく、隆景自身もこの頃に、新高山城から三原城に移ったと考えられる。これ以降、隆景の居城は三原となった。

とはいえ、天正十三年に伊予へ、天正十五年には北部九州へ移封されたうえ、豊臣政権の命に基づく軍事行動（長宗我部攻め、島津攻め、小田原攻め、朝鮮侵略）に参加し、さらに、毛利氏宿老として吉田へ赴くほか、上洛する機会も多かった（中野二〇一一）隆景が、三原に腰を据える時間は多くなかった。

「隠居」地三原と「隠居」領

文禄四年（一五九五）九月に秀俊を名島へ迎えた隆景は、十一月十五日、国貞景氏に対して「門・矢倉の事、太略才木取り合わせ候て、年内仕立てるべきの由肝要候、この間の柱など不足の由申し下し候間、ふくみに心得候ところ祝着候」「門・矢倉ふりの儀は、ただ今の姿に相背き候てはいかがの事にて候間、見合わせ、今の姿によきよう、申し付くべく候事」「来月十日ころには、我々もしかと上着たるべく候」「来年よりは何篇、先年高山の趣たるべきの条、たまり所など入るべく候、これも包二（包久景相《かねひさ》）と談合候て、いづれなりとも一間見合わせ候わん事、然るべく候」と命じている（『閥』）。指示の内容は、十二月頃に隆景が三原へ到着するので、それに合わせて、三原城の門・矢倉の普請が進めること、門・矢倉は中世的なものではなく、大坂城や聚楽第・伏見城など当時の最先端の様式で建築すること、家臣の駐留所（「たまり所」）も整備すること、などであるが、「先年高山の趣」とあり、最盛期の新高山城に比べて、これ以前の三原城の整備が十分でなかったことを窺わせる。

その後も、国貞に対する指示は続き、十一月二十二日付け書状には「そこもと作事油断なきの由、辛労候、いよいよ差し急ぐべく候、二十五・六日には上着たるべく候条、居候所の儀でき候ようにありたく候」（『閥』）とあり、隆景の三原到着予定が十一月二十五・六日に早まったこと、隆景の三原移住に備えて、隆景居屋敷の整備が進められていたことが判明する。結局、隆景の到着は十二月になったようであるが、これ以降、さらに三原およびその周辺の整備は進められていった。

たとえば、文禄五年に比定される四月三日付け包久・国貞宛て隆景書状写（『閥』）には「橋普請申し付け相渡すべく候、国神左（国貞景氏）奥方隙明けの由候間、奉行候て申し付くべく候、橋板の儀は先度もありまし儀定候、瀬戸の安宅ほどかせ候て、用いるべく候、少し手間入り候えども、ただ今新しく板嘆息候わんより、古舟然るべく候、古釘以下そのほか検使念を入るべく候、橋の好み以下は別条なく候、う新（鵜飼元辰）・井五兵（井上景貞）以下そっと見合わせ、神左（国貞）談合候て相企てるべく候、差し急ぐ事肝要候」とある。これは隆景が庇護した仏通寺の普請に関するものと考えられるが、隆景が普請の方法なども細かく指示している。三原を自らの本拠に相応しい地にしようという隆景の意気込みが伝わってくる。

筑前国においても隆景領は残された。文禄四年十二月一日付け秀吉朱印状（『小』）によると、石高は鞍手《くらて》・宗像・御牧郡において計五万百五十石である。しかし、文禄五年に比定される四月二十五日付け隆景箇条（「千葉家文書」）をみると、当初は宗像・穂波二郡とされていた隆景領が、翌年に変更され、秀吉朱印状は日付を遡ったものであることが判明する。その箇条には、年貢の収納や博多への貸し付け米の処理、秀俊への返米などに関する隆景の指示が列挙されているほか、宛所である高尾盛吉・横見道貞・宗近長勝に対して、当座は吉木・手野（御牧郡）に居住し、秋に正式な居所を知らせるとしており、この三人に筑前国内における隆景領の管理を担わせたことが判明する。そのほか、箇条の伝来から、神保源右衛門尉も筑前に留まったと推測されている（本多一九九三）。

筑前国内の隆景領については、秀俊へ譲渡した北部九州に位置するものの、初期の返納米の処理に関して、山口玄蕃頭や蒔田次郎兵衛との協議が必要とされていることを除き、秀俊権力の統制下にはなく（本多一九九六Ⓐ）、隆景独自の所領であった。ゆえに、箇条に「三原詰夫の儀、委細包二兵（包久景相）所より申し下す事」とあるように、筑前国内から徴収した人夫などが三原に詰めることも予定されており、それを統括するのは三原において奉行職を務める包久景相であった。このような隆景による筑前国の一部の支配は、隆景死没まで存続したのである。

「大老」隆景

隆景は豊臣政権「五大老」の一人とされてきた。たとえば、『日本大百科全書（ニッポニカ）』の「五大老」の項には、次のような説明が記されている（一部、本書の記載様式に統一）。

文禄四年八月、豊臣秀吉は、死後の政局の安定と幼少の秀頼の補佐を図り、徳川家康、前田利家、毛利輝元、小早川隆景、宇喜多秀家の五人を政治上の最高顧問に委嘱し後事を託した。慶長二年隆景の死後、上杉景勝が任ぜられた。

文禄四年八月に隆景ら五名が「大老」に任じられたとする見解は、関白秀次失脚事件の直後に提出された大名起請文について、五名を除く大名らが連署しているのに対して、利家・秀家は単独、家康・輝元・隆景は三名連署となっており（『木下家文書』『毛』）、明確な差別化がみられることに加え、八月三日付けの「御掟」が五名連署であること（『大日本古文書　家わけ第二　浅野家文書』、以下『浅』）、を根拠とする。一方で、「掟書」と同じ八月三日付けの「御掟追加」には、五名に加えて上杉景勝も連署しており（『浅』）、隆景の死没後に景勝が「五大老」になったとする見解は否定される。「御掟」に景勝が連署していないのは、景勝の上洛が八月四日だったためであり、逆に「御掟追加」の日付は遡及されたものである（矢部二〇一一Ⓑ）。

近年の研究においても、「御掟」や「御掟追加」の発布により、大老制（景勝も含む「六大老」制）が明確な形をもって出現し、「六大老」が秀吉のもとで公儀を構成し、法の制定・執行、政務の統轄を合議により執り行うという形ができたといった（池上二〇〇二）「文禄四年を五大老の萌芽と捉える見方が主流となっている」とされる（堀越二〇一四）。これに対して堀越祐一氏は、慶長三年七月以前に五大老が何らかの形で存在したという形跡が史料の上からはまったくと言ってよいほど窺えないことから、五大老は秀吉の死が眼前に迫って初めて成立したとしている。少なくとも、隆景が「大老」という名称の職に任じられた事実は確認できない。

一方で、堀越氏も引用した家康・輝元・隆景連署起請文には「東国における法などの規則については、公正・公平に、家康が申し付け、西国については、輝元と隆景が申し付けること」とあり、秀次事件後の豊臣政権における隆景の位置づけを物語る。この文言について堀越氏は、豊臣政権が定めた掟を遵守させる強制力、掟に背く者が現れた時には、それを処罰しうる権限を与えられたと考えることもできる、としている。また跡部信氏は、起請文の文言について比較考察し、家康・輝元・隆景ら外様有力大名は、他の政権中枢メンバーから相談をかけられ、「異見」する顧問的な立場であるとし、それ以前（朝鮮渡海中の文禄二年）から秀吉は隆景に「異見」する役割（「若者どもにも異見せしめ、おもしにもなられ候ようにと思し召し候」「その方においてもおのおのへ異見あるべく候」（『小』））を期待していたとする（跡部二〇一六）。そして、秀吉がこの時期に隆景らを顧問的な立場につけたのは、秀次事件によって豊臣一族大名や秀吉側近奉行衆の権威が大きく揺らいだことから、隆景ら有力外様大名の後見を制度化して、政権の立て直しを図るためであるとする。

外様大名に限定しても、領知石高の面では、上杉氏のほか、伊達氏・佐竹《さたけ》氏・島津氏に劣っており、かつ、「御掟」などが発布された頃には、秀俊へ北部九州の所領を継承させることが内定していたと考えられる。そのような隆景が、最大の石高を領有する大名である家康と並んで顧問的な立場についたことについて、跡部氏は、秀吉の目からみても世人がみても、政権中枢メンバーのなかで最高の「分別」をもっていたのが家康と隆景であったためとする。

また、秀俊を養子とする以前の隆景は、家康（従二位・権大納言）や輝元（従四位下・参議）のような「清華成」大名ではなく、「公家成」大名に過ぎなかった（従五位下、侍従）。一方で、秀俊は縁組時には従三位・権中納言で、すでに「清花衆」であった。「清花衆」である秀俊が「公家成」大名家の小早川氏に入嗣すると、家格差の問題が生じる。このため、小早川家を「清華成」させる必要が生じた。そこで、隆景は文禄四年一月に参議に任官、文禄五年二月頃に中納言任官裁許があり、同年五月に「清華成」することとなった。ただし、従三位・中納言口宣案発給の日付は文禄四年八月六日に遡及されたものである（矢部二〇〇八）。

以上のような矢部氏の見解はおおむね首肯できると考えるが、家康・輝元と連署した起請文の時点における隆景は、家康や輝元とは異なり「公家成」大名であり、秀俊との縁組時、秀俊の北部九州所領の継承時においても、小早川家が「公家成」大名であったことになる点については、どのように評価すべきであろうか。近い将来の家格上昇を前提としたものと考えられるが、家格が劣るにもかかわらず、顧問的な立場に抜擢されたことは、秀吉の隆景への信頼を示すものといえよう。

ただし、堀越氏の指摘する通り、秀吉より前に死没した隆景が法の制定・執行、政務の統轄を合議により執り行っていたとは考え難い。その役割は、相談に対する「異見」といった受動的なものに限定されていたと推測される。「大老」隆景は存在しなかったのである。

第六章　秀俊から秀秋へ

1　隆景死没以前の秀俊

秀俊の婚姻

先にみた文禄三年（一五九四）七月十二日付け隆景書状によると、下向してくる秀俊を迎えるために、毛利氏からも助力を得て、隆景は普請を行っていた。「当地御下向」の「当地」がどこかは明記されていないが、備後国人領主湯浅氏に人夫の供出を依頼していることから推測すると、三原である蓋然性が高い。秀吉の養子であった秀俊を迎えるに相応しい御殿の造営を進めていた隆景であったが、秀俊の下向日程はなかなか決まらなかった。九月二日付け隆景書状写（「譜録」）に「中納言殿（秀俊）御下り候事、安殿（安国寺恵瓊）、増右（増田長盛）・石治（石田三成）・山玄（山口玄蕃頭）相伺われ、霜月まで差し延べらるべきに相定め候や、ただし、又、今月に御下向これあるべく候や、かの申さる様子この返事に早々承るべく候、今月御下りに相定め候わば、きっと御迎え上せ申すべく候」とある。長盛と三成はこの時点における対毛利氏一門取次役を務めており、恵瓊が長盛・三成・山口の三名と調整していた。

結局、隆景の得た情報の通り、秀俊の下向は十一月となった。十月一日付け桂景種宛て隆景書状写（「神屋文書」）において、隆景は名島に居たと考えられる景種に対して、博多の豪商神屋宗湛や島井宗室ら「博多の年寄」全員を、十月二十日までに三原に到着させるように命じている。一方で、「中納言殿名嶋御下向年内は相延べ候」とあり、秀俊の名島への下向は延期された。なぜ、秀俊の領国への下向が実施されなかったのか。秀俊は隆景の後継者に決定したものの、所領継承の日程は決まっておらず、領国入りは所領継承に合わせた方がよいという判断だったのではなかろうか。しかし、筑前国の次期支配者として、博多年寄衆との顔合わせが必要であるため、年寄衆らは呼び寄せられた。

このようにして、多くの列席者のもと、十一月十三日から二十五日まで（秀俊は二十四日に帰京）、十三日もの間、秀俊を迎える祝宴が三原で行われた。この祝宴における最大の行事は十六日に実施された「御かみさま御もうけ」（『小』）の宴である。これは、秀俊と輝元養女との婚姻の宴を指す。輝元養女となったのは、隆景の同母姉五龍と宍戸隆家との間の嫡子宍戸元秀《もとひで》の娘である（以下、「長寿院」と表記）。秀俊が隆景の養子に決定した時期は文禄三年七月以前であるが、秀俊と長寿院との縁組、あるいは長寿院が輝元養女となった時期について、隠居した宍戸元秀とともに長寿院が居住していたと考えられる安芸国井原（広島市安佐北区）において「ととのえ」が行われていること（「譜録」）から、西尾和美氏は同年六月頃と推測している（西尾二〇一二）。

日付を欠いているが、輝元は長寿院に対して、秀俊の妻としての心得えを説いた（「教行寺文書」抜粋、西尾二〇一〇参照）。

一、どのようにしても穏やかな気立てを持とうと、そのことのみを考えて、優れた人のように振る舞うばかりではどうでしょうか。中納言（秀俊）殿がお出での際には、よい表情を心がけて、柔らかに重々しくないようにあるべきこと。

一、中納言殿がおっしゃる通りにお心を持って、少しでも、一時的にでも、逆らってはいけません。この気持ちが最も重要です。

一、他大名の女房衆が来られた時も、優れたその場に適した言葉をかけられ、柔らかに会釈すること。

一、当然のことですが、中納言殿を大切に思われ、その気持ちが最も重要です。中納言殿は利口な方です。なおさらのろのろしたことはお嫌いでしょう。そのことを心掛けること。

一、表面的にはぼうっとした感じで、心底は注意を怠らないように心がけること。

一、当然のことですが、用事がある場合には、こちらへ言ってください。どのようにしてでも整えます。

一、あなたの心掛けによって、中国（毛利氏）の名声が高まりますので、そのことを心得ることが非常に重要です。

注目すべき点として、秀俊を「利口者」と記したことが挙げられる。これは、長寿院の夫としての儀礼的な評価ではなく、秀俊との交流を通じた輝元自身の認識であると考えられる。一方で、長寿院に対して「ふくさに」(柔らかに)という心得が与えられており、地方武家の娘として育った長寿院と、上方において公家文化にも触れながら育った秀俊との性格の違いが示唆されている。また、十二月二十日付け吉川広家宛て木下吉隆(豊臣政権奉行人)書状(『吉』)に「小早川殿御養子に丹波中納言殿仰せ合わされ、殊に、輝元様御縁に候て、中国いよいよ御落ち着きにて候条、御心やすかるべく候」とあり、秀俊と長寿院との婚姻は豊臣政権内における毛利氏の安泰にも繋がるものであった。

長寿院との婚姻後、秀俊は「筑前中納言」と称されるようになったが、実際には上方に居住しており、名島城主は隆景であった。所領も継承していない。一方で、文禄三年に比定される十二月二十日付け秀吉朱印状(『吉』)には「明後年、関白殿(豊臣秀次)まず名護屋まで同座」に伴い、宇喜多秀家とともに「渡海せしめ、てだての儀仰せ付けらるべく候」とあり、文禄四年一月には五番手として、輝元や隆景とともに渡海することとされた(「高麗国動御人数帳」、『島』)。ただし、輝元や隆景の兵力は「高麗国動御人数帳」に明記されているが、秀俊の兵力は記されておらず、この時点における秀俊が、小早川氏の兵を率いる指揮官とされていなかったことを窺わせる。

さらに、文禄四年七月に発生した豊臣秀次失脚事件の際、「民法(前田玄以《げんい》)は公家・門跡・諸五山これ申次ように申し候、丹波国仰せ付けられ候とて、亀山城守治定候、金吾は小早川に預けられ候、十人扶持などと申し候」(「古文書纂」)という噂が流れており、この時点まで秀俊は亀山城主であった。

前年に隆景の養子となったものの、所領継承の時期は定まっておらず、秀俊は依然として豊臣一門として処遇されていた。しかし、自らの健康不安を自覚した秀吉は、愛児秀頼への安定的な権力承継を願い、秀俊を早急に豊臣一門から正式に離脱させ、秀吉後継候補の芽を完全に摘もうと考えていた。このため、秀次事件に連座して、隆景の下へ追放されるという風聞が流れたのであろう。

実際に八月半ばには、前田玄以が亀山城主となっており（『兼見卿記』）、秀俊は秀次失脚事件時に丹波亀山領を失った。しかし、それは少なくとも表面的には連座による追放ではなく、隆景の北部九州における所領を継承して名島城主となることに伴う措置であった。八月五日付け神屋宗湛宛て隆景書状（「神屋文書」）に「このたび中納言殿（秀俊）御供申し、そこもと下向候、然れば、三原に至り御迎船、津内より馳走遂ぐべく候、ならびに御供衆宿所の用意候、名嶋町屋取り繕い候儀、これまた緩せあるべからず候」「中納言殿初めて御下向の儀候間、年寄ども相談じ、何篇馳走遂ぐべく事」とある。また、八月七日付け石田三成書状（「大阪城天守閣所蔵文書」）には「京都の儀別条なく、早速相静まり候」「中納言殿近日御下りに候」とある。これらの史料から、秀俊の名島下向が急遽決定したこと、秀次失脚事件が下向の契機となったことが窺える。当初の秀俊への所領譲渡予定時期がいつ頃だったのか定かでないが、秀次失脚事件により早まったといえよう。

八月二十三日付け隆景書状（「立花家文書」）によると、秀俊は九月十三日に大坂を出立して、十八〜十九日頃、三原へ到着、そこから隆景とともに名島へ向かう予定であった。実際に名島へ到着したのは、九月十八日付け隆景書状写（「旧記雑録附録」）に「中納言殿御供申し、一両日以前下着いたし

名島城跡（福岡市東区名島）

候」とあり、九月十六日前後である。また、名島における滞在日数は当初十日程度を予定していたが（「嶋井家資料」）、その後、「来月（十月）中旬には中納言殿も、まずもって御上洛たるべく候」（「旧記雑録附録」）と変更され、一ヶ月程度の滞在となった。

いずれにせよ、名島城主となった後も、秀俊は主として上方に居住することとなっており、自ら領国の統治を差配することはなく、重臣山口玄蕃頭が統治の中心にあった。一方で、筑後衆（立花、高橋など）に対して、三原まで「御迎えがてら」使者を派遣し、大名本人は名島で挨拶するようにという増田長盛・石田三成の意向が隆景を通じて伝えられており（「立花家文書」）、秀俊の行動は単なる下向ではなく、北部九州の所領に加えて、筑後衆を統括する権限も秀俊が継承したことを可視化しようとしたものであり、豊臣政権による北部九州のより直接的な統治の開始を告げるものであった。

名島城主第一期の家臣団

文禄四年十二月一日付けで秀俊の知行宛行状や知行目録が一斉発給されているが、実際には玄蕃検地が完了した翌年三月頃に、秀俊の支配領域が確定したと考えられる（宛行状などの日付は遡及）。また、秀俊の支配領域は単に隆景領をそのまま継承したのではなく、筑後国内を中心に、かなりの領域変動を伴うものであった（中野一九九六、二〇〇一）。立花氏を除く筑後諸大名は検地に伴う出米分を収公され、そのうち、秀包領の御井郡の一部、御原郡が秀俊領とされた一方で、肥前国養夫郡半分を鍋島領へ割譲している（「鍋島家文書」）。先にみたように、筑前国内には隆景領として五万石が設けられており、純粋な秀俊領が大幅に拡大したとは断定できない。しかし、隆景と同等程度の大大名になったことは明白で、その意味では栄転であった。

また、国人領主層、隆景旧臣層、秀俊直臣層のいずれにおいても、原則として、秀吉朱印が添えられている。このことは、当主は秀俊であるものの、秀俊領が豊臣政権の直轄地的一面をも持つものであったことを示している。また、文禄五年にようやく十五歳を迎えた秀俊による宛行のみでは給人層にとっては十分でなく、秀吉による保証を必要としたことも窺える。

次に、知行宛行状などからみえるこの時期の秀俊家臣団の構造をみていこう。

次頁の表2が現時点で確認できた知行宛行状などの一覧である。秀俊家臣団の全容を示すものではないが、第二次朝鮮侵略の際（慶長三年（一五九八））の西生浦倭城《そせんぽわじょう》における在番人数帳（「清水家文書」「村上文書」、表3）もあわせてみると、その特徴として、次の点が挙げられる。

隆景期の家臣のうち、引き続き秀俊領内において給地を与えられたのは、主として、(1)毛利・羽柴講和による国境画定の結果、本領を失った美作・備中の領主層、(2)村上水軍の庶流、(3)北部九州の領主層、で、小早川氏の一族・譜代層は皆無である。毛利・羽柴講和以前からの隆景家臣のうち、秀俊家臣として確認されるのは、出雲国人領主であった神西氏のほか、新参の鵜飼元辰の一族と考えられる鵜飼彦三郎のみである。伊予国主期に隆景家臣となっていた河野氏旧臣層も含まれていない。隆景

表2　文禄4年知行宛行一覧

		郡	石高	出自
給　人				
	麻生甚吉	御井・生葉	4600	筑前
	村上三郎兵衛尉	御井・御原	3100	能島村上
	清水五郎左衛門尉	御井・御原	2600	備中
	村上助右衛門尉	御井・御原	2600	伊予
	星野九左衛門尉	御井・御原	2100	豊前
	草苅太郎左衛門尉	御井・御原	2000	美作
	杉助右衛門尉	御井・生葉	1900	大内
	問注所小兵衛尉	御井・御原	1600	筑後
	中島治右衛門尉	生葉	1400	備中
	同上	生葉・竹野	450	
	深野平右衛門	生葉	1100	大内
	長崎弥左衛門	下座	750	秀俊
	小田村彦四郎	竹野	600	豊前
	国司土佐守	嘉摩	600	毛利
	堀田初左衛門尉	下座	600	秀俊
	林三郎右衛門尉	竹野	350	備中
	清水与右衛門尉	生葉	300	備中
	樋口越前守	竹野	150	筑後
	金子平三郎	竹野	100	
	神屋宗湛	竹野	100	博多町人
	小金丸式部丞	竹野	100	筑前
	大丸藤右衛門尉	竹野	100	筑前
	筑前中納言女中	怡土	1000	長寿院
蔵入代官				
	栗本喜左衛門尉	那珂	5367	秀俊
	村上三郎兵衛尉	那珂	2857	能島村上
	村上助右衛門尉	糟屋	2976	伊予
	堀田初左衛門尉	怡土	3200	秀俊

注1）石高は端数を切り捨て（以下，表はすべて同）。
2）長崎は播磨150石，堀田は播磨100石，長寿院は播磨2000石を別に知行。

の九州移封後に戸田勝隆《とだかつたか》家臣となった曽祢氏のみ、戸田氏の断絶後、隆景家中に復帰している。
(1)~(3)以外では、戦国期毛利氏に従属した中国地域の国人領主層として、門司城番を務めていた仁《に》保《ほ》氏のほか、大内氏旧臣がみられる。これは北部九州地域に権益を持っていたことを要因とすると考えられる。そのほか、備後国人木梨氏や楢崎氏がみられるが、いずれも惣領ではない。仁保民部少輔も仁保氏惣領ではない（惣領は吉川元春の次男元棟、そののち輝元側近神田元忠《かんだもとただ》が継承して、「三浦」を称する）ことから推測すると、豊臣政権の軍役に対する国人領主層の動員への恩賞地が、毛利・羽柴講和に伴う支配領域の縮小によって大きく不足し、それを解消するために、国人領主層のうち庶流に対して、小早川氏領内において給地を与えたのではないかと考えられる。

隆景期の北部九州において給地を与えられたことは確認できないが、石見国人益田氏においても、当主元祥の次男七内は隆景の偏諱によって「景祥《かげよし》」を称している。また、年欠であるが、隆景が九州へ移封された後のものである一月十七日付け益田元祥書状写（「新撰宗像記考証」）には「七内事、名島に至り近日指し下し候間、何廉方角の儀ども頼み存じ候」とあり、北部九州期の隆景家中に景祥が存在したことを窺わせる。なお、景祥は天正六年頃には、宗像氏貞の養子となって宗像氏を継承する予定であったが、天正八年頃に縁組解消され、結局、隆景の名島城主期に、草苅重継が宗像氏貞の娘を

表3　慶長3年西生浦在番人数帳

番	組頭	給　人	出自
1	日野左近		伯耆
2	清水五郎左衛門尉		備中
		土肥半右衛門尉	
		楢崎孫作	備後
		神西又三郎	出雲
		松田九蔵	
		小田村治右衛門尉	豊前
		黒岩六郎兵衛	美作
		原四郎左衛門尉	
		荒木十右衛門尉	
		富永理右衛門尉	
		伯耆左兵衛	肥後
		曽祢孫左衛門尉	伊予
		曽祢十郎右衛門尉	伊予
		深川久右衛門尉	
		上野半左衛門尉	
		櫛橋藤一郎	播磨
		弘山又右衛門尉	
		高橋加兵衛	
		木梨平左衛門尉	備後
		仁保平蔵	大内
		仁保平六	大内
3	仁保民部少輔		大内
4	村上三郎兵衛尉		能島
		杉太郎兵衛尉	大内
		問注所小兵衛尉	筑後
		黒木与兵衛尉	筑後
		進藤太郎左衛門尉	
		中島治右衛門尉	備中
		菅新九郎	淡路
		江口九郎右衛門尉	
		林三郎右衛門尉	備中
		豊田与右衛門尉	
		明石彦三郎	播磨
		村上助右衛門尉	伊予
		内海市兵衛尉	
		鵜飼又兵衛尉	毛利

（典拠）「清水家文書」「村上文書」。

娶って、宗像氏の継承者となった（河窪二〇〇七、桑田二〇一六）。隆景の与力とされた北部九州の国人のうち、宗像氏が秀俊家中に見当たらないのは、事実上、草苅氏に統合されたからである（国替された肥後国人城氏については、後継者がいなかったため断絶していたという）。

例外的な存在である国司土佐守については、後述する。

地域的にみると、隆景期からの家臣はすべて筑後において給地を与えられており、筑前で給地を与えられているのは、秀俊直臣層である。秀俊直臣のうち、栗本喜左衛門尉は亀山城主期からの家臣。長崎《ながさき》弥左衛門尉は実名元家《もといえ》。「寛永諸家系図伝」によると、生国は美濃国高桑（岐阜市）とされる。当初、織田信長家臣滝川一益《たきがわかずます》に仕えて、伊勢国朝明《あさけ》郡において給地を与えられていたが、そののち、織田信雄に仕え、さらに秀俊に付されたという。秀俊家臣となった時期は確定できないが、信雄の没落が天正十八年であり、亀山城主期からの秀俊家臣であったと考えられる。おそらく堀田も亀山城主期からの家臣と推測されるが、出自は定かでない。いずれにせよ、現在確認できる史料からみると秀俊直臣層が家臣団の大半を占めるとは考え難い。

隆景期からの家臣は軍事的には重要な地位を占めているものの、行政上の中枢にはなく、山口玄蕃頭に権限が集中している。そこで、次項では山口玄蕃頭の差配した領国支配について、検地を中心にみていこう。

玄蕃検地

秀俊の名島到着と同時期から、山口玄蕃頭を総責任者として検地作業が開始された。いわゆる玄蕃検地である。なお、寺領に関しては「山口玄蕃頭方相談」のうえ、鵜飼元辰らが申し渡すとされ（「聖福寺文書」）、その後、山口と鵜飼の連署で預状が発給されている（「志賀海神社文書」など）。一方で、給人に対しては、鵜飼と連署したものは確認できない。この相違の原因は何か。

ほとんどが安堵と考えられる寺領については、早い時期に確定して文書が発給されたため、名島に残留していた鵜飼が関与した。ただし、「御預」したものを当面「代官」として領知し、最終決定は秀吉が行う（「領知都合の儀は、伏見において仰せ出さるべく候」）とされており、暫定的な措置に過ぎなかったのである。

給人領は検地を経たうえで給地替えが行われたため、確定に時間を要し、実際には越年して発給されたと考えられる。連署でないことは、単に鵜飼が文禄五年には名島に居なかったことを要因とするものではない。給人の場合、隆景との主従関係から秀俊との主従関係に移行することを明確にするためにも、鵜飼が連署するという選択肢はなかったであろう。

次に、検地実務を担った者についてみていこう。組頭《くみがしら》として実務の指揮を採った者として、南部武右衛門・長崎伊豆守・杉帯刀・蒔田次郎兵衛・下司甚兵衛・塩屋佐左衛門らがみられる。このうち南部は「山口玄蕃内」とあるため、山口家中の者と考えられる。長崎伊豆守は弥左衛門尉元家と同一人物と考えられるが、十二月一日付け知行方目録が「弥左衛門尉」、九月二十日付け検地帳が「伊豆守組」と記されている点については、検地帳が日付を遡って清書された、あるいは、組の表記が後に付記された可能性を示す。蒔田は秀俊の所領継承に先立つ文禄四年二月に、山口とともに名島城における茶会に出席しており（『宗湛日記』）、山口に次ぐ秀俊重臣層と考えられる。杉については、大内氏守護期に守護代を務めた杉氏の家系と考えられる。

一方、名島で検地帳を作成したと考えられる小泉万丞・上野右衛門大夫・小島喜兵衛については、その後の秀俊家中に確認できない。このうち上野は、天正年代前半に隆景から書状を受給しており（『黄薇古簡集』）、隆景期からの家臣である。ただし、足利義昭に随伴して下向した幕府奉公衆上野秀政の一族である可能性もある。いずれにせよ、この三名は秀俊へ北部九州の所領を譲った後の隆景家中にもみられなくなるため、その出自を確定することは難しい。

続いて、玄蕃検地の特徴やその意義について考察する。この検地について詳細な検討を行った中野等は、その特徴について次のように整理した（中野一九九六）。

(1)記載様式は、一筆ごとに田畠の等級、面積、石盛、名請人を書き上げ、面積は三百歩＝一反で算出、大小半制ではなく「畝」の単位を使用するといった、太閤検地の原則に沿ったものとなっている。(2)村ごとに、上・中・下といった「村位」の設定を伴っている。(3)竿入れの結果はただちに「村高」として機能しておらず、「検地帳」作成の過程で村高の改訂が実施されている。(4)村の畝数確定を重要な目的の一つとしたものであり、収奪単位たる「村」の実定化が進んだ。

また、中野氏は玄蕃検地の結果、(1)検地後の知行配当における給人の転封所替によって、在地勢力と在地の諸関係を断ち切り、在地性の濃厚な旧来の給人知行権を否定して、兵農分離が大きく進行した、(2)知行配当基準は普遍的性格を付与された石高で表示され、寺社を含めた領主階級は石高制原理によって結集し、在来の個別的な領主支配、在地領主制が否定された、と主張した。一方で、石高制原理（年貢収納の原則と軍役賦課の原則が太閤検地の施行に伴う石高制の確立によって統一されること（三鬼一九七五））が外部から強制的に移入された地域にあっては、年貢収納の原則と軍役賦課の原則という二つの基準がただちに一元的に編成されるわけではなく、石高は領主階級間の知行・軍役関係は規定するが、年貢の収納・収奪とは無関係であるとした。

松下志朗氏も、急激な石高増を避けて、従来の中世的遺制をまず記載様式の面で払拭することに重点を置いたものとしている（松下一九八四）。これに対して本多博之氏は、太閤検地の原則を初めて導入した画期的な政策であり、個々の「村」が等級とともに確定され、その面積と石高が豊臣政権によって把握された結果、豊臣政権による統一的な軍役賦課および知行編成が可能になったとした（本多一九九六Ⓐ、二〇〇五）。また、村単位で実施された検地の成果が上申され、豊臣政権が最終的に決定した石高が小早川氏の知行制や軍役賦課、年貢収納の基準として機能しており、太閤検地の実施によって石高制の原理が領主階級内部の知行・軍役基準にとどまらず、年貢収納基準として村落レベルにまで浸透していたとした（本多一九九七Ⓑ、二〇〇六）。

検地に際しては竿入れ（丈量）が行われたとする中野氏の見解とは異なり、実際の竿入れは行われず、在来の土地記録の基準替えにすぎないとする西村圭子氏の見解もある。西村氏は、生産経営体としての個別集落の把握、朝鮮派兵の兵粮米確保の課題に即応した分米による村高の確保を目的としたものにすぎないとした（西村一九八七）。竿入れが行われていないとする点では、木村忠夫氏も西村氏と同様の見解である（木村一九八三）。

卑見を述べると、一筆ごとの石盛、「村位」の設定を伴っていることなどから、竿入れは行われたと評価する。中野等氏は一村あたり二〜三日をかけた調査であったとしている（中野二〇〇六Ⓑ）が、領国全体においても九月頃から開始された検地作業が短期間で終了していることから推測すると、丁寧な丈量が行われたとは考え難い。ゆえに、知行配当や軍役賦課の基準となる石高が、年貢の収納・収奪基準とされなかったのではなかろうか。とはいえ、在地勢力と在地の諸関係を断ち切り、在来の個別的な領主支配、在地領主制が否定されるとともに、兵農分離が大きく進行したとする中野氏の見解には従うべきと考える。隆景には伝統的な慣行を根本から変革しようとする意欲に乏しかったため、北部九州社会には中世的な秩序が色濃く残されていたが、秀俊の所領継承によって、大きく変革していったのである。

在地支配の基本法

文禄五年閏七月十三日付けで山口玄蕃頭が各郡に発布した「覚」（「臼井文書」など）は、山口を中心に推進された小早川氏領国における在地支配に関する基本法ともいえる性格を有する。その内容をみていこう。

一、文禄四年の年貢未進分と種籾・食用米の貸し付け分については、現在の給人への返済をもって、完済と扱うこと。

一、村落において米を留めること。

一、借り銭、借り米、売り掛け、買い掛けについては、今年の年貢の完済の後に、正確に決算すること。
一、決められた判を記した升を用いて、米を量って収納すること。
一、銀貨の交換基準について。米十石につき、銀貨百目。大豆二十五石につき銀貨百目。
一、年貢輸送について、四里までは百姓が負担し、それを超える場合、駄賃として米を支払う。ただし、一里について、二升ずつとすること。
一、その場所において払う分については、百姓が四里までを負担するという規定を適用しない。
一、代官や給人が村落に滞在するための費用については、自分で負担すること。地域によっては、薪は百姓が提供すること。
一、代官や給人の妻子はいつも名島に居住すべきこと。特定の人は伏見に居住すべきこと。
一、百姓らの田畠を取り上げて耕作することは禁止する。
一、山林・竹木を盗み切ってはならない。必要とする事情があれば、その理由を聞き、適当であれば、証書を発行する。
一、秀俊様が必要な時には、代官や給人がどう言おうとも、名島奉行が言う通りに、馬や人を昼夜を問わず提供すること。
一、朝鮮半島の倭城において貸与された兵粮米を返却するにあたり、領国全体における割符に従って返済するので、給人が運上すること。

一、右記の未進分・御城米の返却・返済のうち、庄屋・散使・年寄らが請け取り保管して、収納しない場合は、百姓が弁済すること。

一、諸役の人夫については定められた通り、二千石につき一人ずつであると、(秀俊が)おっしゃったので、これに違反した者があれば、名島へ報告して、従う必要はない。

一条目や三条目は、秀俊による所領継承に伴って実施された給地替えによって財政的混乱が生じないようにするための規定。二条目は米の流通を抑制して、大名の管理下に置こうとしたもの。四・五条目は、旧来からの慣行によって処理され、統一基準がなく、記録性にも乏しかった年貢・銭貨政策を変更しようとしたもの。六〜八条、十・十一条、十四条目は、給人や代官による恣意的な村落統治を禁じたもの、九条目は、家臣・妻子を名島城下あるいは伏見屋敷に置くことの義務化。十二条目は秀俊(実際には山口を中心とする奉行人層)権力の専制性を示すもの。十三条目は兵糧米返却に関する規定。十四条目は庄屋・散使・年寄ら村落上層を中心として年貢の村請をはじめとする村の自治が行われていた状況を示す。

この法について、中野等氏は、領主階級の名島あるいは伏見への集住や、給人の百姓に対する恣意の排除によって、在地性が濃厚な旧来の給人知行権は否定され、兵農分離が大きく進行し、体制化したと評価する(中野一九九六)。本多博之氏は、代官・給人の城下町集住の強制によって村落との関係を断ち切る一方で、彼らの農民に対する恣意的な収奪を可能な限り封じることによって、領国主が領国内全体から最大限の収奪を行い得る体制を築こうとしたものと評価した（本多一九九六Ⓐ）。

両氏の見解は首肯されるものであるが、九条目の「御代官・給人妻子、不断名島在宅あるべし、人体により、伏見に在宅あるべきの事」という規定を、「代官と給人とその妻子」と解釈するか、「代官・給人の妻子」と解釈するかによって、意味合いは少し異なってくる。前者であれば、家臣と在地との結び付きを薄める目的が主であり、後者であれば、家臣から人質を提出させるという目的が主となる。八条目において、代官や給人の村落における滞在費用について定められていることから推測すると、前者と考えられる。その場合でも、妻子の名島（伏見）在宅は人質としての側面も持っている。

文禄五年に比定される三月九日付けで山口が「志摩郡惣中」に宛てた文書（「朱雀文書」）には「田畠の今年の耕作について、一箇所も荒らさないようにすること。耕作者がいない田畠は、村の責任ですべて耕作すること。もし耕作していない田畠があった場合、処罰の対象とする。万一、代官や給人に対して言いたいことがある場合、耕作をしたうえであれば、きちんと聞き届けて、適切に処理する」とある。この史料について、森山恒雄氏は、年貢村請体制を強化したために、激発しかかった農民の逃散を防止する、農民エネルギーの惣村＝農村共同体への吸収化策と評価した（森山一九八三）。

先にみた基本法においても、村請制・村の自治や、代官・給人による恣意的な村落統治は禁じられており、この史料も、その一環として発給されたものであるが、隆景期に年貢村請体制を強化していたとは考えられない。朝鮮侵略戦争への百姓層の夫役動員が田畠の荒廃を招いていたことへの対応として、村の自治を公的に（法によって）保証する代わりに、村の責任ですべての田畠を耕作するように義務づけたものと考えられる。

秀俊自身による政策決定ではないが、畿内やその近国、豊後国などにおける検地や在地支配を通じて、先進的な統治政策に精通していた山口玄蕃頭によって、小早川氏領国は大きく変革したのである。

2 隆景の死と秀秋の移封

隆景の死と隆景遺領・遺臣問題

隆景は慶長二年(一五九七)六月十二日、三原城において死没した。享年六十五歳。六月二十四日付けで輝元は広家に対して「隆景の事、御老躰の儀候間、内々かくのごとく、ほどあるべからずとは存じ候つれども、にわかの様候て、仰天候」(『吉』)という書状を送っており、隆景の死は突然のものであった。一ヶ月前には広家から兄繁沢元氏に対する給地分配やそれに伴う役の負担について、隆景は仲裁に努めており(五月二十五日付け元氏書状「役目出入りの儀仰せ蒙り候条、三原に至り申し伺い候」「隆景様より我らへの御状、御目にかけ申し候」(『吉』))、毛利氏一門の重鎮として活動していた。隆景の死没した日と同一日付で広家は元氏に対して「御役目の事は、殿様(輝元)・隆景様、仰せ出で候ごとく、貴所様より堅固仰せ付けられ」(『吉』))と返答している。隆景が病気であるという情報はまったくなく、まさに急死だったと考えられる。隆景の死を知らせる輝元からの書状を受け取った広家が記した書状案(『吉』)には「隆景様御他界世上へ聞こえ候、方々仰せ聞かされ候とおり、まことに御余儀なく存じ奉り候、さてさていかほど御存命候ても、その究めなく候えども、今五・六ヶ年の事は、何と様に候ても、御勇健に候を社願申し候つる、今においてとかく及ばず御事候、御心底のところ察し奉り候、おそれながら御同前に存じ奉り候事」とあり、毛利氏にとっては早過ぎる死で、輝元も広家も大きなショックを受けていた。

　また、隆景の急死によって、遺領・遺臣問題の処遇が問題となった。六月二十四日付け輝元書状（『吉』）に「沼田の家などの事、上様（秀吉）相伺い、御陣次第、家中の者一人も散り申し候わぬようにと申す事候、上意守り申すまで候」、広家書状案にも「隆景様の御跡職の事、上意伺われ候て、御定めなさるべきのとおり、もっともの御事候」とあり、隆景遺領・遺臣問題は、秀吉の判断が必要とされていた。死の時点まで、隆景は毛利氏領国内に約五万石（惣国検地の石高であるため、実際にはその一・五倍程度が実石高）、筑前にも約五万石を領有しており、単なる隠居ではなく、大名（あるいはそれに準じた存在）だったからである。一方で、輝元は「家中の者一人も散り申し候わぬように」と指示しており、隆景の死によって遺臣の一部が離散する危険性を認識している。

小早川隆景墓（広島県三原市沼田東町）

　輝元からの相談に対して秀吉はどのような判断を下したのか。七月十六日付け秀吉朱印状（『毛』九四六）には「隆景跡職の儀について、言上のとおり、聞こし召され候、さりながら、隆景扶持人どもの儀は、たとえ役に相立たず候とも、筑前中納言（秀秋）相かわらず扶助加えるべきの間、こなたより只今仰せ出でらるに及ばず候」とある。おそらく輝元の言上内容は、隆景遺領のうち、筑前国分を除く毛利氏領国内分を、そのまま毛利氏領とするとともに、遺臣も毛利氏が受け入れるというものであったと推測される。それに対して秀吉は、遺領の処理については同意する一方で、遺臣は秀秋（隆景死没後、この年の七月頃に改名）が受け入れるとの意向を示した。ちょうどその頃、秀秋と重臣山口玄蕃頭との関係が悪化しており、秀秋を支えて領内の統治を担う優秀な人材が必要とされていたことから、隆景家臣として統治を担ってきた奉行人層も確保したいと秀吉は考えていたのではなかろうか。

これに対して、十二月六日に井上紹忍（春忠）・鵜飼紹達（元辰）・末長景直・包久景相・粟屋景雄・井上景貞・桂景種の七名は「このたび、隆景様御跡の儀、前々姿をもって、もちろん広島様（輝元）御下知たるべきのところ、御前（秀吉）聞こし召し合わさるについて、当時この地の儀、御用捨のように候の故、おのおの事、はからい方なき仕合わせ候、この砌に御座候えば、ここもとの儀ども、何角御耳に入るのよう承り及び候て、外聞実儀迷惑千万候、数代の御筋目、いささかも忘却致さず候の間、恐れながら心底の通り神書捧げ奉り候」という連署起請文（『毛』）を提出した。

この七名は隆景家臣団のうち、旧小早川家系（末長・包久）、毛利氏系（井上・鵜飼・粟屋・桂）の代表格である。これら毛利・羽柴講和以前からの家臣の多くは、沼田・竹原を中心とする毛利氏領国内に権益を有していた。秀吉の意向通りに秀秋家中に編入されることは、それらの権益を失うことになる。ゆえに、輝元に対して毛利氏家中への編入を要望していたのである。

秀秋の朝鮮渡海

隆景死没時まで秀俊領内に隆景領が存在したことを除き、秀俊領の支配に隆景が関与することはなくなっていた。また、秀俊は第二次朝鮮侵略にあたって、釜山倭城に入ることとされ、総大将格として六月末には渡海している。実際に、戦闘の総指揮を執ることが予定されていたわけではなく、名目的なものであったが、秀俊が小早川氏入嗣後も、豊臣一門としての性格を完全には失っていなかったことを示すものといえよう。

次に、渡海に先立つ四月一日付けで秀俊が知行宛行状（「壱岐文書」など）を発給していることについて考えてみよう。確認できる受給者は、伊木（伊岐）又左衛門（糟屋郡、五百石）、林三郎右衛門（穂波郡、五百石）、原田良右衛門尉（穂波郡、四百石＋五百石）である。林以外は文禄四年の知行宛行などを確認できないが、伊岐は大和国の出身で、信長・中村一氏に仕えたのち、秀俊側近として活動した（前田二〇〇七）。原田宛ての一通のみが「すべて領知すべき者也」という書止めで、純粋な原田への給地宛行となっているが、その他（原田宛ての残る一通も含め）は「その方沙汰を取り支配すべき者也」という書止めで、伊岐は「のぼりさし」二十人、林と原田は「鉄炮の者」二十人を扶助するとされている。したがって、この知行宛行は、朝鮮侵略に向けて渡海する給人に対して、鉄炮隊などの指揮官としての加算給を与えたものと評価される。これらの知行宛行状には、文禄四年のものとは異なり秀吉の朱印が据えられておらず、秀俊を当主とする小早川氏領国支配が中央政府の直接的関与から独立的になったといえよう。

総大将格として華々しい初陣を迎えた秀俊であったが、渡海直前には山口との関係が悪化していた。三月一日付けで毛利氏家臣内藤周竹が記した書状（『閥』）に「金吾様と山口殿御半の儀、頃悪しく候て、山口殿申し開かれ、太閤様聞こし召し分けられ、金吾様を召し返さるべきの条、御当家へ御使仰せ渡さるべきの由にて早打ち差し下され、不日に御上洛候」とある。渡海に向けて準備していた秀俊が伏見へ召喚され、安国寺恵瓊を通じて、毛利氏も仲介に当たる事態となるほどの関係悪化であるが、秀吉は山口の弁明を聞いたうえで秀俊を召喚しており、十六歳になった秀俊が、それまでの山口を中心とした家中支配からの脱却を図ろうとしていた可能性を指摘できる。

その後、渡海した秀秋に対して秀吉は、「諸事、山口玄蕃頭・福原右馬亮（朝鮮渡海軍の軍監）など異見に応じ、心を直し、おとなしく心持ち、分別あるべく候、再三前々仰せ聞かさるごとく、さらさら憎みにて御意これなく、あわせて、向後のためを思し召し、御懇意加えらる儀候条、今より以後、心底の嗜み肝要候」と訓戒している（「木下家文書」）。また、「このたび面々口を揃え、その方おとなしきと言上候わば、聞こし召し届けられ、帰朝の刻、御対面なさるべく候也」ともあり、秀吉は山口との対立の要因を秀秋の不心得・不行跡にあると考え、機嫌を損ねていた状況が窺える。

一方で、山口に対して秀吉は「中納言（秀秋）若年候間、何事これあるとも、その方相職諸式申し付くべきのところ、自然、不慮の儀候えば、中納言人数役に相立たざる事候の条、その分別専一候」と述べ（「菅家文書」）、山口を中心とする家中支配・軍事指揮体制を維持するとしている。とはいえ、秀秋や山口のほか、蒔田も渡海しており（『浅』）、留守中の領国支配は渡辺勘右衛門を中心に遂行された。渡辺は山口や蒔田とともに茶会に出席しており、山口らに次ぐ秀秋直臣層であった（『宗湛日記』）。

その後、遅くとも慶長二年九月までに、豊臣政権の奉行人山中長俊が筑前国へ下向している（『宗湛日記』）。山中の役割は、十月十三日付け立花親成書状（「山中山城守文書」）に「筑前の内、御代官として御下向の由、目出たく存じ候、然れば、去夏博多において渡し下され候御上米の儀、早々差し渡すべきの由、稠に仰せ付けらるにより、則、悉く取り渡し申し候」とあり、「代官」として朝鮮侵略戦争のための兵站補給を担うことであった（本多一九九六Ⓐ）。また、「代官」とあるが、単に筑前国内の豊臣直轄地を統治するに留まらない。十二月五日付け山中宛て秀吉朱印状（「山中山城守文書」）に「筑前中納言の代官どもに申し渡し、所務方の儀、念を入れるの由、もっともに思し召し候」とあり、秀秋領内の年貢徴収における指揮権も付与されていた。また、筑前国内の隆景遺領についても、山中の統括の下、神保・宗近・高尾といった従前からこの地の管理を担っていた実務役人層が引き続き統治に当たっている（本多一九九六Ⓐ）。このように、山中の下向によって、秀秋領が翌年に豊臣政権の直轄領支配に移行する基本的枠組みが形成されていたと評価されるのであるが（本多一九九二）、この時点では秀秋を移封する予定はなかった。この時点では、秀秋領の統治を担っていた山口の不在を補うための臨時的な措置に過ぎなかったのである。

なお、中野等氏が指摘するように、秀吉が博多へ下向する計画があり、その拠点として博多に城を作ることも予定されており（『相国寺《しょうこくじ》蔵《ぞう》西笑《せいしょう》和尚《おしょう》文案《ぶんあん》』）、その準備も山中の役割であった（中野二〇一三）。伊予国に所領を与えられていた秀吉家臣池田伊予守も「博多において我ら式、御屋敷申し請けたく」と山中へ要望しており（「池田秀雄書状」）、秀吉の博多下向計画は進行していた。

慶長三年になると、一月二十八日付け杉原下野守宛て浅野幸長《よしなが》書状案（『浅』）に「中納言様（秀秋）俄かに明日御帰朝の由、もっともめでたく存じ候」とあり、秀秋は山口らを残して帰国することとなった。その後、四月一日付けで長崎伝三郎に対して筑前国席田郡《むしろだ》四百石を宛行っており（「東作誌」）、帰国後においても移封予定は窺えない。

越前・加賀移封

ところが、五月二十二日に比定される石田三成書状（「宇津木文書」）には「我ら事、内々は筑後・筑前下され、九州物主に遣わされ候わんとの事に候つれども、さ候えば、又、佐和山に置かせられ候わん人もなく、ここもとにて御用御申し付け候人も少なく候間、我らにはそのままの分にてあり候えとの御意に候」「筑後・筑前は御蔵入なされ候により、その旨、百姓にも申し聞け候、又、今、金吾殿越州へ御越し、かわりめに候間、すなわち、我らに御代官御申し付け候間、参り候て、見廻り候つる御事に候」とあり、秀秋は越前・加賀国へ移封されることとなった。

病状悪化により、秀吉の博多への下向は実現不可能になり、その代わりに、石田三成を筑前・筑後へ移して、朝鮮半島における戦闘を統括することが検討されたが、近江国佐和山《さわやま》城主、政権奉行人としての活動が困難となるため、秀秋領は豊臣直轄地とされ、三成が代官として博多へ下向することとなったのである（中野二〇一三）。軍記類などには、秀秋が慶長三年初頭の蔚山倭城救援において自ら前線で戦ったため、軽挙を秀吉に責められ、減封されたとするものも少なくない。しかし、同時代史料において秀秋が前線に出たことを示すものはなく、山口らが救援に向かったと考えられる。したがって、秀秋の越前・加賀移封は不行跡に基づく処分ではない。しかし、秀秋が帰国したにもかかわらず、筑前・筑後から移されたということは、朝鮮侵略における重要な拠点基地を委ねるに足る能力が秀秋にはないと判断されたことを示している。

秀秋はいまだ十七歳。これ以前も実質的には山口を中心とする領国統治であったが、その山口との関係が朝鮮渡海直前には悪化しており、慶長三年になってもその関係は改善していなかったと推測される。このため、従来のような山口を中心とする統治は困難な状況にあり、さらに、朝鮮半島における戦況の悪化によって、筑前・博多を豊臣政権中枢が直接統治する必要性が生じていた。このため、秀秋は越前・加賀国へ移封されたのである。また、結果として、秀秋旧領は石田三成の管轄下に入ったのであるが、三成が自らの野心を実現するため、あるいは、秀秋への敵意をもって讒言を行ったという説は否定される。三成だけでなく、遅くとも慶長三年八月には浅野長政や、三成・長政のもとで山中長俊（曽根二〇〇四）も筑前国統治を担っており（『浅』）、秀秋の移封によって三成にメリットがあったとは考えられない。

北庄城跡（福井市中央）（福井市公園課提供）

移封後の石高は十二万石で、減封であったとする説もあるが、

表４　越前・加賀期知行宛行一覧

給　人		石高	無役	国名
	松野主目正	1500	83	越前
	菅仁三郎	1250	76	越前
	佐々孫十郎	1000	62	越前
	長崎伊豆	900	53	越前
	国司土佐守	600		加賀
	竜野孫兵衛尉	500		加賀
	原田四郎左衛門尉	400		加賀
蔵入代官				
	青山修理	10096		越前

同時代史料において確認することはできない。秀秋が移封される以前の越前北庄《きたのしょう》城主堀秀治《ほりひではる》の石高は二十九万石であったとする記録もあり、大幅な減封であったとする理解には疑問がある。また、秀秋との関係が悪化していた山口玄蕃頭は加賀国大聖寺《だいしょうじ》城（石川県加賀市）主となっている。秀秋領が存在する加賀国江沼《えぬま》郡が所領であることから、形式的には秀秋家中に留まっていたと考えられるが、秀秋との関係がみられなくなるため、実質的には独立大名と同様の状況になったと考えられる。山口は慶長三年七月頃まで、豊臣政権のいわゆる五奉行の一人長束正家《なつかまさいえ》とともに越前国検地に従事しており（『西笑和尚文案』七月二十四日付け書状案に「越前御検地相済み、二十日に長大（長束正家）・山玄（山口玄蕃頭）そのほか検地奉行の衆残らず上洛候」とある）、豊臣政権直属奉行人としての性格が強くなっていた。山口の石高は六万石とされ、山口知行相当分の石高を秀秋領から除外すると、北部九州期からの石高は減少したと考えられるが、それをもって不行跡に基づく処分があったと断定することはできない。

移封に伴い、家臣団の構成も大きく変化した。八月五日付けで発給された秀秋知行目録の一覧（表４）

を掲げる。

北部九州の国人領主層がまったく含まれておらず、移封を契機に、この層の大半が秀秋家中から離脱したと考えられる。彼らは隆景期からの与力的要素をまったく喪失したわけではなく、秀秋に随伴することを強制されなかった。北部九州に残留することを許されたのである。したがって、彼らに給与されていた石高分についても、越前・加賀期の秀秋石高からは減少することになるが、彼らを与力とみなせば、純粋な秀秋領が減少したとはいえない。

さらに、秀秋直臣層の中でも、長崎や松野のように秀秋とともに移動した者もあるが、蒔田は山口と行動をともにしたようである。秀秋に北部九州の統治能力、家中を統率する能力が不足していると評価された結果として、与力的存在や重臣層が家中から切り離された点は明白であるが、そもそも、若年の秀秋に対して、そのような能力は要求されていなかった。実質的には山口が担っていたのであり、山口との関係悪化が、このような移封に繋がったと考えるべきであろう。

また、表4のうち、加賀国の給地は江沼郡のみであるが、越前国においては、一人の給人の給地が複数の郡（坂井、足羽《あすわ》、大野、吉田など）に散在している。また、蔵入地《くらいりち》の代官を務める青山修理（宗勝）は当初、丹羽長秀に従い、丹羽氏の移封後は越前国内において独立大名となっていたが、秀秋の移封にあわせて、二万四千石余の所領を秀吉から与えられている（名古屋市博物館蔵）。藤井譲治氏の研究によると、その支配地域は居城丸岡城《まるおかじょう》（福井県坂井市）周辺に集中しているが、蔵入地は散在しており、青山氏領にも隣接していない（藤井一九九四、二〇一〇）。青山は依然として独立大名であり、秀秋家臣ではないが、山口が秀秋家中の政務から離れた結果、蔵入地を管理する人材が不足したため、与力的存在として秀秋領内の統治にも関与したと考えられる。

なお、溝江大炊（溝江氏は戦国大名朝倉氏の家臣で、越前国溝江郷〔福井県あわら市〕を本拠としていたが、後に秀吉に従った）についても、青山と同日付け秀吉朱印状によって一万七百石余を与えられており（「溝江家所蔵文化年間書上」）、秀秋の与力的存在であったと考えられる。

秀秋は居城を北庄（福井市）に置いた。そのため、この時期には「北庄中納言」を称している。しかし、この時期の支配に関する史料は少ない。清水寺成就院に対する寺領安堵や高田専修寺に対する諸役免除が確認できる程度である。なぜならば、慶長三年八月十八日に豊臣秀吉が死没したことに伴い、朝鮮侵略戦争が事実上終結して、北部九州を取り巻く情勢が変化したことによって、慶長四年初頭に秀秋が筑前・筑後へ復帰することとなったからである。

隆景遺領・遺臣問題の進展

秀秋を越前・加賀へ移封する方向になったことによって、隆景遺臣・遺領問題を取り巻く状況は一変した。秀秋が家臣に配分できる石高は減少し、隆景遺臣全体を受け入れる余裕はなくなったのである。逆に、井上・鵜飼ら優秀な人材を確保することが難しいのであれば、秀秋を第二次朝鮮侵略戦争遂行の前線基地である筑前国に配置することは適切ではないと判断された可能性もある。結局、秀秋領は筑前の隆景隠居領も含め、豊臣直轄地とされた。

一方で、輝元も隆景遺臣全体を受け入れることには消極的であったと考えられる。毛利氏領国内分・筑前分双方からの収益によって賄われていた隆景家臣団を、毛利氏領国内のみで賄うことは不可能であり、かつ、専制化を進めようとしていた輝元は、これを機に、輝元直轄地の増加を企図していたからである。このため、遺臣や毛利氏領国内の隆景遺領の処遇は秀吉との調整を要する問題であった。ところが、病状が悪化した秀吉は、明確な判断を下すことができず、問題解決は長引いていた。

慶長三年八月一日、秀吉の病状はいったん回復し、諸大名を集めて能興行が行われた。その場で、懸案の隆景遺領問題など（同時に、輝元の養子となっていた秀元について、輝元に実子秀就が誕生したことによって、その処遇問題も懸案となっていた）について、秀吉の裁定が下された。隆景遺領は「広家へは三原の御一跡進めらるの由候」（『閥』）とされ、吉川広家を移すこととなった。一方で、「三原衆は宰相様へ付けられ候由候」（『閥』）とされ、隆景遺臣は新たに出雲・石見の給地を分配される予定の秀元の家中へ編入されることとなった。分配される給地に見合った家臣数を有さない秀元家中への対応策であるとともに、直轄地の減少を抑えたい輝元の意向に従った裁定であったと推測される。

八月一日の裁定後、秀吉の病状は再び悪化し、十八日に秀吉はこの世を去った。秀吉の死没直前から、秀吉の死が遠くないことを察した広家が、秀吉裁定とは異なる長門国一国を要求するとともに、隆景遺領のうち一万石程度を広島堪忍領として拝領し、隆景遺領の残りは秀元領に予定されていた出雲・石見にその時点で給地を有していた輝元馬廻《うままわり》衆の代替地にするよう提案するなど、秀吉裁定は有名無実化していたが、秀吉の死没によって白紙化された。

その後の経過をみていこう。九月以降に比定される輝元書状（「厚狭毛利家文書」）に「たか景跡目事これまたもっとも候、下々の者の儀さえにて候、少しも忘却存ぜず候、これも段々の分目これある儀候」とある。隆景遺臣の処遇については、「段々の分目」というように家臣団全体の受け入れではなく差が生じることとされ、実際に、毛利氏家中へ編入されなかった者もあった。

先にみた連署起請文での要望の通り、小早川家一族・譜代を出自とする家臣、毛利氏から移ってきた家臣については、原則として、毛利氏家中へ編入されている。

例外は、国司土佐守（元信）である。国司家は粟屋家とともに次期当主の幼少期における守役を務めてきた譜代筆頭の家であり、惣領家の元相・元武は五奉行を務めている。土佐守は父就信とともに山口奉行を務めるなど、少なくとも天正二十年頃までは毛利氏家臣として活動してきた人物である。その後も、隆景家臣として活動している形跡はない。ところが、土佐守は文禄四年十二月一日付けで一斉に発給された秀俊知行方目録の宛所として登場している。隆景期に小早川氏へ移っていなかった毛利氏家臣が、なぜ秀俊家臣となったのか。

秀俊と山口玄蕃頭との関係が悪化していた慶長二年に比定される二月二十五日付けで、輝元が国司へ宛てた書状（「譜録」）には「そこもと、筑中様（秀俊）・山玄（山口玄蕃頭）御間の儀、上（秀吉）より御使にて、御証とも候由、心元なく候、さぞさぞそこもと心遣い察し候、然るべく候よう、御つぼね・くない卿どのへ申すべく候、安国寺差し上げ候条、何篇申さるべく候、その方心遣い推量候、この節気遣い肝要候」とある。「くない卿」（宮内卿）は秀俊の妻となった輝元養女長寿院に付された老女である。したがって、「御つぼね様」は長寿院を指し、長寿院や宮内卿の窓口となっている国司は長寿院と秀俊との縁組みに伴い、長寿院に付されたことが判明する。ゆえに、隆景の死没後、他の毛利氏系遺臣とは異なり、秀俊家中に留まったのである。

3　その後の隆景遺臣と秀秋の復領

翻弄される隆景遺臣　秀秋が越前・加賀へ移封された慶長三年に比定される七月七日付けで、山口玄蕃頭（宗永《むねなが》）は村上助右衛門（天正十年の来島村上氏離反時に毛利氏に荷担して、その後、隆景家中へ移った村上吉継の後継者景房）に対して、次のような書状を認めた（「村上」）。

先月（六月）二十一日の（あなたからの）書状を越前北庄において今日拝見しました。まずは名島城のことですが、石田三成が（筑前へ）下向され、すぐに、名島城を（三成に）引き渡されたとのことで、きっとそうなるでしょうから引き渡すべきだと思っておりました。また、あなた自身が伏見に着かれたとのこと、よかったです。私も（七月）二十日頃には上京する予定です。（越前・加賀の）知行朱印状を殿様（秀秋）が拝領されました。よって、家中の知行配分がこれから行われます。あなたのことも疎かにはいたしません。

小早川家一族・譜代を出自とする家臣、毛利氏から移ってきた家臣以外の処遇は明確でない。村上に対して「疎意存ずべからず候」と述べているが、知行配分は確約していないように読める。ところが、八月十七日付け安国寺恵瓊宛て山口宗永書状写(「譜録」)に「今日越州(越前国)へ罷り下り候、それにつき、清水五郎右衛門方、御抱えなされたき儀候とえいども、御存知のごとく、御領知少分の儀について、その儀なく候、輝元様仰せ上げられ、かの身分相続き候よう御馳走、我らにおいても本望たるべく候」とある。清水宗治の子景治については、越前・加賀の石高が少ないため、秀秋家中に留めることが困難だとして、山口は恵瓊を通じて毛利氏領国において給地を与えてほしいと要望した。

しかし、輝元はこれ以上の隆景遺臣の受け入れは輝元直轄地の減少を招くことから消極的であった。隆景遺臣の処遇は宙に浮いてしまった(「領地これなき段、相済まざると笑止まで候」〔八月二十日付け恵瓊書状写「譜録」〕)が、石田三成が彼らを救済した。九月八日付けで輝元は三成に対して「隆景家人ども、秀秋へ相続き仕えられ候ところ、越前御国替えについて、相放たれ候、然るところ、御方相抱えらるべきの由、まことに御頼もしく、吾らにおいて祝着せしめ候、かの者ども妻子以下、たぶん中国(毛利氏)に聊爾あるべからず候、御心安く召し仕われ候わば、本望たるべく候」と、感謝の書状を発している(「譜録」)。この文書は伊予国人領主であった曽祢家に残されており、清水のみならず、天正十年以降に隆景家臣となった者については、越前・加賀における秀秋家中から除外され(「越前御国替えについて、相放たれ候」)、さらに毛利氏も受け入れに消極的であったため、帰属先が決まらない状況にあった。そこで、三成が引き取ることとなったのである。

清水については「清五郎左身上の儀について、御書中披見候、殿様(輝元)へ先刻卒頭申し上げ候、治少(三成)へ罷り出でらるべき事との儀候つ、まず御扶持方、遣わされ置かるべきの由候、今一往相伺い候て、月俸仰せ付けられ候ように申し上ぐべく候」（「譜録」九月二十日付け恵瓊書状写）とされ、三成が扶持することが明示されている。

秀秋旧領の代官となっていた三成の指揮下で、高尾盛吉や神保源右衛門尉といった隆景遺臣はこの年の一月頃から活動しており（本多一九九六Ⓐ）、三成は秀秋旧領の安定的な統治のためにも、現地に精通した隆景遺臣を召し抱えることに積極的であったと考えられる。なお、清水家の由緒書（『閥』）には「秀秋が国替えされた折、毛利氏から少ない知行を与えられていたため、三成から恵瓊を使者として、五千石を与えるので仕えるようにとの勧誘があったが、きっぱりと断った」とあるが、この由緒は毛利家への忠誠を強調するために捏造された蓋然性が高い。実際には、清水をはじめ、村上・曽祢ら天正十年以降に毛利・隆景家中に編入された家臣たちは、自らの家を維持することが最優先であり、毛利氏であろうと、三成であろうと拘りはなかったと推測される。

一方で、伯耆国人であった日野景幸《ひのかげゆき》については、清水や曽祢とは異なる処遇になった。九月一日付けで恵瓊が記した書状写（「村上」）を掲げる。

あなたがたの書状を読ませていただきました。日野景幸殿親子の処遇について言って来られたのですが、先日（私が）意見を申し上げた際もきっぱりとおっしゃられたので、今となっては書立に記載することはできないことです。もはや石田三成へも配分などについて報告したので、いまさら（変更を）お願いすることはできません。私としてもいい加減にしたわけではありません。

宛所は「村助右」（村上助右衛門）・「曽孫左」（曽祢景房）・「杉帯」（第二次朝鮮侵略期に秀秋近臣として活動していた杉帯刀）である。三成へ配分を報告したということは、この時点で、三成が隆景遺臣の一部を召し抱えるという案が進行しており、その中には、村上や曽祢らが含まれていたと考えられる。また、恵瓊が意見を具申した相手は輝元であり、隆景遺臣のうち誰を三成に扶持してもらうか、輝元が選別していた状況を窺わせる。したがって、村上・曽祢らが処遇を愁訴した日野は、輝元の選別によって、三成扶持の対象から除外された。その理由を推測すると、景幸の子元重が毛利氏家中に残っており、給地も与えられていたことから、景幸には別の知行を与える必要はないという判断だったのではなかろうか。結局、慶長四年に筑前・筑後へ復帰した秀秋から、日野景幸は知行を与えられており、おそらく、越前・加賀期の秀秋に随伴したと推測される。その経緯は詳らかにできないが、清水・村上・曽祢らほとんどの隆景遺臣を家中から放逐した結果、秀秋家中に余裕が生まれたため、日野の受け入れを秀秋が容認したのではなかろうか。

いずれにせよ、隆景の死没から一年余を経過した時点で、隆景遺臣は三分裂（輝元、秀秋、三成）したのである。

隆景遺領・遺臣問題の決着

秀吉裁定において秀元家中への編入が予定されていた隆景遺臣団のその後の処遇をみていこう。

慶長三年九月六日付け木原元定宛て輝元書状写（『閥』）に「その方事、三原差し下し候、自余に相替わる所候の条、諸事、郎従相談せしめ、その意任すべき事」「蔵納方の儀、包久次郎兵衛（景相）

相談じ、未進等これなきよう申し付くべき事」とある。

輝元は、側近の木原元定を三原に派遣して、隆景遺臣のうち郎従（包久景相のほか、先にみた起請文に連署した井上・鵜飼・粟屋など）と相談のうえ、三原の統治に当たらせており、隆景遺臣を輝元の直臣とする方針であったことがわかる。また、隆景遺臣団は三原に残留しており、広家を隆景遺領に移す秀吉裁定を変更する方針がここでも確認される。

三原に残留した隆景遺臣団は、「三原衆」と呼ばれ（慶長四年閏三月二十八日付け三上豊後守宛て輝元書状写〔『閥』〕など）、備後国鞆（広島県福山市）における番所普請に動員されるなど、まとまって夫役を務めるとともに、隆景遺領において給地を与えられた。たとえば、国貞神左衛門は慶長五年二月十八日に豊田郡安直村の打渡坪付を発給されている（「真良村書出帳」）。

一方で、慶長四年二月六日に井上春忠と木原元定に対して、輝元が「国割の儀について、佐世伊豆（正勝）差し下し候条、おのおのへ申し届くべく候、法度以下これまた堅固申し付くべく候」「鵜新（鵜飼元辰）事、やがて差し下すべく候間、申し談ずべく候」（『閥』）と命じており、隆景遺臣団が輝元権力の強い統制下に置かれている。閏三月の石田三成の失脚に伴い、秀元への知行分配案が見直された際に、秀元は隆景遺領と長門国を要求したが、輝元は長門国のみを容認して、三原は拒否した。広島と上方を結ぶ瀬戸内海交通の要衝である三原を輝元は重要視していたのである。

また三成の失脚は、北部九州へ残って三成の指揮下で活動していた隆景遺臣に大きな影響を及ぼした。能島村上家の次男村上景親は、慶長四年四月二十四日に起請文を提出している（『毛』）。その前書には「このたび私身躰の儀、前々より武吉（景親の父）御馳走の儀聞こし召し届けられ、召し返され、殊に知行下し置かれ、外実忝けなき次第、申し上げるも疎く候」とある。三成失脚直後に「召し返され」ていることから、三成の失脚に伴い、北部九州における給分を没収されたため、毛利氏によって救済され、家中に編入されたと考えられる。

同時代史料において立証することはできないが、慶長四年末頃の毛利氏家臣の石高を列記したとされる史料（山口県文書館蔵「広島御時代分限帳」）には、先に三成が扶持するとした層である清水・曽祢・村上のほか、草苅も確認できる。その石高はいずれも隆景・秀俊期より減少しており、よりよい待遇を求めて活動していたものの、三成の失脚によって行き場を失い、石高減少を容認して、毛利氏への編入を願い出たと推測される。編入時期は明確でないが、益田元祥の次男景祥も慶長四年半ばには毛利氏家中において確認され（『益』）、遅くとも慶長四年末になると、日野や清水家庶家清水与右衛門を除く隆景遺臣のほとんどは、毛利氏家中へ編入されている。

鵜飼元辰の誅伐

例外的な存在として、鵜飼元辰が挙げられる。元辰は毛利氏家中への編入後においても、伏見へ赴く（『閥』）、鞆における普請を指揮する（「譜録」）など、隆景遺臣団の中心人物として活動していた。ところが、鵜飼は慶長四年に輝元によって処罰された。十月十五日付け秀元宛て輝元書状（「長府毛利家文書」）に、処罰に至った事情が記されており、処罰の時期はこれ以前の遠くない時期と推測される。輝元は、⑴隆景が死没した時点で処罰しようと考えたが、公儀への配慮から思い留まった、⑵改心を期待していたが、与三郎（元辰の子カ）が喧嘩騒動を起こしたため、処罰した、⑶そのことを元辰は根に持って、戦乱が勃発した際には、他大名へ仕えようとしているようであった、⑷元辰は毛利氏の内情に精通しており、毛利氏支配領域を狙う者にとっては格好の人材である、⑸元辰が出奔すると、処罰することは不可能となり、一大事となるので、処罰した。

このような輝元の主張がどこまで真実か立証することはできないが、毛利氏領国外から来住してきた鵜飼家にとっては、他の毛利氏系遺臣や旧小早川家系遺臣に比べて、領国内に固執する必要性に乏しく、出奔に対する抵抗心は少なかったと推測される。さらに、毛利氏家中編入後の役割は、毛利氏奉行人からの命令に基づき活動するに過ぎず、小早川氏の政務を主導してきた経歴から考えると、正当な評価を得ていないとの不満もあったと考えられる。他大名への仕官を検討していたとする輝元の認識はおそらく誤っておらず、実際に、元辰の豊富な経験や能力を評価して、また、毛利氏の情報を得るために、元辰を勧誘する動きもあったのではなかろうか。

誰が元辰を勧誘したのか。その手がかりとなるのが、元辰の娘を娶っていたとされる裳懸盛聰（天文期にみられる河内守盛聰とは別人物、新右衛門尉の子）である。盛聰は「長陽従臣略系」によると、隆景、後に輝元に仕えたが、関ヶ原合戦以前に毛利氏家中から出奔して、徳川家康に仕えたとされる。江戸期には旗本になっており、旗本高山家は幕末まで存続した。関ヶ原合戦時の動向については、第七章でみていくが、盛聰が毛利氏家中から離脱したのは、元辰誅伐の前後と推測され、元辰を勧誘したのが家康であった蓋然性は高い。隆景遺臣のほとんどは毛利氏家中へ編入されたが、彼らは必ずしも毛利氏家中における処遇に満足していなかったと考えられる。

徳川家康（大阪城天守閣蔵）

秀秋の筑前・筑後への復帰

慶長四年二月五日、いわゆる五大老の連署で、秀秋に対して「筑前・筑後領知方事、太閤様仰せ置かれる旨をもって、宛行われ、おわんぬ」という決定が下された（『毛』）。これに先立つ一月五日には、筑前・筑後への復帰にあたって、各郡に宛てた「定」を秀秋は発給しており、五大老連署状は、内定していた復領を公的に通知したものである。

五大老連署状によると、秀秋に代わって北庄を与えられることとされた（実行されなかった）堀秀治の石高が二十万石、それ以外に、秀秋に随伴しなかった山口玄蕃頭の子右京進に加賀国江沼郡において一万三千石が与えられている。玄蕃頭も秀秋の復領に随伴することなく、そのまま加賀国大聖寺に留まった。この結果、山口は完全に秀秋家中から離脱し、独立大名となったのである。また、五大老連署状の石高などから、越前・加賀期の秀秋石高は二十万石を超えていたと考えられ、先に指摘したように、越前・加賀移封が大幅な減封であったとはみなせない。

この秀秋の復領を強く後押ししたのは徳川家康であったとされ、その恩義が関ヶ原合戦時の秀秋の動向を左右したとする説もあるが、少なくとも形式的には、秀吉死没後における豊臣政権の合議体制に則った機関決定を経たものであり、家康の独断ではない。一方で、秀吉死没後、政権運営の主導権をめぐって、家康と石田三成・増田長盛らとの間で激しい対立が惹起し、慶長四年一月には、その対立が軍事的衝突の直前にまで高まっていた。この軍事的衝突の危機は一月二十日頃に回避の方向の向かっており（『言経卿記《ときつねきょうき》』）、五大老連署状がその後間もなくの日付で発給されていることは、慶長四年末に内定していた秀秋の復領が、軍事的衝突の危機によって正式に決定することができなかったことを示している。その後、二月十二日に家康が他の四大老・五奉行と交わした起請文（『毛』）をみると、表面的には家康のほうが譲歩した形となっている。仮に、家康のみが秀秋の復領を主張していたとすると、正式決定段階において家康の意向が優先されたことになり、家康が譲歩的であったことと矛盾する。

では、なぜ秀秋は復領できたのか、秀吉の遺命（「太閤様仰せ置かれる」）としたのは、復領を正当化するためと考えられ、真の要因は別に存する。推測になるが、中央政局の流動化によって、石田三成や浅野長政といったいわゆる五奉行による北部九州の統治が困難になった一方で、朝鮮渡海軍が帰国して、筑前国の兵站基地としての必要性がなくなった現状を踏まえると、豊臣直轄地としての統治に拘る必然性はない。とはいえ、中央政府にとって筑前・筑後は九州支配の要の地であり、直接統治に準じた統治、かつ、安定的な統治が不可欠である。そうすると、本来は豊臣一門であるが、若年であるがゆえに中央政府がコントロールしやすいうえ、家臣に畿内や畿内近国で活動していた者が多い、また、数ヶ月前までの支配者で、地域社会にも精通している秀秋（小早川氏）を復帰させることがベストであるという共通認識が豊臣政権中枢にあったのではなかろうか。

次に、この時期の統治政策についてみていく。一月五日付け「定」（「朱雀文書」）を掲げる。

一、去年、越前へ国替えになった際、侍・中間・人足以下について、主人や給人に対して、届けなかった者がいたとしても、その調査をする必要は無い。宥免する。
一、給人が借り銭の未返済分について取り立てることを禁止する。
一、今年の収穫について、奉行人と相談して、必ず耕作しなさい。「濃料」（農料）についてはこちらから貸し遣わす。
一、山林・竹木については、以前の代官であっても切り取ってはならない。
一、百姓に対して道理に合わないことをした者があれば、すぐに注進すること。

第一条は、慶長三年初頭に国替えされた上杉氏領国のケースと同様に、秀秋の越前（加賀）への国替えにあたり、侍衆（若党）や中間といった武家奉公人や人足として使役されていた者に対して、給人に従って移住することが命じられていたことを窺わせる。ところが現実には、届出をせずに筑前・筑後国に残っていた者があり（彼らは兵農未分離であったゆえに、移住することは農業経営から離脱することを意味していた）、本来は命令違反として処罰対象となるが、領国安定化のため、また給人にとっても奉公人確保の観点から、宥免することとしたものである。また、越前（加賀）への国替えが緊急に行われたために、奉公人層の随伴政策が徹底していなかった、あるいは、早期の復領を期待して、あえて随伴を強制しなかった可能性もある。

第二、三、五条は勧農のための百姓・村落保護政策である。第二、五条は給人の恣意的な支配を禁じるものでもあり、第四条は代官の私益確保を禁じたものである。

三成による代官支配期には「百姓に至り、土貢催促仕り候えば、荒地過分に御座候、在所に又、御年貢を過分に仰せ懸けられ候間、御年貢もしかじか納め申さず候、それ故、百姓等も迷惑いたし、数多津内を逃げ失せ候」(「原文書」)という事態に陥っていた。このため、復領後の秀秋にとって、村落の復興が最優先課題だったのである。

名島城主第二期の家臣団

続いて、家臣団の構成をみていく。慶長四年三月三日付けで一斉発給された知行目録などのほか、その後に発給された知行宛行などの一覧(表5)を次頁に掲げる。

隆景期からの家臣日野、清水については先に記したが、その他は直臣層で占められている。知行関係の史料は確認できないが、遅くとも第一期には家中に確認される杉原下野守のほか、西郡久左衛門・佐野下総守・伊藤雅楽(重家)・八田伊予守・国府弥左衛門・宇佐美助進・堀田勝兵衛尉が奉行人として活動している。このうち佐野は、近江国の出身で、丹波岩尾《いわお》城(兵庫県篠山市)主であったとされる佐野秀方(十乗坊栄有)と同一人物あるいはその後継者であるとすると、亀山城主期からの家臣と推測される。堀田は第一期にみられた堀田初左衛門の一族と考えられる。

関ヶ原合戦時の重臣として知られる稲葉《いなば》通政《みちまさ》(正成《まさなり》)や平岡頼勝《よりかつ》については、関ヶ原合戦時以前の同時代史料において、秀秋家中には確認できない。稲葉は「寛永諸家系図伝」によると、朝鮮渡海にも随行した第一期からの家臣とされるが、渡海時の史料にまったく現れないことから、信憑性は低い。稲葉・平岡は復領当初からの家臣ではなく、家康が豊臣政権の政務を掌握する慶長四年半ば以降に、

表5　名島城主第二期知行宛行一覧（特記のないものは，慶長4年3月3日）

			郡	石高	備　考
給　人					
	松野主馬	○	鞍手・嘉摩	1653	鉄炮者55人分
	松野主馬	○	鞍手・嘉摩・穂波・御井	1000	慶長4年11月5日加増分
	日野左近	●	下座・三笠・御原・御井	4000	
	日野左近	●	宗像・御原	944	慶長5年8月19日上地替分
	志方二郎左衛門		那賀・三笠	3000	水夫150人分
	志方主殿		宗像	174	慶長5年8月19日上地替分
	長崎伊豆	○	嘉摩・鞍手	1050	鉄炮者35人分
	伊岐又左衛門尉	○	早良・糟屋	1315	15石は代官分
	伊木又左衛門尉	○	嘉摩・鞍手	1200	鉄炮者40人分
	(壱岐)	○	那珂・生葉	400	慶長4年3月晦日
	伊岐又左衛門尉	○	早良	1037	慶長5年8月19日上地替分
	原田四郎左衛門	○	三笠・早良	600	
	竜野孫兵衛	○	上座・生葉	503	
	萩野孫四郎		御井・御原	500	
	青又兵衛		三笠	400	
	唯生又右衛門		早良・生葉	400	
	川口源七		御牧	350	
	清水与右衛門	●	竹野	300	
	富松小藤太		御牧	300	
	岡津清介		竹野・穂波	650	慶長4年4月18日
	本部新左衛門尉		生葉・那珂・嘉摩	500	慶長5年8月19日
	安藤九左衛門尉		志摩	400	慶長5年8月19日
	中野新太郎		那珂・三笠・御井	300	慶長5年8月19日
	吉岡喜右衛門		御牧・那珂	300	慶長5年8月19日
蔵入代官					
	松野主馬	○	早良・宗像	5043	別に4875石の目録有
	松野主馬	○	早良・糟屋	6028	慶長5年3月3日
	赤塚作助		糟屋・宗像	2915	

（注）○は越前・加賀期にみられる者，●は名島城主第1期にみられるが，越前・加賀期にみられない者。

秀秋家中に入った人物である蓋然性が高い。

一方で、与力的存在であった青山や溝江は、秀秋とともに筑前・筑後へ移動することなく、越前に留まった。秀秋が移封前の北庄城主堀秀治の越後移封においては、堀の与力であった村上義明・溝口秀勝らはともに越後へ移動しているが、堀氏に比べると、秀秋と青山・溝江らの結び付きが弱かったことを窺わせる（尾下二〇〇七）。

第七章　関ヶ原合戦と小早川氏の断絶

1　秀秋の「裏切り」

秀秋と家康

秀秋が慶長三年（一五九八）に越前・加賀へ移封されたことは、左遷と捉えられてきた。しかし、少なくとも秀吉死没後の豊臣政権においては、秀秋の地位が低下したとはいえない。慶長三年十月、後陽成天皇は病気がちであったことから、弟八条宮《はちじょうのみや》への譲位を望んだ。その経過を記した九条兼孝《くじょうかねたか》（前関白）の日記（「九条兼孝日記」）十月二十六日条には、増田長盛・長束正家（豊臣政権のいわゆる五奉行）からの情報として、「内府（徳川家康）・安芸大納言（毛利輝元、「中納言」の誤り）・加賀大納言（前田利家）・金吾殿（秀秋）・景㡊（上杉、「景勝」の誤り）等」に勅使が派遣されたと記されている。いわゆる五大老のうち、宇喜多秀家が省略され、秀秋が明記されており、誤記の多いことから、兼孝の記述の信憑性は検討する必要があるが、少なくとも兼孝が、秀吉死没後の豊臣政権において、形式的には秀秋が五大老と並ぶ地位にあり、豊臣一門としての位置づけに復権していると認識していることを窺わせる。秀秋を警戒していた秀吉の死没、幼い秀頼を支えるべき一門の必要性から、秀秋は復権した。

その後、家康と豊臣奉行衆・前田利家・毛利輝元らとの対立が深まり、慶長四年一月の軍事衝突の危機、同年閏三月の石田三成襲撃事件とそれに伴う三成の失脚、同年九月の前田利長《としなが》謀叛騒動、慶長五年初頭の宇喜多氏家中騒動（大西二〇一〇・二〇一七、石畑二〇一二）など、さまざまな事件が勃発したが、その際の秀秋の動向は定かでない。筑前・筑後への復帰に伴う名島への下向は慶長四年九月であり（「溝江文書」）、それ以前は伏見に居たと考えられるが、親家康方、反家康方いずれの史料にも秀秋の名は現れていない。

慶長五年になると、四月の徳川家康参内時に、秀秋も太刀・折帋を献上しており、名島から上方に居所を移している。参内の際の様子を記した『言経卿記』四月十九日条には、家康の参内に続き、「備前中納言（宇喜多秀家）・筑前中納言（秀秋）」を記し、それに続いて、池田輝政《てるまさ》・最上《もがみ》義光《よしあき》・佐竹義宣《よしのぶ》・長宗我部盛親《もりちか》が参内したとある。公的な儀礼においても、秀秋が秀家と並ぶ位置づけで、その他の諸大名よりも格上であったことを示すものといえよう。また、参内翌日の二十日付け秀秋書状（「大阪城天守閣所蔵文書」）に「内府様へ参り候間、隙明け次第申し上ぐべく候」とあり、家康との親交がみられる。その後、秀秋は再び名島へ下向したが、六月十四日以前に上方へ戻った（「舒文堂河島書店所蔵文書」）。家康が会津征討に向けて大坂を出立したのが、六月十六日。しかし、秀秋は家康とともに会津へ赴くことはなく、三成らの挙兵後、西軍に荷担したのである。

関ヶ原前夜の秀秋

西軍に荷担した秀秋は家康が留守居を置いていた伏見城攻撃に参加した。なぜであろうか。秀秋の重臣稲葉正成（通政）の事蹟が記された「寛永諸家系図伝」稲葉家においては、次のような事情を挙げている。⑴家康の出立時に、正成が秀秋の使者として、山岡道阿弥《やまおかどうあみ》を通して家康に対して、上方において叛逆する者があった場合、秀秋は家康に忠節を尽くして叛逆者を討ちたいが、野戦では難しいので、兄の木下延俊の守備する姫路城を借りたい旨を願い出た、⑵家康は許可したが、延俊が拒否したため、秀秋は延俊と断交した、⑶石田三成は謀叛を企て、秀秋に対して、秀頼が十五歳になるまで秀秋に天下を委任すること、筑前・筑後に加えて、播磨国を秀秋に、近江国十万石・黄金三百枚を正成に与えることを約束したが、秀秋は拒絶した、⑷正成・秀秋は伏見城に使者を派遣して、本丸に北政所と秀秋の父木下肥後守を入れ、秀秋らは西ノ丸を守備することを申し出たが、伏見城留守居鳥居元忠《とりいもとただ》（秀河氏家臣）は拒否した、⑸このため、秀秋は賊徒とともに伏見城を攻めた。

正成の死没後に、正成を顕彰するために作成されたこれらの叙述の信憑性は低い（渡邊二〇一六）。徳川政権の実現に向けて確信的に荷担していた黒田長政や、慶長四年半ばから急速に家康に接近していた寺沢正成《てらさわまさなり》を除く九州地域の大名は会津征討に同行していない。豊臣政権の公的な決定として、秀秋は会津征討に参加することなく、残留することにされたのである。姫路城の一件についても、延俊を祖とする豊後日出藩の記録類（「寛永諸家系図伝」木下家、「日出木下家譜」）においては叙述されてお

伏見城跡（京都市伏見区桃山町）

らず、延俊も家康に荷担して姫路城を守備したこととなっている。延俊が家康に従って会津に赴いた細川忠興と縁戚関係にあったこと、関ヶ原合戦後に加増されていることから推測すると、家康が許可した秀秋の姫路入城策を拒否したとは考え難い。

伏見への入城を願ったとする叙述も、信憑性の高い史料と照合すると不自然である。秀秋勢が伏見城攻撃に向かったのは、七月二十一日頃。『時慶記《ときよしき》』七月二十二日条に「堤の道、群勢多き故に、道遅れて森口（大阪府守口市）に泊まる。筑前中納言・大谷刑部少輔（吉継）・備前中納言（宇喜多秀家）等の人数なり」、『義演准后日記』七月二十三日条に「昨夕、筑前中納言、伏見城攻め衆として着」とある。西軍の総大将格毛利輝元が広島から大坂に到着したのが、七月十七日頃。伏見城攻撃は二十日から始まっているが、当初は「秀頼様衆」とされる馬廻衆のみで、本隊は二日後に到着した秀秋らで、西洞院《にしのとういん》時慶はその筆頭に秀秋を記している。秀秋勢の行動は迅速で、やむをえず出撃したようにはみえない。

また、伏見城攻撃に参加した薩摩島津勢の戦功を記した九月一日付け長井利貢書状写（『旧記雑録後編』）に、「（七月）晦日の夜、松の丸より心合わせの者ども候や、こなたの人衆（島津勢）・筑前中納言手の衆（秀秋勢）へ引き入れ申し候て、たやすくその曉乗っ取られ候事」とあり、秀秋勢は伏見城攻撃において大きな戦功をあげた。『時慶記』八月一日条においても「今晩伏見城焼ける、今朝攻め落とし、城守討ち果たし、筑前中納言手柄の由」とあり、秀秋の戦功は公家にまで認識されている。

さらに、秀秋は七月二十六日付けで東寺へ禁制《きんぜい》を発しており（「東寺文書」）、京都・伏見へ進攻した軍勢の主力であった。同日付け豊臣三奉行（前田玄以・増田長盛・長束正家）連署状（「中川家文書」）には「備前中納言・筑前中納言殿、醍醐・山科（京都市山科区）・大津（滋賀県大津市）へ取り続き陣取り候」とあり、伏見城攻撃と併行して、秀秋勢は京都東部方面へも展開していた。右の禁制とあわせて推測すると、主として秀秋勢が京都の守備を担っていたと考えられる。

この後の秀秋の動向は定かでない。伊勢口に配置されたとする史料もある（「真田宝物館所蔵文書」）が、現実に配置されたか不明である。先にみた「寛永諸家系図伝」においては、三成の命により、伊勢国安濃津《あのつ》城攻めに向かったが、家康に内応していたため、関地蔵（三重県亀山市）から引き返して、近江国高宮（滋賀県彦根市）に陣を置き、さらに、柏原《かしわばら》（米原市）に移り、関ヶ原における戦闘前には、友軍の伊藤長門守を追い出して、松尾山の新城に籠もったとされる。

このうち安濃津城には、東軍に荷担した富田《とみた》信濃守が籠もっており、攻撃軍勢の主力毛利勢は、八月十二日頃に出立して、二十日頃に関地蔵を経て、二十四日から攻撃を開始している。一方で、八月二十二日付けで佐々正孝が秋田実季《あきたさねすえ》へ報じた書状（「秋田家史料」）には「大刑（大谷吉継）敦賀《つるが》（福井県敦賀市）に居り申し、羽肥前殿（前田利長）上るの由を承り、木ノ芽（敦賀市）に砦を仕り、ふせぎ申すべき由候て、筑前中納言殿を物主として、そのほか若狭侍従（木下勝俊）・鍋島信濃（勝茂）・毛利豊前（吉政《よしまさ》）、かようの衆一万余のつもりにて、右の砦をこしらえ申し候由候」とある。佐々の報じた他の情報はほぼ正確であり、この情報の信憑性も高い。現実には前田勢の進攻がなかったため、この計画は実行されなかったが、秀秋は主将とされており、この時点における秀秋の動向には特段の不審な点がなかったことを窺わせる。伊勢方面から転回したとする叙述が仮に正しいとしても、家康に内応していたためではなく、西軍の戦略であったと考えられる。

その後、『時慶記』八月二十七日条に「筑前中納言へ注進の説とて、相聞分け候」とあり、安濃津城降伏などの情報が記されている。したがって、秀秋は京都周辺に居た蓋然性が高く、「寛永諸家系図伝」の記す関地蔵→高宮→柏原という経路は、少なくとも直接的な経路としては否定される。三成ら西軍首脳の命に反した秀秋が、京都の守備を任されるとは考え難く、秀秋、あるいは平岡ら重臣たちの心底は別として、少なくとも八月末頃までの秀秋勢は西軍の中核的軍勢として活動していた。平岡らに家康荷担の狙いがあったとしても、京都周辺が西軍荷担勢力で占められている現状では打つ手はなく、西軍として行動する以外に選択肢はなかったのであろう。後に、秀秋よりいち早く西軍から離反して、大津城に籠もった京極高次と同様のケースである。

なお、秀秋家中から離脱した山口玄蕃頭・右京進父子は秀秋と同じく西軍に荷担していたが、東軍に荷担した前田勢に攻撃され、八月三日、子右京進とともに自刃して果てている。

「裏切り」への道

秀秋と東軍との接触を示す同時代史料の初出は、八月二十八日付けで黒田長政・浅野幸長から秀秋に発せられた連署状（島根県立古代出雲歴史博物館所蔵文書）であ

る（田端二〇〇七、笠谷二〇〇八、堀本二〇一五、跡部二〇一六、渡邊二〇一六）。

先の書状で申し入れたことですが、重ねて山岡道阿弥が我ら両人の書状を持って行くとのことなので、申し上げます。あなた様がどこに居られようとも、このたびの忠節が非常に大切です。二・三日中に家康公がご到着されますので、それ以前に決断しなければなりません。我ら二人は北政所様へ引き続きお尽くししなければなりませんので、このように申し上げているのです。速やかなご返事をお待ちしています。

北政所（高台院）（京都市・高台寺蔵）

幸長は浅野長政の嫡子で、その母は北政所の妹とされる「やや」である。したがって、秀秋とは従兄弟の関係にある。黒田長政は少年期に人質として秀吉のもとに赴いたが、北政所に養育されたと伝わる。そのような両名と北政所との関係を強調して、秀秋に対して、家康への荷担を呼びかけたものである。「重ねて」とあることから、これ以前にも説得を試みたが、秀秋からの色よい返事がなかったことを窺わせる。また、家康の意を受けて西軍諸将に対する調略を盛んに行っていた山岡道阿弥が、直接の接触を担っている点が注目される。長政・幸長の自発的な調略というより、家康に命じられて書状を認めた蓋然性が高い。この調略からも、「寛永諸家系図伝」において、会津征討出立時から、秀秋本人と家康との連携関係があったとする点については、否定できよう。

近年の研究では、北政所＝親家康、淀殿＝反家康で、北政所と淀殿は対立していたという捉え方には否定的な見解が多い（福田二〇〇七、跡部二〇一六）。北政所は中立を保とうとしていたとされ、北政所の意向に沿って、長政・幸長が秀秋を説得しようとしていたわけではない。秀秋が西軍に荷担して東軍に敗れると、叔母である北政所にも累が及ぶため、北政所を守るためには家康への荷担を決断する必要があるとして、長政・幸長は北政所に恩義を感じていた秀秋を半ば脅したのである。

松尾山（岐阜県不破郡関ケ原町）

こののち、時期は特定できないが、秀秋は松尾山に入った。なぜ秀秋は松尾山に入ったのか。八月一日付け黒田如水書状（『中川家文書』）に「伊勢・江州の堺目に城をこしらえ、その大将に刑少（大谷吉継）参らるの由候、右のように城の相こしらえ候時は、内府（家康）の御上国と見え申し候」とある。この新たに城が普請された場所が松尾山であると考えられ、如水の推測の通り、東軍の進攻を防ぐための城であった。したがって、美濃大垣城主三万石余の伊藤長門守（盛正《もりまさ》）が独力で守備するものではなく、長門守が一時的に守備していたとしても、大谷クラスの軍事力を持つ大名が守備する必要があった。八月二十二日付け佐々正孝書状が示すように、秀秋が最適だったのであり、西軍の戦略として松尾山に入った蓋然性が高い。疑いはあったにせよ、三成らは秀秋を信じていたのである。

『黒田家譜』によると、九月十三日に美濃国岐阜に到達した家康が同国赤坂に向かう途中で、長政の調略によって秀秋が西軍を裏切ることを約束したとの報告を受けている。これを信じるとすると、それ以前に秀秋は家康への荷担を決断したことになる。それを裏付けるかのように、『関原軍記大成』には、九月十四日付け平岡頼勝・稲葉通政宛て井伊直政《いいなおまさ》・本多忠勝《ほんだただかつ》連署起請文が収載されているが、通政は「佐渡守」と記されており、「佐渡守」は寛永四年（一六二七）に授与された官途名である（この当時は「内匠頭」を名乗っている）ため、この文書は偽文書である。したがって、秀秋の家康への荷担時期を示す史料ではない。

しかし、関ヶ原における戦闘の情報が未だ伝わっていない九州に居た加藤清正は、九月十六日、「吉川・筑中殿雑説の由、この時分は定めて本説に罷りなるべく候」と如水に述べている（『黒』）。如水は長政の父であり、清正の得た吉川広家・秀秋離反の情報は長政からもたらされたものであった蓋然性が高い。この段階では確定情報ではなく、調略が順調に進んでいるとの情報だったようであるが、先にみたように、秀秋を調略していた長政からの情報ということは、調略が成功したことを示している。したがって、九月十六日よりかなり前に秀秋は家康に荷担する方向に傾いており、遅くとも関ヶ原で戦闘が勃発した時点では、家康に荷担することを決断していたと考えられる。

関ヶ原での戦闘については、白峰旬氏の著書（白峰二〇一一、二〇一四）に詳しいため割愛するが、秀秋に関係する見解を要約すると、⑴秀秋の裏切りが明確になったため、危機に陥った大谷吉継を救援するために、大垣城にあった石田三成らは急遽、関ヶ原方面に転戦した、⑵それを追って東軍が関ヶ原方面へ進発し、午前十時頃に戦闘に突入した、⑶開戦当初から秀秋は東軍として参戦しており、戦場で去就に迷っていたが、家康からの「問い鉄砲」によって参戦を決断したという通説は誤りである、「問い鉄砲」もフィクションである、⑷三成勢は正午頃に総崩れとなっており、関ヶ原における戦闘は比較的短時間で終結した。これらの見解は卓見である。また、白峰氏が「松尾山よりさらに前方（東方）に進出（移動）して布陣し」たとする点（白峰二〇一六）も首肯される。三成らの転戦を認識した秀秋勢は松尾山から下山して布陣し、開戦当初から東軍として参戦したと推測される。

戦闘終結後の九月二十四日付けで、家康は秀秋に対して「このたび関ヶ原御忠節の儀、誠に感悦の至候、最前よりの筋目相違なき儀、別して祝着存じ候、向後、武蔵守（徳川秀忠）同前に存じ、疎略あるべからず候」という書状（「木下家文書」）を発している。「最前よりの筋目」とは、戦闘以前に荷担を約束していたことを意味しており、秀秋が西軍から東軍へと荷担先を替えたのは事実であるが、戦闘中の「裏切り」ではなかった。

九月十五日に関ヶ原において東西両軍が激突することは想定されておらず、突発的な出来事であった。機をみて東軍であることを明確にして、松尾山に籠もって、東軍主力の救援を待つという戦略を描いていたと考えられる。大津城の京極高次と類似した戦略であるが、家康勢を含む東軍の大軍勢は、三成ら西軍の主力が集結していた大垣に迫っており、松尾山に籠もるという戦略には合理的な勝算があった。ところが、東軍である旗幟を明確にする前に戦闘に突入してしまった結果、秀秋勢の行動は「裏切り」に見えてしまった。このため、秀秋は「尾州にて家康方と上方衆と合戦たびたび、つくづく上方衆理を得るところに、手前に至り、羽柴金吾殿うらがえり」（『中臣祐範記《なかとみすけのりき》』）というような批判を浴びることとなった。祐範が「後ろより一万五千余にて切りて懸る間、料簡なく廃軍候」と認識しているように、秀秋勢の行動が東軍の勝利をもたらしたことから、家康は秀秋の勲功を最大限に評価した。一方秀秋はその代償として汚名を浴びることとなったが、それは秀秋の意図した戦略ではなかった。予想とは異なる時期の大決戦が秀秋をヒーローにし、かつ、史上最大の「裏切り者」にしたのである。

稲葉通政（正成）
（神奈川県立歴史博物館蔵）

稲葉通政と平岡頼勝

通説では、対応に逡巡していた秀秋を、稲葉通政（正成）と平岡頼勝が主導して、東軍に荷担させたという。

稲葉通政は春日局《かすがのつぼね》の夫として著名な人物であるが、もとは美濃国十七条《じゅうしちじょう》（岐阜県瑞穂市）を本拠とする林惣兵衛の子として生まれたとされる。林氏は同国曽根（岐阜県大垣市）を本拠とする稲葉氏と対立していたが、通政を稲葉重通《しげみち》（一鉄《いってつ》の長男）の娘婿とすることによって和睦した

（福田二〇一七）。通政は天正十二年（一五八四）の小牧・長久手合戦、翌年の紀州進攻時の千石堀（大阪府貝塚市）における合戦などにおいて戦功をあげたと伝わる（「寛永諸家系図伝」）。その後、第二次朝鮮侵略時には秀秋家中にあったとされる点については、先に疑義を呈した。さらに、関ヶ原合戦に関する通政の史料については、先にみた井伊・本多連署起請文のほか、家康や家康の近臣村越茂助《むらこしもすけ》からの書状写（「古文書集」）も、通政の官途名を「佐渡守」と記しており、偽文書である。後者は、秀秋の家康への荷担を、通政の「御肝いりの故」とするが、同時代史料によって証することはできない。秀秋通政の秀秋重臣としての活動を示す初見は、慶長六年六月の禁制である（「藤井文書」）。このため、関ヶ原合戦以降に、秀秋家中に入った可能性もある。その場合、関ヶ原合戦時における通政の行動を記した由緒は、家康への貢献を主張するための創作ということになる。

平岡頼勝は摂津国溝杭《みぞくい》（大阪府茨木市）を領した頼俊の子とされる。頼俊とともに諸国を流浪したのち、父子で秀秋に仕えたとされる（「寛永諸家系図伝」）。頼勝は通政とは異なり、関ヶ原合戦時に秀秋重臣であったことは明白である。慶長五年九月の日付で頼勝は妙応寺《みょうおうじ》（岐阜県関ヶ原町）に対して禁制を発している（「妙応寺文書」）。妙応寺は松尾山の麓にある寺院であり、関ヶ原における戦闘直後に発給されたものと考えられる。秀秋の名でなく、頼勝の名で発給されていることは、この戦闘を主導したのが頼勝であったことを窺わせる。「寛永諸家系図伝」においては、(1)頼勝は関ヶ原合戦以前から秀秋と家康との通交の使者となっていたため、家康と親しかった、(2)そこで、三成らの挙兵後、江戸に使者を派遣して秀秋の家康への荷担を申し出た、(3)家康が東上してくると、弟の資勝を人質として送って、内応を誓った、とされる。この叙述の真偽は定かでないが、頼勝が秀秋勢の主力であり、秀秋の補佐役として、秀秋の東軍への荷担の決断に大きな影響を及ぼしたことは間違いないであろう。慶長六年に稲葉通政が禁制を発した備前国久保宮（岡山市北区）に対して、頼勝は慶長五年十月十四日付けで禁制を発している（「藤井文書」）。このことからも、頼勝が関ヶ原合戦前後の秀秋家中において、最上位の重臣であったことが窺える。

関ヶ原合戦当時の秀秋は十九歳。当主としての権限を行使するには十分な年齢に達していたが、秀秋家臣団の構造は、秀吉から付された家臣や、所領となった丹波国や北部九州出身の家臣が多く、秀秋の意のままに働く側近層は多くなかった。そのうえ、家康と親密な平岡が最上位層にあって、秀秋を抑制している。秀秋の「裏切り」は秀秋自身の意思というよりも、秀秋家中としての意思決定であった。家臣団にとって、秀吉や秀頼への忠誠心などほとんど意味を持たない。彼らは自己の家を守ることが最優先であり、そのためには合戦における勝利が不可欠である。家康の西上によって東軍有利な状況を踏まえ、秀秋に「裏切り」の決断を迫ったのではなかろうか。

隆景遺臣の戦い

隆景遺臣でありながら、東軍に荷担した武将があった。先にみた裳懸盛聴である。「長陽従臣略系」によると、盛聴は家康に仕えたいと考え、大坂において家康のもとに使者へ赴いた際、大久保忠隣《おおくぼただちか》（徳川氏家臣）を仲介として親交を結び、関ヶ原合戦以前に毛利氏家中から出奔して家康へ仕えたとされる。「寛永諸家系図伝」高山家では、会津征討から西上するために江戸へ帰った家康のもとへ、盛聴は鉄炮百挺をもって赴き、藤堂高虎《とうどうたかとら》・本多正信《まさのぶ》を奏者として

南宮山（岐阜県不破郡垂井町）

家康への仕官を願い、その志に感激した家康から与力十騎・鉄炮同心百人・二百人扶持を与えられて、関ヶ原に参戦したとする。

この経緯を証する同時代史料は確認できないが、慶長七年十月二日付けで家康は「高山主水」に対して、備中国後月《しつき》郡木子村（岡山県井原市）において一千石を与えている（『記録御用所本古文書』）。「高山主水」は裳懸盛聴のことであり、旗本に取り立てられたことを示す。関ヶ原合戦における具体的な戦功は定かでないが、旗本に取り立てるに相応しい何らかの働きがあったと推測される。隆景の毛利家を守るという意思は、遺臣たちの自らの家を守る、自分の能力に見合った待遇を得たいという望みの前には無力だったのである。

次に、毛利氏家中に編入された隆景遺臣の動向をみていこう。

井上景貞・裳懸福寿（采女正の子カ）は関ヶ原合戦に先立つ伊勢国安濃津城（三重県津市）攻撃において、安国寺恵瓊組に配置されていた（『毛』）。安濃津落城後は、南宮山《なんぐうさん》に転戦したと考えられる。

当初は輝元とともに大坂城に在城し、後に、西軍から離反した京極高次の籠もる大津城を攻撃するために秀包や毛利元康らとともに出撃した部隊には、佐世正勝や粟屋景雄・井上次郎右衛門（春忠の

徳島城跡（徳島市徳島町）

子弟カ）（『閥』）、さらに追加で大津城へ向かった部隊には、清水景治（「譜録」）や村上景親（『今治市村上水軍博物館保管村上家文書調査報告書』）があった。一方で、草苅重継は輝元に従って堅田《かただ》元慶《もとよし》らとともに大坂に留まっていた（『閥』）。なお、大津城へ井上景貞が使者として派遣されているが、関ヶ原合戦当日、恵瓊とともに南宮山に居たのか、大津城に留まっていたのかは不明である。

また、乃美景継（宗勝の子）や村上景広《かげひろ》（能島村上庶家）を指揮官として、尾張国野間・内海（知多半島）において戦闘が繰り広げられている（『毛』）。彼らの指揮下で戦功をあげた武将のほとんどは、隆景遺臣であった。伊勢湾の制海権を掌握しようとした動きであり、旧隆景水軍が毛利氏水軍の中で最強クラスであったことを示している。

次に、輝元が西国を影響下におさめようとして展開した軍事行動においても、隆景遺臣は重要な役割を担っている。

まず、蜂須賀氏の支配する阿波国への進攻においては、村上景親が父武吉や兄元吉《もとよし》とともに加わったほか、武吉・元吉が伊予へ、景親が大津へ転戦した後には、仁保民部少輔や椋梨景良が占領した徳島城などの管理のために派遣された（『閥』）。

続いて、伊予進攻についてみていく。天正十五年に隆景が北部九州へ移封された後の伊予国には、福島正則《ふくしままさのり》（東予と中予の一部）、粟野秀用（中予の一部）、戸田勝隆（南予）などの豊臣系大名が入封したが、その後の領主の変遷により、関ヶ原合戦時には、東予に小川祐忠《おがわすけただ》、中予に加藤茂勝（後の嘉明《よしあきら》、松前城主）、南予に藤堂高虎（板島《いたしま》城主、喜多郡の一部は池田秀氏）という豊臣系大名が配置されていた。なお、野間・風早二郡は来島一族に与えられ、関ヶ原合戦当時の当主は来島康親《やすちか》であった。

このうち小川・池田・来島は西軍に荷担したが、加藤茂勝と藤堂高虎は家康の会津征討に従っており、反徳川闘争決起後も反転・西上し、関ヶ原合戦に東軍として臨んだ。茂勝・高虎ともに会津へは相当の兵力を連れて向かったものと考えられるが、国元にもある程度の兵力を残していた。

輝元はその茂勝・高虎領内のかつての国人領主らを調略しようと企てた。長宗我部攻めの際に敵対行動を示した金子氏など東予領主の一部などは断絶したが、茂勝・高虎領の南予の領主の多くが新たに国主となった隆景に仕え、河野氏奉行人であった出淵や垣生も隆景の下で活動したことについては第四章でみたところである。しかし、隆景の北部九州への移封時には、能島村上一族や村上吉継（得能二〇〇〇）、村上吉郷《よしさと》（中平二〇〇八Ⓑ）といった海洋領主層が隆景（能島村上氏は輝元）に従い伊予を離れたのに対し（山内二〇一五）、平岡氏など中予の領主や喜多郡の国人領主曽祢氏などは伊予に残留し、そのうち曽祢景房は戸田勝隆に召し抱えられている。なお、河野通直は隆景九州国替え後、毛利氏領国の安芸竹原へ退去するがその直後に死没し、河野家は断絶した。通直の死について、輝元の黙認のもと、秀吉によって暗殺されたとの説もある（西尾二〇〇五）が、確証はない。蟄居させられ、もはや大きな影響力を持たない通直をあえて殺害する動機は、少なくとも隆景や輝元には乏しい。その後の河野氏旧臣の動向をみても、隆景らに対する反発は窺えない。隆景や輝元が通直殺害に関与した点については否定されよう。

戸田勝隆に召し抱えられた曽祢景房は、戸田氏断絶時に伊予を離れて隆景に仕えたが、隆景死没後の紆余曲折を経て（第六章参照）、関ヶ原合戦時には毛利氏家中へ編入されていた。輝元は茂勝・高虎領の調略に際し、この曽祢景房を起用した。喜多郡・宇和郡の国人領主層に広範な人脈を持っていた曽祢景房を通じて、高虎領への進攻を前提に村落に基盤を持つかつての国人領主層に対して、毛利氏への協力を呼び掛けたのである。曽祢に託された指令には「先年公広・中国御入魂のよしみ」（『閥』）とあり、西園寺公広のようなかつての主君に対する国人領主層への愛着心、伝統的な支配構造を破壊した豊臣系大名への反感を利用しようとした状況が窺える。

伊予における悲劇

調略を進める一方で、八月二十日には村上吉継の嫡系で、隆景家中を経て毛利氏家中に編入された村上景房らへ「先日の首尾に早々御下り候えとの御意候、様子においては武吉父子・佐石（佐世元嘉）仰せ談じらるべく候、万事越度なく御肝煎肝要候、船数・人数等この節候条、御馳走もっとも候」（「村上」）との書状が発せられている。この書状からは、広島留守居の佐世元嘉の差配の下、阿波から呼び返された村上元吉のほか、元吉の父武吉、前述の曽祢景房を中心に軍事進攻の準備も着々と進んでいたことがわかる。また、この書状には現れないが、伊予国喜多郡の領主の末裔と考えられる兵頭正言が渡海用の警固船を用意し、その後伊予における戦闘に参加していたことも確認されるなど、能島水軍の村上武吉父子のほか、村上景房、村上吉郷の後継者となった少左衛門尉の実父村上三郎左衛門（森山二〇〇三）といった伊予に関係の深い人物が進攻軍勢に選ばれている。

その後、準備の調った伊予進攻軍勢は九月十日前後に広島を発ったものと考えられ、九月十四日には松前沖の興居島に達した。『河野家譜』によると、河野通直の死没後、毛利家において評議し、御台所の甥である宍戸氏の息を幼君として擁立し、河野太郎を名乗らせ、その河野太郎が後に通軌《みちのり》と名乗り、慶長五年の毛利勢伊予進攻の旗頭となったとされる。しかし、十五日に指揮官村上武吉父子と宍戸景世から伊予の豪商とされる武井宗意・宮内休意へ、村々に対して進攻に協力するよう説得するよう要請しており（『今治市村上水軍博物館保管村上家文書調査報告書』）、宍戸景世が進攻軍勢の総大将格となっている。

宍戸景世はその家系が萩藩に残っていないため、謎の多い人物である。文禄三年、河野通直母の菩提を弔っている（高野山上蔵院「河野家御過去帳」）。また、「高野山上蔵院文書」所収の景世書状には、景世が河野氏家臣平岡氏から宍戸氏に入った養子である旨の異筆が付されているが、毛利勢の侵入に呼応して蜂起したとされる平岡善兵衛直房《なおふさ》と仮名が似通っていることから後世に混同された蓋然性が高い。河野太郎が河野通軌を名乗ったという記録も平岡直房の兄（父ともされる）通倚《みちより》と混同されたのであろう。『河野家譜』における御台所が通直母を指すものとすると、宍戸元秀（通直母の兄弟）の子が河野太郎にあたることになるが、宍戸家系図において、元秀の子に景世なる人物は見当たらない。

他方、後の大坂の陣の際、豊臣秀頼に属して大坂城に入った佐野道可《どうか》（宍戸元秀の次男内藤元盛）の処分に関連する書状に宍戸景好なる人物が見られる。景好は元秀の五男とされる。景世は景好の子元真とする見解もあるが（西尾二〇〇九）、景好の大坂の陣の際の官途名は景世と同じ善左衛門尉であり、景世と同一人物という可能性もある。しかし、宍戸家系図においては景好の官途名は掃部頭・但馬守とされており、確定できない。

いずれにしても、慶長五年の段階で河野家の後継者的な位置づけにあったのは宍戸景世であり、ゆえに景世を伊予進攻勢の指揮官としたのである。これによって、河野家再興という大義名分を掲げることができ、河野氏旧臣のみならず、茂勝領の百姓層も毛利勢へ協力することを見込んだのである。

三津浜にある厳島神社（松山市三津神田町）

このようなさまざまな調略を行った後、毛利勢は四国本土へ上陸した。ところが、三津浜《みつはま》で野営中の九月十七日、茂勝留守居軍の奇襲を受け、村上元吉・曽祢景房らが討死した。

通説では、三津浜の戦闘により村上元吉・曽祢景房らを失った進攻軍勢は壊滅状態に陥ったとされてきたが、事実は異なる。

九月十八日付け村上景房宛佐世元嘉書状（「村上」）には、「去十七日の夜、御陣所において敵てだてに及び候のところに、御手砕かれ、鑓下において御高名誠比類なき次第に候、即大坂に至り注進遂げ候間、御感の趣きっと仰せ出さるべく候、そこもとにおいて様子を各へ申し入れ候、猶もってその地丈夫の御覚悟の由もっともに存じ候、猶宍五兵（宍道政慶）・木屋新兵（元公）申し達さるべく候」とある。進攻軍勢は村上景房らを中心に、なお伊予での軍事行動を継続しようとしている様子が判明し、壊滅状態に陥ったわけではなかった。

茂勝勢の勝利を強調する加藤家の編纂史料である「明公秘録」（『松山市史料集』）においてさえ、十七日の戦闘で茂勝勢に多くの戦死者が出たことを記述しており、三津浜の戦闘は両軍に多くの死傷者を出し、両者は態勢を立て直すために三津浜を引き払ったものと考えられる。以下、「明公秘録」の記述に従い、その後の動向を整理してみよう。

進攻軍勢は三津浜から広島へ撤退するのではなく、逆に内陸部に侵攻し、久米の如来院を占領した。これは荏原《えばら》城で蜂起したとされる河野氏家臣平岡氏と連携したものであろう。平岡氏は中世末期の河野氏権力の中枢に位置したとされ、能島村上氏と婚姻関係にあった（村上景親の妻は平岡通倚の妹）ほか、山方の境目領主（喜多郡の津々喜谷氏、浮穴郡の大野氏・出淵氏）との間にも婚姻関係があり、伊予の国内諸勢力への影響力を持っていた。平岡氏のほか、正岡氏なども同時に蜂起したとされており、加藤茂勝の入部により給人身分を失った河野氏旧臣らが、河野家再興の旗印のもとに進攻軍勢に同調した様子が窺える。これらの記述を同時代史料で確認することはできないが、防長移封後に平岡直房が毛利氏家中に加わっている（岡氏を名乗る）ことから、進攻軍勢が河野家旧臣と連携していた蓋然性は高いといえよう。

その後、十九日には茂勝勢と如来院で戦闘になり、茂勝勢の指揮官黒田九兵衛などが討死した。二十三日には三津木ノ山で戦闘があり、茂勝勢に戦死者が出たが、翌日関ヶ原合戦の報を受け、進攻軍勢は撤退したとされる。結果として、伊予占領作戦は曽祢らの犠牲を出したのみで、何ら得るものはなく終結したのである。

隆景遺臣の離散(1)——井上春忠・景貞、粟屋景雄

関ヶ原における戦闘の結果、毛利輝元が総大将格であった西軍は敗れ、輝元は伊予への進攻などの責任も追及されて、周防・長門二国への減封処分となった。この減封に伴う毛利氏家臣の給分については、慶長六年三月五日付け宗瑞定書写（『閥』）に「家中の者給地最前の辻引き合わせ、五分の一配当すべき事」とあり、五分の一への削減方針が示された。しかし、実際には一律に五分の一とされたわけではなく、優遇される者、冷遇される者の差が生じた。

そのような状況のもと、元来、輝元との主従関係を有しなかった隆景遺臣たちは、輝元への忠誠心は薄く、給分削減を甘受してまで、毛利氏家中に残る必然性にも乏しかったと考えられる。まず、隆景死没直後の起請文に連署していた七名のうち、関ヶ原合戦前に誅伐された鵜飼を除く六名、および隆景家中における最大級の家臣乃美宗勝子孫の動向をみていこう。

井上春忠・景貞父子と、粟屋景雄は、慶長六年（一六〇一）十一～閏十一月頃、毛利氏から出奔した。景雄の兄弟で粟屋惣領家の跡を継いだ（元種の養子）粟屋元貞《もとさだ》が十一月八日付け（Ⓐ）、および閏十一月十五日付け（Ⓑ）で提出した起請文前書（『毛』）に、出奔に至る経緯などが記されている。

Ⓐ一、四郎兵衛（景雄）が出奔したことを、昨日、輝元様から聞かされて、たいへん驚きました。五郎兵衛（景貞）と四郎兵衛の進退については、以前にも殿様（輝元）から直接命じられていましたので、そのことを心得て、先日上られた際にも、このことを重ねて肝に銘じていたところでした。

Ⓑ一、伯耆守（春忠）・五郎兵衛が出奔したことを、今朝、福原広俊から聞かされて、知りました。非常にとんでもないことです。そこで、私の心底についてお尋ねがありました。以前に申し上げた通り、まったく変わったことはありません。伯耆守は出奔しましたが、私が同様に出奔することは絶対にありません。

一、四郎兵衛の不届きについて、とんでもないことだと以前に何度も申し上げましたので、今は申し上げません。

一、今後は、四郎兵衛とは会いませんし、書状を取り交わすこともいたしません。仮に、毛利氏へ復帰したとしても、兄弟付き合いは絶ち、御奉公に専念します。

出奔以前から景雄と景貞については動向が怪しまれていた。そこで、景雄の兄弟である元貞を通じて自重を働きかけていた。十月十日付けで景貞は次のような起請文（『毛』）を提出して、出奔の意思を否定している。

一、このたび、三原衆の多くを召し放たれましたが、私の兄弟までも召し抱えていただき、外聞上も、現実的にもありがたいことです。

一、このところ、私の動向について何かと噂があるようですが、伯耆（春忠）はもちろん、御恩を忘れていませんので、私が毛利氏から出奔して、他大名に仕えることなど考えていません。

一、豊前奉行衆（細川忠興の奉行人）がおっしゃったとのことで、村上八郎左衛門（景広）・包久内蔵丞（景真）・三刀屋の三人から、毛利氏家中において我慢することができなければ、こちら（細川氏）へ来るようにと勧誘されましたが、その誘いには乗りませんでした。こちらから通交したわけではないことは、彼らからの書状にも記されていますので、お目にかけます。

一、細川氏以外に、私に仕官の見込みがあるわけではありませんので、このことを何度も申し上げたいと思います。

一、兄弟たちがどのような考えを持とうとも、私はひたすら毛利氏にお仕えする覚悟です。

景貞や春忠は、これ以前に細川氏から勧誘があったが、毛利氏に残る意思を表明している。一方で、輝元は所領削減に対応するため、忠誠心の薄い者が多いとみなして、三原衆（隆景遺臣）の多くを防長に随伴しないこととしており、隆景遺臣にとって、毛利氏家中は居心地のよいものではなかった。そのため、まず景雄が先に出奔し、続いて、春忠・景貞も出奔したのである。その結果、元貞までもが動向を怪しまれる事態となった。元貞は毛利氏家中に留まったが、景雄のような毛利家譜代の代表格粟屋家から出奔者が出たことは毛利氏にとって大きな衝撃だったのであろう。

出奔した春忠父子は伊予松前（のち松山）城主加藤茂勝（嘉明）に召し抱えられたという（「長陽従臣略系」）。茂勝は関ヶ原合戦において東軍として参戦したうえ、毛利勢による伊予進攻を食い止めた戦功によって、伊予国内で加増され、二十万石を領有する大名となっていた。伊予国内にも精通している春忠父子の能力を買って、勧誘したと推測される。なお、春忠は伊予において死没したが、景貞はその後加藤氏からも離れて、大坂において死没したとされる。景貞の子元景のときに、長府藩（萩藩支藩、藩主は秀元）、のち萩藩に帰参したが、その子就相の代に断絶。就相の弟瀬兵衛は広島藩浅野氏に仕えて、千石を得たとされ、広島藩において井上家は存続した（「長陽従臣略系」）。

また、その他の井上一族についてみると、井上孫兵衛尉就正は、天正十三年二月、輝元から官途名「豊後守」を与えられ、嫡孫宮法丸（元景）は、天正十六年閏五月二十五日付けで輝元から跡目を安堵されており（『閥』）、早い時期に毛利氏へ復帰していた。このため、井上孫兵衛家は江戸期においても毛利氏家臣として存続した。このほかの井上一族をみると、井上弥兵衛尉（景家）は『萩藩閥閲録』の由緒書によると、隆景死没後に毛利氏へ復帰したとされ、この家も毛利氏家臣として存続している。

粟屋景雄は、毛利氏が没収された安芸・備後国に入部した福島正則に仕えたとされる（「長陽従臣略系」）。正則は居城を広島に置き、三原も重要な支城として機能した。ゆえに、景雄の存在は貴重なものだったであろう。景雄は安芸国で死没したとされるが、その子加兵衛は福島氏の断絶後、加藤嘉明の子明成《あきなり》（会津藩主）に仕え、加藤氏の断絶後、秀元に仕えて、子孫も長府藩士となった。

隆景遺臣の離散（2）——末長、包久、桂景種、乃美

末長景直については、慶長十二年（一六〇七）頃のものと推測される七月十六日付けで、吉川広家に対して書状（『吉』）を発している末長良味と同一人物である。その書状中に記されている「先日の御か条」とは、慶長十二年六月三日付けで広家が長政に提出した起請文を指し、それに先立つ五月二十二日付け広家宛て長政書状（『吉』）には「昨日、七郎左衛門尉（景直）に御返事、満足仕り候」とある。良味は黒田長政の使者として広家と通交しており、この時点で、福岡藩に属していたことが判明する。長政に仕えた時期は特定できないが、関ヶ原合戦以降に毛利氏から離脱したのであろう。良味はその後も黒田氏家臣として活躍し、末長家は福岡藩士として存続した。

包久家のうち、座配にみられる内蔵丞景真は、先に引用した井上景貞起請文において、細川氏家臣として、景貞の勧誘に当たっており、関ヶ原合戦後早い時期に、毛利氏から出奔して細川忠興に仕えている。慶長五年の野間・内海合戦への参加が確認される藤兵衛・弥三郎（景勝）はいずれも、慶長年間には黒田氏家臣となっている（「庄林家文書」「麻生家文書」）。奉行人として活動した景相の動向は不明であるが、少なくとも毛利氏家中には残留していない。

桂景種は慶長十六年（一六一一）に京都において死没し、その子景慶は吉川広家に招かれて、岩国藩士となったとある（「桂氏系譜」立正大学経済研究所『長州藩士桂家文書』）。景慶が「宗真」と名乗って岩国藩にあることは「藩中」（岩国徴古館蔵）においても確認され、景種が関ヶ原合戦後に毛利氏から

出奔したこと、最終的には牢浪したため、その子景慶は岩国藩に属したことが判明する。

以上のように、末期隆景家中の中枢層はすべて毛利氏から離脱している。隆景のもとで中枢奉行人として領国支配を差配していた彼らにとって、毛利氏奉行人の指揮下で活動する現状は満足できるものでなかった。ゆえに、自分の能力を生かせる、自分の家の規模を維持できる給分を与えてくれる他大名への仕官に積極的だったのである。

次に、天正二十年に死没した乃美宗勝の子孫についてみていく。嫡系は萩藩に残留した景継である。景継は慶長四年七月八日付けで「私事兄弟歴々御座候、さようの儀とも、又は何たる申し成し御座候とも、御紕明遂げられ下さるべき事」という起請文を提出している（『毛』）。兄弟間で何らかの対立があったことを窺わせるが、毛利氏家中への編入時期は定かでない。景継の弟助兵衛は、慶長五年九月の尾張国野間合戦において、景継に属して戦功を上げているが、この時すでに「磯兼」を称しており、磯兼景道の後継者となっている。助兵衛は景綱を名乗り、磯兼家も毛利氏家臣として存続した。

一方で、文禄四年十一月二十五日付けで宗勝寺《そうしょうじ》に対して書状を発給している（「宗勝寺文書」）乃美新四郎景尚と新次郎景嘉については、関ヶ原合戦後の毛利氏には残留していない。このうち新四郎は、文禄五年に従五位下主殿助に叙任されている（「乃」）。その後、慶長四年七月十三日付けで「このたび、新次郎進退の儀について、御一人に仰せ渡され候や、段々仰せ聞かさる趣、その旨存じ候、以来、私心底御疑いもやと申し上げ候事」「新二所存あらず段は、今さら申し上げるにあたわず候、それにつき、呼び返し申すべきの由仰せ渡され候、成る程の儀、短息仕りたく候、一つは上意と申し、一つは宗勝御忠儀の子細ども所存あらずの兄弟ども故、引き崩し申すべきの事、残り多く存じ候事」という起請文を提出している（「毛利家文庫遠用物所収文書」）。この時点で、新次郎が毛利氏から離脱したのであるが、新次郎は三成の失脚により北部九州の所領を失い、毛利氏家中に編入されたことに不満を抱いたのであろう。

ところが、新次郎を引き留めようとした景尚も、関ヶ原合戦後には毛利氏から出奔して、細川忠興に仕えた。慶長六年に比定される四月八日付け乃美景継起請文（『毛』）に「このたび、村上八郎左衛門尉（景広）ならびに私弟主殿助・歴々、他出仕り候といえども、同心いたさず、一篇に存じ究め候事」とある。細川氏家中において景尚は「主水正景嘉」を名乗り、石高一千五百石の重臣層として活躍した。その子孫も熊本藩士となっている。

新次郎は毛利氏出奔後、「甚右衛門」を名乗り、関ヶ原合戦後には、池田利隆《としたか》（輝政の子、姫路城主）に仕えたとされる（「吉見・浦・両村上略系譜」）。池田氏への仕官を同時代史料で証することはできないが、慶長六年に比定される六月五日付け正岡入道休意書状写（「村上」）において、その動向が確認できる。休意は大坂に滞在していたが、「乃甚右御物語りあるべく候」「甚右さまとこの中節々話し申し候て申し上げ候」とあることから、この時点では乃美甚右衛門も大坂に居たこと、宛所である村上景房が仕官した細川忠興領へ下向したことが判明する。甚右衛門は牢浪中であり、兄景嘉を頼って下向したと考えられるが、細川氏に仕官した形跡はなく、その後、池田氏に仕官したのであろう。いずれにせよ、乃美家は宗勝の次代において、分裂することになったのである。

その他の隆景遺臣

萩藩士として存続した家について、⑴小早川家一族、⑵旧小早川家被官、⑶毛利氏から移った家臣、⑷天正十年以前の新参、⑸小早川家・毛利家以外の国人領主、という出自に分けてみていこう。

⑴は先にみた乃美景継や磯兼景綱のほか、乃美宗勝の弟元信、沼田新庄家惣領の椋梨（庶流の半兵衛は細川氏へ仕官）、沼田本庄家庶家の梨子羽。⑵は沼田家被官の金山。隆景奉行人として活動していた横見助右衛門の孫とされる甚四郎は牢浪したのち、大坂の陣で討死し、その後、弟与次郎（就政）が毛利秀就に召し抱えられたと伝わる。⑶は先にみた井上孫兵衛尉家・弥兵衛尉家のほか、岡、児玉与四郎家。⑷は飯田。⑸は清水、草苅、益田景祥、村上景親、曽祢のほか、末近、林、杉原（春良）らである。他の区分に比べて、⑸の多さが目立つ。

なお、河野氏旧臣では、先にみた平岡のほか、友近弐助が隆景に仕えており、その子とされる次郎右衛門は、隆景妻問田大方が関ヶ原合戦後、周防国吉敷郡問田村（山口市）に移った際に随伴して、その後、毛利氏に仕えたと伝わる（『閥』）。友近家の由緒書には、友近とともに問田大方に随伴した人物として、椋梨二郎左衛門・久坂五郎右衛門・久坂正兵衛・南市兵衛・南清閑・南清右衛門・金山藤右衛門・日名内助兵衛・原助右衛門が記されている。椋梨が沼田家庶家（新庄家惣領）、南が竹原家庶家、金山が沼田家被官、日名内が竹原家被官であり、多様な出自の者から構成されている。

このうち椋梨景良は、慶長五年十一月二十三日付けで、千百九十四石余を知行していた旨の書立を提出した（『小』）が、その後、毛利氏家中から離脱したようである。慶長八年四月頃、景良の子就次が問田大方の取り成しによって帰参して（『小』）、その後、一ヶ月のうち十五日は、問田大方に仕える「御裏老役」を務めたという（小川二〇一六）。問田大方は沼田家の出身であり、沼田家関係者のために尽力することも少なくなかったのであろう。椋梨以外の随伴したとされる者が、椋梨のように両属であったのか、問田大方のみに仕えていたのかは定かでない。椋梨を除くと、関ヶ原合戦後の慶長期において毛利氏家中に確認できないが、南清右衛門は寛永期から毛利氏家中に確認できるようになる。問田大方は元和五年（一六一九）五月二十日に死没しており、それ以前は問田大方付きの陪臣であったものが、死没後に毛利氏直臣となった可能性もある。

先にみた井上春忠家・粟屋景雄家・桂景種家など、いったん出奔したものの、仕官先において、世代が交代すると、再び萩藩（あるいはその支藩）へ復帰した家もしばしばみられる。能力を買われて他大名から勧誘されたという経緯ゆえに、仕官先の藩主との人格的結合関係に基づく要素が大きく、仕官先の大名家において固定的に帰属することは難しかったのではなかろうか。横見家の場合も、いったんは他大名家に仕官していたが、牢浪して大坂城に駆けつけた可能性がある。沼田本庄家庶家の国貞も、江戸期初頭の元和～慶安期に「上田」を名字として毛利氏家中に確認できるようになることから、それ以前にはいったん、毛利氏中から離脱していた蓋然性が高い。

逆に、江戸期の萩藩士として確認できなくなる家は、⑴、⑵に多い。前項までにみた者以外では、⑴本庄家庶家の小泉、新庄家庶家の能良、竹原家庶家の小梨・草井・中屋、⑵真田・田坂・野上（沼田）、河井・日名内・吉近・手嶋・用田・岡崎・山田（竹原）が挙げられる。

このうち、真田は吉川家に、田坂は萩藩士堅田家の陪臣として確認できる（いずれの家も複数の家があるため、すべての家が陪臣になったわけではなく、在地に残った家もあったと推測される）。座配には現れないが、竹原家被官の嶋末は、萩藩士浦家（乃美景継系）陪臣となっている。

そのほか、筑前隆景領の実務役人として活躍した神保家については、源右衛門尉と推測される人物が、広島城下の山口町に来住して年寄役となり、その子の一人新四郎は安芸国海田へ来住して、「天下送り・宿送り役」も務める有力な町人となったとされる（広島県立文書館二〇一四）。また、竹原家被官の荒谷家は本拠である賀茂郡に帰農して、庄屋を務めている。

(5)の層のうち、他大名に仕えたことが明確に判明する者として、村上水軍の庶流が挙げられる。能島村上系の景広、次郎兵衛（武満の子カ）、来島村上系の景房（後に、一時期、毛利氏へ復帰したが、さらに、紀州徳川家へ転仕）、少左衛門尉（森山二〇〇三）はいずれも細川忠興に仕えており、小倉城を領有することになった細川氏の水軍力を充実させるために、引き抜かれたものであろう。(2)の竹原被官の出自で、河野氏との連絡・調整の任に当たった山田新右衛門家も寛永十三年（一六三六）に細川氏に召し抱えられていたが（寺川二〇〇〇）、それ以前は加藤嘉明家臣として、伊予国において二百五十石を給与されている（大阪城天守閣『山田家文書』）。

毛利氏防長移封直後期の隆景遺臣の動向をまとめると、(1)小早川家一族のうち、沼田系については最上位格の椋梨・梨子羽のみが毛利氏直臣として残留し、竹原系は毛利氏直臣にはみられない。一族の中で最大級の乃美（浦）については、入嗣先の磯兼も含め、おおよそは残留したが、離脱した者もある。⑵被官層の大部分は毛利氏直臣としては存続していない。⑶毛利氏から移ってきた層のうち、隆景死没時およびその後に領内統治の中枢にあった井上春忠・粟屋景雄・桂景種らは離脱し、その他の者はおおよそ残留している。⑷新参も同様に、中枢にあった鵜飼は誅伐され、中枢からは外れていた飯田は残留している。⑸伊予領有以前の外様系の家臣については、大部分が残留している。伊予国を出自とする者についても一部、残留しているが、北部九州を出自とする者はみられない。

このように、関ヶ原合戦後、隆景遺臣は四分五裂していき、毛利系小早川家は隆景死没後、三年足らずで完全に解体されたのである。

なお、小早川家に伝来した文書を持ち伝えた萩藩士堅田家の祖堅田元慶（宮崎二〇一二）について、『萩藩閥閲録』の由緒書には、隆景は元慶を継嗣にしようとしたが、元慶が辞退したこと、隆景の伊予へ移った際に、三原城を譲られた（あるいは預けられた）ことが記されているが、いずれも事実とは考え難い。関ヶ原合戦後の隆景遺臣団の解体によって、文書類を管理する者がいなくなったため、輝元の出頭人的奉行人であった元慶が管理することになったと推測される。

2　岡山城主秀秋と小早川家断絶

岡山への移封

軍記類においては、関ヶ原における戦闘終了後、秀秋は石田三成の居城佐和山（滋賀県彦根市）攻めを家康から命じられたとするものがみられるが、定かでない。関

岡山城（岡山市北区丸の内）（岡山城提供）

ヶ原合戦直後の九月十八日付け福島正則・黒田長政宛て徳川家康書状（「普済寺文書」）に「中納言殿は備前の牢人衆ども添え、備前へ遣わし候て御座よく候わんと存じ候」とあり、秀秋は西軍に荷担した宇喜多秀家領国の接収を命じられた。公的な決定ではないものの、宇喜多氏領国を秀秋に与えることを念頭においた派兵であった可能性もある。また、右記書状の「備前牢人衆」とは、宇喜多秀家と対立して関ヶ原合戦以前に宇喜多氏家中から退去し、関ヶ原合戦において東軍に荷担した宇喜多氏旧臣を指す。領国に残っていた宇喜多氏家臣による抵抗はなく、秀秋や「備前牢人衆」は、無事に岡山城を開城させた。その時期を特定することはできないが、先にみた十月十四日付け平岡頼勝禁制に「当手軍勢濫妨狼藉の事」「陣取放火の事」とあり、十月半ばにおいても軍事態勢は解除されていなかった様子が窺えるため、岡山城接収もほぼ同時期と推測される。なお、後述するように、十月十五日付けで、筑前国において年貢収納が命じられており、一部の家臣は筑前国に残って、当年分の年貢を移封先に持っていこうとしている。

秀秋の新たな支配地域は、宇喜多氏領国（備前・美作・備中の一部・播磨の一部）のうち、宇喜多氏旧臣（戸川達安《とがわみちやす》が都宇・賀陽《かや》郡において三万石弱、花房職之《はなぶさもとゆき》も同郡において八千石余）や、秀秋の父木下家定

（足守において二万五千石）に与えられた備中と、姫路城主となった池田輝政が領する播磨を除く、備前・美作二国である。石高については諸説があるが、おおよそ四十万石。宇喜多直家・秀家によって築かれた岡山城を居城とした。

秀秋の岡山城主期はわずか二年であるが、秀秋は積極的に岡山城の改修を行った。その成果については「外堀の掘削で、秀家の岡山城の北と西側を大きく取り巻き、三之外曲輪《さんのそとくるわ》を創設して郭内面積を一挙に倍増させている。外堀は二十日間の突貫工事で完成させたとの伝承をもつが、本格的な石垣は伴っていないようで、幅の広い土塁を城内側に形成している。南側の天瀬地区などは直接外堀によって画されるに至り、南部の外堀は秀家の内堀を活用したともみられ、東辺も恐らく部分的ではあろうが旧河道と重複する事実が確認できる。外堀に面する五個所では後に続く位置に門が設けられたという」とされている（岡山市教育委員会、二〇〇一）。

岡山城主期の家臣団

入部当初から、領国支配の中枢にあったのは、平岡頼勝と杉原紀伊守である。杉原は頼勝が禁制を発した十月十四日に先立つ十月十日付けで、美作国西郡の社家役を注連大夫に対して安堵する文書を発給した（「岡田家文書」）ほか、翌年六月には稲葉通政や伊藤雅楽頭とともに数通の寺社寄進安堵状・禁制を発給している（「藤井文書」「化生寺《かせいじ》文書」「金山寺《きんざんじ》文書」「西大寺《さいだいじ》文書」「中山神社文書」）。また、伊藤雅楽頭とともに、備前国赤坂郡山口村・斗有村（岡山県赤磐市）から「柴山の儀、申し分これなく仰せ出さる旨候条、今より以後、右両村申し分あるまじく候」という文書を受給しており、村落支配に関与している（『黄薇古簡集』）。なお、慶長五年十月十五日付けで、西郡和泉守（久左衛門と同一人物カ）・伊藤雅楽守（頭）とともに、筑前国板持村（福岡県糸島市）庄屋・年寄に年貢運上を指示した（「朱雀文書」）杉原下野守と紀伊守とは同一人物の可能性がある。下野守はこれ以降の史料にみられず、逆に、十月十日以前の史料に紀伊守はみられない。下野守と紀伊守は父子あるいは兄弟で、この時期に家督交替があったのかもしれないが、十月十日の日付は、下野守が紀伊守を名乗った後に遡及したと仮定すると、同一人物に比定できる。

杉原は第一期名島城主期から、伊藤は第二期名島城主期から奉行人としての活動を確認できる。このほか、第二期から引き続き奉行人を務めている家として、西郡や国府が挙げられる。そのほか、長崎・佐野・伊岐・林・原田・本部・中野・志方・粟生など、岡山城主期の家臣団の大半は、従来からの家臣で占められていたと考えられる。隆景遺臣の中では、日野が引き続き秀秋家中にあった。

また、この時期に新たに秀秋領内において給分を与えられた人物として、西軍に属して除封された秀秋の兄俊定（五千石）のほか、豊前国小倉城主であった毛利吉成の弟吉雄の子とされる出羽守が挙げられる。豊前毛利氏も西軍に属して除封されていたが、秀秋は出羽守を五十三人の家臣を率いる組頭として抜擢しており（「岡山県立博物館所蔵文書」）、牢人となった名士を召し抱えて、軍事力の増強を図った。

一方で、『寛政重修諸家譜《かんせいちょうしゅうしょかふ》』奥平《おくだいら》家によると、亀山城主期からの重臣松野重元は、関ヶ原合戦時に秀秋家中から離脱したとされる。その叙述は「徳川氏家臣奥平貞治《さだはる》は、内応を約した秀秋の行動を監視するため、十四日から秀秋陣に滞在していた。十五日の戦闘に突入したのち、「問い鉄炮」にもかかわらず、秀秋勢の先手であった松野が動かないため、松野の陣に赴き、松野が動かないことは秀秋への逆意であるとして討ち果そうとした。そこで、松野は奥平に自分の率いる部隊をわたして、退去した」という内容であるが、事実に反していると考えられる。

松野は岡山城主期にも秀秋家中にみられる。備前国一宮吉備津彦《きびつひこ》神社における慶長六年の本堂造営にあたり、八月十五日付けで奉納された棟札には、大檀那として「羽柴中納言秀秋卿」、続いて「杉原紀伊守・稲葉内匠頭・伊藤雅楽頭・禰屋□□正・蜂須賀主水正」、その次に「松野主馬頭」と記されている（「吉備津彦神社関係文書」）。同年に比定される九月三日付け覚書（「萱家文書」）においても、二百七十五人の鉄炮衆を率いる指揮官として、「松野主馬允」がみられる。蜂須賀は第二次朝鮮侵略時に秀秋に随伴して渡海し、杉原下野守とともに秀秋側近として活動しており（『浅』）、在地領主層の禰屋を除くと、秀秋家中の有力家臣が名を連ねている。

仮に、『寛政重修諸家譜』の叙述する出来事が事実だとすると、戦場からの離脱後、秀秋家中に復帰することが許されるであろうか。許されたとしても、右のように重用されるとは考えられない。実際には、この後の稲葉・平岡らの退去と同時期に、松野も秀秋家中から退去したのである。『寛政重修諸家譜』の叙述は、おそらく松野家（あるいは重元自身）が、重元の倫理性の高さを強調するために主張した虚説に基づくものと推測される。

杉原紀伊守の誅伐

岡山藩士土肥経平《つねひら》が十八世紀後半に記した『備前軍記』は、秀秋の乱行について「秀秋が岡山へ入部して間もなく、政道は乱れ、秀秋は鷹狩りといった殺生のみを好み、あるいは、罪のない者を殺すという行状であった。そのため、稲葉内匠頭と杉原紀伊守が諫め、とりわけ杉原は強く諫言した。そのことに怒った秀秋は、村山越中を討手として、杉原の誅伐を命じた」と叙述している。

また、『備前軍記』では、杉原父子の誅伐後、稲葉のほか、松野主馬・蟹江彦右衛門・滝川出雲も退去したとする。一方で、平岡については家中に残ったとしている。

つまり、秀秋家中の重臣層の多くが、秀秋の乱行によってやむをえず家中から退去することになったとされるのであるが、『備前軍記』において叙述されるような秀秋の乱行は事実なのであろうか。

鷹狩りについては、先に引用した十月二日付け秀吉朱印覚書において「鷹狩りは無用」と戒められており、秀秋が少年期から過度に鷹狩りを愛好していたことが判明する。しかし、行き過ぎはあったかもしれないが、鷹狩りは遊芸の一つとして多くの武士に愛好されており、嗜みともいえるものであった。次に、殺生について、慶長五年に比定される七月五日付け秀秋書状（「武家手鑑」）に「先度は囚人の儀申し入れ候ところに、早速給い、祝着申し候、ただいま、斬り申したき刀所持候ゆえ、今一人囚人申し請けたく候」とあり、秀秋は囚人を用いて刀の試し切りを行っている。これも残虐な行為ではあるが、「罪のない者」を斬ったわけではない。

『備前軍記』が具体的に叙述した以外の乱行として想定されるのは、飲酒である。慶長五年に比定される四月九日付け秀秋書状（「大阪城天守閣所蔵文書」）に、「昨日は大酒ゆえ、さんざん酔い給い、正体なく候」とある。このとき秀秋は十九歳。少年期から酒を多く飲む日があったため、北政所から戒められることもあったという（黒田二〇一七）。

このように、秀秋の行動にも問題がなかったとはいえない。しかし、杉原の誅伐は乱行の挙げ句に、忠言を逆恨みした浅膚なものではなく、藩主として実権を掌握するための闘争の手段だったのである。第一次名島城主期にも、秀秋は領国支配を事実上差配していた山口玄蕃頭と対立した。その際には、秀吉の訓戒により忍耐を強いられ、最終的には、山口が独立大名化することによって、対立の解決が図られた。その時点からさらに成長した秀秋にとって、相変わらず、自分を形式的な藩主にとどめて、藩政を差配しようとする重臣層は許すことのできない存在となっていったのである。

このような若年の藩主による重臣層の排斥は、この時期にしばしばみられる（福田二〇〇五）。たとえば、伯耆国米子藩主中村一忠《かずただ》は慶長八年（一六〇三）、父一氏期からの重臣横田内膳を手討ちにしたという。一忠は十四歳。また、浅野長政の次男長晟は、広島へ移封直後の元和五年（一六一九）、重臣浅野左衛門佐を誅伐した。その当時の長晟は三十四歳であるが、兄幸長の死没によって、足守藩主（秀秋の父家定の死没後、勝俊・俊房の兄弟争いの結果、親族である長晟が継承）から宗家を継承した（その当時は和歌山藩）という経緯から、長晟の基盤は弱く、藩主としての権力を確立するためには、左衛門佐の誅伐が必要であった。寛永九年（一六三二）の福岡藩における黒田騒動も、黒田長政の跡を受けて藩主となった忠之《ただゆき》による重臣栗山大膳《くりやまだいぜん》の排斥計画によって引き起こされた事件である。その当時の忠之は三十一歳。秀秋のみが狂気の藩主だったわけではない。

いずれにせよ、杉原の誅伐と相前後して、従来の重臣層はほとんどが出奔した。杉原以外にこの時期以降に秀秋家中からみられなくなるのは、平岡・稲葉・松野である。秀秋が関ヶ原における「裏切り」に負い目を感じていたとするならば、「裏切り」を迫った重臣層を排斥することによって、免責されようと考えたのかもしれない。なお、日野についても『萩藩閥閲録』においては同時期の退去としている。ともに退去したと記されているのは、稲葉・松野のほか、齋藤権之助・天野民部・佐々路兵庫であるが、平岡は含まれていない。日野家の由緒書であり、信憑性は高くないが、「寛永諸家系図伝」平岡家においても「讒言によりて浪人」と記すのみであり、稲葉らと平岡とは別行動であったとも考えられる。

また、『備前軍記』において出奔したとされる滝川出雲は、滝川一益の三男とされる辰政《たつまさ》であり、滝川家の系譜によると、織田信包（信長弟）、豊臣秀勝（秀次弟）、石田三成に仕えたのち、慶長五年二月に三成家中から退去して、四月に秀秋に召し抱えられたという。辰政は平岡の娘婿であった。このため、平岡とともに出奔して、慶長六年八月に池田輝政へ仕官したとされる。

これらの騒動を明確に示す同時代史料は少ない。慶長六年に比定される閏十一月二十二日付け浅野長政宛て秀秋書状（「木下文書」）に「稲葉内匠不慮の儀申し候間、走り申し候、様子において一書をもって申し入れ候、御披見候て、御前然るべきように頼み申し候」とある。親族の長政を通じて、稲葉の出奔の経緯を報告しようとした相手は「御前」とあることから、徳川家康に比定できる。稲葉の処遇には家康への配慮が必要だったことを示しており、稲葉が家康の意向によって秀秋に付された可能性がみえてくる。結局、この騒動に基づく秀秋への処分はなかった。未だ家康の政治基盤が盤石でなかったこともあるが、藩主権限としての正当な誅伐であったと認定されたことを窺わせる。

藩政の大改革

杉原の誅伐・平岡・稲葉らの出奔後、秀秋の望みどおりに、藩政の改革が進行した。なお、遅くとも慶長七年一月には、秀秋は「秀詮《ひであき》」に改名している。秀詮の刷新策は、ア：給地・蔵入地の再編、イ：検地、ウ：軍事編成、エ：法制、に大別できる（黒田二〇〇九）。

アとして、慶長六年八〜十一月、志方主殿・徳平喜平次・原田権佐に対する知行目録を発給したほか、同年九月・十一月、閏十一月に林丹波守、十一月に伊岐遠江守、閏十一月には佐山外記へ加増を行うとともに、林に対する蔵入目録も確認される。これらのすべてが、誅伐・出奔家臣から没収した所領であるとは限らないが、在地支配のための緊急措置がとられたと考えられる。

イとして、慶長七年に比定される六月十七日付け国府内蔵宛て秀詮書状写（『因幡志』）に「来る七月両国検地すべく候」とあり、抜本的な給地・蔵入地の再編、在地支配の深化に向けて、備前・美作両国の検地を実施することとされた。検地の結果、九月三日付けで多くの給人に対する知行目録が発給され、秀詮と家臣との主従関係が明示された。

また、この書状の追而書《おってが》きに「なおもって、くわしく丹波方より越すべく候」とあり、検地の総責任者は林丹波守であった。当年の麦年貢の徴収に関する指示も出され、それを「惣代官へ相触れ申すべく候」とあるから、惣代官・代官といった在地支配のための機構を整備していたことが判明する。

ウとして、先にみた毛利出羽守のほか、伊岐らを組頭として組編成の再編が行われている。このうち毛利組には、新参家臣が配置された（「岡山県立博物館所蔵文書」）。その出自は、関ヶ原合戦後に除封された大名家（滝川雄利《かつとし》、高田治忠《たかだはるただ》、生熊長勝《いくまながかつ》、毛利吉政（吉成の子）、木下一元、太田一吉、赤松広道《ひろみち》、小西《こにし》行長《ゆきなが》、木下利房、木下勝俊、伊藤長門守ら）のみならず、存続している大名家（前田利長、蜂須賀至鎮、加藤清正、蒲生秀行《ひでゆき》、福島正則、谷衛友《たにもりとも》、奥平信昌《のぶまさ》ら）もみられる。仇敵である大谷吉継や石田三成、さらには徳川氏家臣、豊臣秀次・木村常陸介旧臣も含まれる。真偽は定かでないが、すでに代替わりしている中川秀政・一柳直末《なおすえ》や筒井《つつい》順慶《じゅんけい》を旧主とする者もあり、秀詮がさまざまな出自をもつ浪人を積極的に召し抱えて、重臣層の離脱を補おうとした様子が窺える。新参家臣の石高は最大で千二百石（一柳茂兵衛）で、ほとんどが三百石以上の大身家臣であった。原田権佐を組頭とする長柄《ながえ》部隊や、鉄炮隊も編成されており、これらは秀詮直属的な性格をもつものと推測される。

エとして、慶長七年に比定される六月二十四日付けで発布された組に関する法度がみられる。その内容は、(1)法度を破って先駆けすることの禁止、(2)兵具に関する規定、(3)通行時の規定、(4)喧嘩の禁止、(5)過度の飲酒の禁止、(6)他大名家との交際に関する規定、(7)家臣間における徒党行為の禁止、(8)銭湯に入ることの禁止、(9)幟《のぼり》、槍、鉄炮の賦課基準、(10)指物に関する規定、(11)夜間徘徊の禁止、など、軍事から日常活動に至るまで細かく規定しており、法によって家中を統制しようとした。とりわけ、「武士」としての厳しい心構えを求めており、「武」を尊ぼうとした秀詮の理想がみえてくる。卑怯な「裏切り」を「武」によって克服しようとしたのである。

これらの改革を通じて台頭したのが、秀詮側近層である。その筆頭格として、林丹波守・伊岐遠江守のほか、秀詮死没後に家康年寄衆（本多正信・正純、山岡道阿弥）に対して、秀詮領の知行高目録を林・伊岐とともに連署して提出した伊藤雅楽頭・赤尾隼人・国府内蔵丞・道家六郎左衛門が挙げられる（「壱岐文書」）。伊藤については遅くとも名島城主第二期から家中に確認され、国府は同時期にみられる弥左衛門と同一人物と推測される。道家は不詳である。

林は関ヶ原合戦時に秀詮から感状を賜っており（「記録御用所本古文書」）、秀詮側近の代表格であった。慶長六年九月に加増、十月には鉄炮衆の組頭となり、同月に蔵入地の代官、十一月、閏十一月にも加増、慶長七年七月には備前片上城（岡山県備前市）を預けられ、城領を加増されるなど、急激に家中における地位を上昇させていった。検地を主導したほか、慶長七年九月二十七日付け秀詮判物写（「記録御用所本古文書」）によると、財務も統括していたと考えられる。

伊岐は先にみたように、遅くとも慶長二年四月以前に秀秋に仕えている。慶長四年三月には鉄炮組、十月には馬廻組三十一人を束ねる組頭となっており、林と並ぶ秀詮側近の代表格である。慶長六年五月、八月に蔵入地の管理、同年十一月、慶長七年九月に加増されるとともに、慶長七年六月に組頭、同年七月に備前常山城（岡山県玉野市、岡山市南区）を預けられ、城領を加増されている。

赤尾は慶長六年に比定される九月二十八日付け書状（「化生寺文書」）において、化生寺に対して「この表において御用の儀候わば、仰せ越さるべく候」と記しており、寺社関係に携わっていた可能性がある。伊藤と国府は岡山入部以前から奉行人であったが、国府は慶長七年の検地の際、林の統括下に置かれており、秀秋（秀詮）末期の奉行人層には、林・伊岐を筆頭格として、階層区分が存在したことを窺わせる。秀詮は側近層を上位に位置づけることによって、専制体制を固めていったのである。

秀詮の死と秀詮遺臣

専制体制を固めて、今から自らの手で藩政を運営していこうとしていた矢先、秀詮は慶長七年十月十八日、岡山城において死没した。享年二十一歳。同月十五日に兄俊定も死没しており、相次ぐ不幸に不審な点がないわけでもない。『舜旧記《しゅんきゅうき》』十月十八日条には「同月に兄弟三人病死也、諸人、不思議と申す」

小早川秀秋墓碑
（京都市・瑞雲院境内）

と記しているが、聖護院道澄の追悼文（『木下家文書』）によると、十月十五日の鷹狩りからの帰城後、気分が悪くなり、そのまま臥せって、十八日の朝、病没したとされる。

道澄が不名誉な死を故意に隠匿した可能性もあるが、前年から秀詮は酒の飲み過ぎによる体調不良に悩まされており（黒田二〇一七）、『備前軍記』において叙述されるような狂気の末の横死（鷹狩り中に斬ろうとした百姓に蹴られた、取り調べ中の山伏を斬ろうとして踏み殺された、小姓を手討ちにしようとして返り討ちにあった、殺生禁断の西大寺前の川で魚を捕ったところ帰途に落馬した）ではない。『関原軍記大成』において叙述されるような大谷吉継の亡霊に悩まされて狂気に走ったわけでもない。関ヶ原におけるにおける動向を「裏切り」と悪評されたことを気にしなかったとは考えられないが、そのような悪評を、岡山藩における「名君」となることにより払拭しようと意気込んでいた。しかし、その願い半ばにしてこの世を去り、悪評のみが残ったのである。

秀詮の死没によって、秀詮に与えられていた備前・美作二国は収公された。収公時の石高四十万四千石のうち、蔵入地が八万五千石余、給人領が二十万四千石余、空き地が十一万四千石弱。空き地の多さは、検地後の土地配分が完了していなかったことを示す。

次に、遺された家臣のその後をみていこう。

林丹波守は慶長九年八月、美濃国可児《かに》郡・中島郡において二千石余を与えられ、旗本となった。同様に旗本となったのが、初期からの秀秋家臣長崎伊豆守である。慶長九年閏八月、伊勢国一志《いちし》郡において千六百石余を与えられている。伊岐遠江守について、時期は明確でないが、金沢藩（前田利光《としみつ》〔利常《としつね》〕）に仕官したのち、和歌山藩（徳川頼宣《よりのぶ》）に仕官した（前田二〇〇七）。同様に、和歌山藩に仕官しているのが、原田権佐・小島太兵衛・栗本喜左衛門である。毛利出羽守の子久八は加藤清正に仕えたが、加藤氏改易後に土佐藩士となったとされる（今福二〇一六）。土佐藩にはその他の遺臣（原田）も確認される。その後の岡山藩（池田家）において確認されるのは、下方・岡田・川野・川口・岩田・龍野らである。秀詮旧領に残った者もあったが、他藩へ仕官した者、仕官しなかった者など、その選択はさまざまであり、秀詮家中は解体したのである。

続いて、秀詮死没前に退去していた家臣をみていこう。

平岡頼勝は、林と同日付けで美濃国可児郡・羽栗《はぐり》郡・中島郡・大野郡・不破《ふわ》郡・賀茂郡・席田《むしろだ》郡・本巣《もとす》郡・山県《やまがた》郡において一万石を与えられ、大名となった。徳野《とくの》（岐阜県可児市）に陣屋を置いたとされるが、嫡子頼資《よりすけ》の死没後改易され、旗本として存続した。

稲葉通政は、慶長十二年（一六〇七）に、美濃国羽栗郡で九千石、故地である十七条において千石、計一万石を与えられたとされ、さらに元和四年（一六一八）に、家康次男秀康の次男忠昌《ただまさ》に付せられ、越後国糸魚川《いといがわ》（新潟県糸魚川市）において一万石を加増された。その後、忠昌家中から退去したが、寛永四年（一六二七）下野国真岡《もおか》（栃木県真岡市）において二万石を与えられた。通政と春日局との間の子正勝《まさかつ》は徳川家光の側近として取り立てられ、老中に任じられた。その子孫は小田原→高田→佐倉《さくら》を経て、幕末には淀《よど》藩主であった。なお、通政の娘（母は春日局先妻である稲葉重通娘）婿堀田正利（正吉《まさよし》）も秀秋に仕えたのち、慶長十年（一六〇五）に五百石を与えられて、幕臣になった。正利の子正盛は家光側近として取り立てられ、老中に任じられた。幕末の堀田家は佐倉藩主であった。

松野重元は、その後、筑後国久留米城主田中吉政《たなかよしまさ》に仕えて、筑後国松延《まつのぶ》城（福岡県みやま市）主となった（中野二〇〇七）。田中氏の改易後には徳川忠長《ただなが》（家光弟）に仕えたが、忠長も改易され、浪人のまま死没したという。日野景幸は『萩藩閥閲録』によると、退去後堺に居たところ、毛利輝元に召されて毛利氏家中へ復帰し、堪忍料を与えられたとするが、堪忍料の実態は史料において確認できず、嫡子元重がすでに毛利氏から給地を与えられていたため、元重のもとで余生を送ったと考えられる。

秀秋の妻子

秀詮が死没したとき、その妻であった長寿院はすでに秀詮のもとを去っていた。

慶長四年十月十一日付け毛利輝元書状（「教行寺文書」）に「三千石地、芸州にてまいらせ候、いく久しく御地（知）行あるべく候、くわしく□くにとさ（国土佐）申し候べく候」とある。

長寿院は第一期名島城主期に秀吉朱印状で三千石を与えられており、毛利氏領国である安芸国（「芸州」）において、輝元から同規模の所領を与えられたことは、この頃に秀秋との離縁が成立して、毛利氏領国へ帰ったことを示している。

また、長寿院に付せられ、越前・加賀へも随伴していた国司土佐守（「国土佐」）も、長寿院とともに毛利氏家中へ復帰した。ゆえに、表4において加賀国で知行を与えられていた国司が、表5には見当たらないのである。

離縁の原因について、西尾和美氏は、別の女性に秀秋の子が生まれたことを挙げているが（西尾二〇一〇）、根拠とされた九月十三日付け輝元書状（「長府毛利家文書」）に「中納言殿女中江戸へ指し下し、一所に候ようにありたきの通り、言上候、自然、別腹に子ども出来候えば、気の障わりに以来罷りなる儀候条、ぜひ右の女中御下し候ようにとの家康申さる事候つる、たぶん秀頼様御袋様（淀殿）この中は御分別候つる」とある「中納言殿」は秀秋ではなく、家康の子秀忠を指すため、この史料は根拠とならない。

一方で、長寿院が慶長七年六月に、興正寺門跡准尊《じゅんそん》（本願寺顕如の次男顕尊の子）に再嫁（西尾二〇一二）するにあたって輝元が長寿院に与えた書状を分析した西尾氏が、秀秋との婚姻時に、長寿院が女房衆との関係に悩まされた、とりわけ、女房衆から秀秋への讒言が秀秋の警戒や腹立ちを招き、毛利氏にも著しく迷惑が及んだ、とした（西尾二〇一〇）ことは卓見であろう。そのような秀秋と長寿院との感情のもつれに加えて、慶長四年閏三月に毛利氏ときわめて親密であった石田三成が失脚して、輝元の立場も危うくなる可能性があったことから、秀秋は長寿院と離縁することによって、三成派との縁を絶ち、家康に接近することを狙ったのではなかろうか。ちょうどその頃に秀秋に付された蓋然性が高い平岡頼勝が、この離縁を推し進めた可能性も考えられる。

いずれにせよ、秀秋と長寿院との間に子はなく、長寿院および国司土佐守らの秀秋家中からの離脱によって、秀秋と毛利家・小早川家との関係は完全と言ってよいほど無くなった。関ヶ原合戦時点における小早川秀秋は、もはや小早川氏とは無縁の存在だったのである。

秀秋には長寿院以外の女性との間に子があり、足守木下家において養育されたとの伝承もあるが、同時代史料による根拠はなく、信憑性は低い。長寿院との離縁は三年前に成立しており、別腹の子があったとしても、秘匿する必要はなく、体調が芳しくなかった晩年の秀秋に鑑みると、大名家の存続という観点から、家臣団が秀秋の子として公的に認知されるよう幕府に働きかけるはずである。そのような動きはまったく窺えず、秀詮死没時にも後継者は問題とされていない。秀秋の子と称する人物の実在の可否は別として、公的には秀秋の血筋は断絶したのである。

終章　作られた隆景・秀秋像

秀俊の入嗣に関する『陰徳太平記』の叙述の続きには、「隆景にも実子がなかったため、弟の秀包を養子としていた。しかし、秀俊が家督相続することとなったことから、秀包には別家を立てさせた」とある。隆景・秀秋の死没後、秀包によって小早川家は存続したのであろうか。

小早川家の終焉

秀包は元就の九男。永禄十年（一五六七）生まれで、元就七十一歳時の末子である。隆景より三十四歳、甥である輝元よりも十四歳年少になる。母の出自は乃美家であり（元清・元政の同母弟）、その意味でも、隆景との縁が深い異母弟といえる。遅くとも、天正十二年（一五八四）一月二十四日には「藤四郎秀包」を称しており（「厳島野坂文書」）、「元総」から改名しているが、名字は不明である。一方で、元総が人質として上方に赴いた際に使者を派遣した本願寺顕如は「小早川藤四郎」と記している（「顕如上人貝塚御座所日記」）。また、「宗及茶湯日記」天正十三年六月十五日条にも「伊予をば、小早川藤四郎へ下され候」とある。ただし、これらは顕如や津田宗及《つだそうきゅう》（堺の町人・茶人）の認識を示すものにすぎない。毛利氏からの人質として、吉川氏から経言、小早川氏から元総が提出されたことから、上方の者が元総の名字を「小早川」と記したのかもしれない。

一方で、『萩藩閥閲録』に収録されている秀吉朱印状については、「小早川藤四郎」宛てのものが二通確認される（天正十三年に比定される八月十六日付け、天正十四年十二月二日付け）。これ以降、天正十五年に比定される十一月十日付け秀吉朱印状（『小』）においても宛所が「小早川藤四郎侍従」とされているほか、第一次朝鮮侵略の際の「からいり（唐入）みちゆきの次第」（『浅』）には「小早川藤四郎」と記されている。ところが、天正十三年に比定される三月十七日付け秀吉書状（『小』）において、隆景宛ては「小早川左衛門佐」と記されているが、秀包宛ては「藤四郎」とのみ記されており、「小早川」が付されていない。

現実に隆景と元総（秀包）とが養子縁組したことを証する史料は確認できず、日記類を除くと、「小早川」と記された史料は、天正十三年八月以降にみられるようになることから推測すると、隆景が伊予国主となり、秀包も伊予国において所領が与えられることとなったため、「小早川」を称した蓋然性が高い。文禄期以降は、「羽柴久留米侍従」など、「羽柴」を称するようになり、「小早川」を称することはなくなる。そのため、断定することは難しいが、隆景が元総（秀包）を公的に養子としたという事実は存在しなかったと考えられる。

秀包は慶長四年（一五九九）頃に「秀直」、慶長五年には「秀兼」と改名して、久留米城主として関ヶ原合戦時の大津城攻撃に参加した。合戦終結後には久留米に帰国せず、宗家と行動をともにしたため、留守居の守備する久留米城は、黒田如水や、西軍から東軍へと荷担先を替えた肥前鍋島勢によって攻撃され、十月半ばに開城した。秀兼自身は大坂から下向する途中に発病し、到着した赤間関において養生したが、慶長六年三月二十三日に死没した。秀兼の子元鎮が跡を継いだが、毛利氏の一門吉敷毛利家として存続し、大名家としては生き残らなかった。先にみたように、公的には隆景・秀秋の血筋は残されておらず、ここに、豊臣期大名家としての小早川家は命脈を絶たれたのである。

隆景・秀秋「伝説」の形成

軍記類に叙述された隆景像とは異なり、隆元生前の隆景は、毛利家よりも小早川家の利益のために行動し、兄隆元や父元就にも反抗的な面をみせていた。それは若くして入嗣したという経緯から来る気負いによる面もあったが、他家を継承した者が、実家の兄弟・父子と争うケースは戦国期においては珍しくないことであり、家臣団の結合体としての「家」に当主も拘束されるという戦国期領主の特質を反映したものであった。

ところが、隆元の早すぎる急死の結果、毛利氏宿老を兼ねることとなり、さらに、元就死没後には若年の輝元を支えることとなったことが、隆景を変えていった。元就の遺訓である「毛利の家を守り抜く」ことを肝に銘じて、そのためには、輝元を厳しく指導するとともに、知略をもって、周辺大名や織田信長・豊臣秀吉に対抗する「沈断謀慮」の人へと成長したのである。

しかし、成長した隆景とはいえ、完璧な人間ではない。対織田戦争においては作戦ミスも犯している。改革には消極的な面もあった。毛利家を守るために、秀秋を養子に迎えて、小早川の家を犠牲にしたとされる美談も創作されたものであり、結果から考えると、毛利家から養子を迎えた方がよかったともいえる。そのような隆景が理想的な人物として叙述されたのはなぜか。

毛利氏は関ヶ原合戦における失態にもかかわらず、大名として存続した。安国寺恵瓊を悪者に仕立てたが、恵瓊に騙されたとされた輝元は、凡庸である必要があった。しかし、凡庸な輝元が信長や秀吉に伍して、豊臣期には「大老」を務めたとするのは不自然である。この矛盾を解消するためには、輝元を支える隆景が智謀に優れ、輝元のために自己犠牲も厭わない人物でなければならなかったのである。秀吉や黒田如水といった同時代人からも高く評価された隆景が有能な、尊敬に値する人物であったことは間違いないが、大名当主による地域支配を正当化するため、江戸期に創作された数々の逸話によって、理想的な隆景像へと昇華していったのである。

一方の秀秋は、決して愚鈍な人物ではなかった。「利口者」と評されるほどの才覚を持ち、かつ、「勇将」になるべく努力した。しかし、若年期の秀秋には、そのような才覚、武勇は求められていなかった。豊臣一門の貴人、あるいは、豊臣政権主導の地域支配の象徴的存在として、「君臨すれども統治せず」を求められ、現実に、山口玄蕃頭や平岡頼勝といった宿老に統治は委ねられたのである。本人の意思に基づくものか定かでない「裏切り」によって汚名を着せられ、汚名返上のために、自らの力で地域支配に取り組み、「名君」たらんと欲した矢先に、この世を去った。秀秋家が大名として存続すれば、汚名を糊塗する創作も可能であったが、それも叶わず、儒学（とりわけ朱子学）を支配イデオロギーとして利用した幕藩体制下においては、関ヶ原合戦における悪名を一身に浴びることとなった。

秀秋に対する悪名の対比として、隆景の高名は増幅された。このようにして、まさに対照的な父子像が形成されることとなった。不思議な父子関係は後世まで続いたのである。

参考文献

史料典拠

『愛知県史』資料編一三　秋田家史料　兼見卿記　古文書纂　真田宝物館所蔵文書　中川家文書
『愛媛県史』資料編近世上　宇和旧記　波頭家文書
『岡山県古文書集』岡田家文書　金山寺文書　吉備津彦神社関係文書　西大寺文書　中山神社文書
『岡山県史』二〇　岡山県立博物館所蔵文書　化生寺文書　藤井文書
『鹿児島県史料』旧記雑録後編　旧記雑録附録
『岐阜県史』史料編古代・中世1　妙応寺文書
『久留米市史』七　草野文書
『甲山町史』資料編Ⅰ　木下文郎家文書
『佐賀県史料集成』小城藩士佐嘉差出古文書写　鍋島家文書
『しまなみ水軍浪漫のみち文化財調査報告書』古文書編　藩中古文書
『新熊本市史』史料編古代・中世　乃美文書
『新修福岡市史』資料編中世①　聖福寺文書　星野文書
『新修福岡市史』資料編近世①　池田秀雄書状　臼井文書　宇津木文書　大阪城天守閣所蔵文書　神屋文書　菅家文書　木下家文書　櫛田神社文書　蠱簡集残編　古文書集　志賀海神社文書　嶋井家資料　清水家文書　聖

福寺文書　舒文堂河島書店所蔵文書　朱雀文書　宗勝寺文書　大悲王院文書　立花家文書　千葉家文書　東
作誌　原文書　彦山増了坊文書　武家手鑑　譜録　満盛院文書　溝江文書　宗像家文書　村上文書　村山書
状村山家蔵証書　問註所家文書　山中山城守文書
『新訂徳川家康文書の研究』普済寺文書
『新鳥取県史』資料編古代中世1古文書編　菅家文書　長府毛利家文書
『戦国遺文　瀬戸内水軍編』大阪城天守閣所蔵山田文書　金子文書　溝江文書
『大日本史料』六―三、十一―十八　吉川家中并寺社文書
『大日本史料』十一―二　蜂須賀文書
『大日本史料』十一―二十　顕如証人貝塚御座所日記
『中国史料集』（米原正義校注）森脇覚書
『豊臣秀吉朝鮮侵略関係史料集成』尊経閣文庫所蔵文書
『豊臣秀吉文書集』今出川勇子氏所蔵文書　神奈川県立博物館蔵　京都大学法学部蔵　古案　松涛棹筆　総見寺所
蔵文書　伊達家文書
『兵庫県史』史料編中世1　教行寺文書
『広島県史』古代中世資料編Ⅱ　厳島野坂文書
『広島県史』古代中世資料編Ⅲ　浅野忠允氏旧蔵厳島文書　巻子本厳島文書　大願寺文書
『広島県史』古代中世資料編Ⅳ　荒谷文書　楽音寺文書　千葉文書　広島大学所蔵蒲刈島文書　仏通寺文書　仏通
寺正法院文書　不動院文書　米山寺文書　三原城城壁文書　豊町歴史民俗資料館蔵多田文書　横山文書
『広島県史』古代中世資料編Ⅴ　飯田文書　忽那文書　贈村山家證文　贈村山家返章　田坂文書　長府毛利文書
乃美文書　藩中諸家古文書纂　譜録　村山家檀那帳

『福岡県史』近世史料編福岡藩初期（上） 麻生家文書 庄林家文書
『山口県史』史料編中世2 臼井家文書 吉見家文書
『山口県史』史料編中世3 中村家文書 右田毛利家文書 村上家文書 毛利家文庫遠用物所収文書 毛利家文庫所収文書 湯浅家文書 冷泉家文書
『山口県史』史料編中世4 日頼寺文書
『三重県史』資料編中世2 栗本文書
『三原市史』五 真良村書出帳
『宗像市史』資料編三「新撰宗像記考証」所収文書（一部は『宗像郡誌』中巻） 増福院文書
東京大学史料編纂所所蔵 神代文書 児玉韞採集文書 奈良崎文書 松野文書 吉見・浦・両村上略系譜 歴世古文書

主要参考文献

秋山伸隆『戦国大名毛利氏の研究』（吉川弘文館、一九九八年）
秋山伸隆「毛利元就三子教訓状を読む」（平成27年度安芸高田市歴史民俗博物館公開講座第6回レジュメ、二〇一五年）
秋山伸隆「毛利興元とその時代」（『毛利興元』安芸高田市歴史民俗博物館、二〇一六年）
跡部信『豊臣政権の権力構造と天皇』（戎光祥出版、二〇一六年）
荒木清二「毛利氏の北九州経略と国人領主の動向――高橋鑑種の毛利氏方一味をめぐって」（『九州史学』九八、一九九〇年）
有川宜博「豊前長野氏について」（『北九州市立歴史博物館研究紀要』三、一九九五年）

飯分徹「応永の安芸国人一揆の再検討」(『史観』一七〇、二〇一四年)
池享『戦国・織豊期の武家と天皇』(校倉書房、二〇〇三年)
池享『戦国期の地域社会と権力』(吉川弘文館、二〇一〇年)
石野弥栄『中世河野氏権力の形成と展開』(戎光祥出版、二〇一五年)
市川裕士『室町幕府の地方支配と地域権力』(戎光祥出版、二〇一七年)
市川裕士「南北朝・室町期における芸予の政治動向と沼田小早川氏の海上進出」(『芸備地方史研究』二三五・二三六、二〇〇三年)
池上裕子『織豊政権と江戸幕府』(講談社、二〇〇二年)
伊藤幸司「大内氏と博多」(『市史研究ふくおか』八、二〇一三年)
今福匡『真田より活躍した男　毛利勝永』(宮帯出版社、二〇一六年)
大西泰正『豊臣期の宇喜多氏と宇喜多秀家』(岩田書院、二〇一〇年)
大西泰正『宇喜多秀家』(戎光祥出版、二〇一七年)
大庭康時「国際都市博多」(川岡勉・古賀信幸編『西国の外交と文化』清文堂出版、二〇一一年)
小川圀治「泰雲寺と問田大方」(『山口県地方史研究』一一五、二〇一六年)
岡山市教育委員会『史跡岡山城本丸下の段発掘調査報告』(岡山市教育委員会、二〇〇一年)
尾下成敏「織田・豊臣政権下の地域支配――「一職支配」論の現在」(中世後期研究会編『室町・戦国史研究を読みなおす』思文閣出版、二〇〇七年)
尾下成敏「九州停戦命令をめぐる政治過程」(『史林』九三―一、二〇一〇年)
尾下成敏「豊臣政権の九州平定策をめぐって」(『日本史研究』五八五、二〇一一年)
尾下成敏「天正期豊臣政権下の小早川氏と肥前諸領主」(『京都橘大学研究紀要』三九、二〇一二年)

小田豊太郎「備後神辺城主杉原播磨守盛重の子孫とその動向」(『山口県地方史研究』五八、一九八七年)
笠谷和比古『関ヶ原合戦　家康の戦略と幕藩体制』(講談社、二〇〇八年)
片山司「十五世紀における国人小早川氏と室町幕府権力」(『鳴門史学』一九、二〇〇五年)
加藤麻彩子「南北朝・室町期における在京と小早川氏」(『鎌倉遺文研究』一八、二〇〇六年)
鴨川達夫「戦国大名毛利氏の国衆支配」(石井進編『都と鄙の中世史』吉川弘文館、一九九二年)
河合正治執筆『三原市史』第一巻通史編一(三原市、一九七七年)
河合正治「小早川隆景と毛利両川体制」(『芸備地方史研究』一一六・一一七、一九七八年)
川岡勉「永禄期の南伊予の戦乱をめぐる一考察」(『愛媛大学教育学部紀要　第Ⅱ部　人文・社会科学』三六—二、二〇〇四年)
川岡勉「戦国・織豊期における国郡知行権と地域権力——河野氏への東伊予返還を中心に」(『四国中世史研究』八、二〇〇五年)
川岡勉『中世の地域権力と西国社会』(清文堂出版、二〇〇六年)
川添昭二『中世九州地域史料の研究』(法政大学出版局、一九九六年)
河窪奈津子「『宗像記追考』が語る宗像戦国史の虚実」(『福岡県地域史研究』二四、二〇〇七年)
岸田裕之『大名領国の構成的展開』(吉川弘文館、一九八三年)
岸田裕之『毛利元就——武威天下無双、下民憐愍の文徳は未だ』(ミネルヴァ書房、二〇一四年)
木下和司「備後国衆・杉原盛重の立場——毛利氏との主従関係を中心として」(『芸備地方史研究』二八一、二〇一二年)
木村忠夫「筑前小早川検地について」(『福岡県史』近世研究編福岡藩(一)、一九八三年)
木村忠夫「小早川隆景筑前入部」(『西南地域史研究』一一、一九九六年)

木村信幸「広島県三原市所在桜山城跡について――広島県中世城館遺跡総合調査（第1年次）の資料紹介」（『日本歴史』五一〇、一九九〇年）
木村信幸「戦国後期における吉川氏の権力構成――親類衆・奉行人を中心にして」（『史学研究』二五九、二〇〇八年）
菊池浩幸「戦国期領主層の歴史的位置」（『戦国史研究　別冊　戦国大名再考』二〇〇一年）
日下部正盛「松前城について」（『伊予史談』二二九、一九七八年）
国重顕子「秀吉の国内統一過程における小西行長」（箭内健次編『鎖国日本と国際交流』上巻、吉川弘文館、一九八八年）
倉員正江「小早川秀秋――大河内秀元著『光禄物語』を中心に」（『アジア遊学』二一二、二〇一七年）
倉員正江「大河内秀元・秀連父子の著作とその周辺――京都大学附属図書館蔵『糟粕手鏡』に見る小早川秀秋の逸話を中心に」（『人間科学研究』一五、二〇一八年）
黒田基樹『戦国期領域権力と地域社会』（岩田書院、二〇〇九年）
黒田基樹『近世初期大名の身分秩序と文書』（戎光祥出版、二〇一六年）
＊第三章に「小早川秀詮の発給文書について」を収載するほか、付録二として「小早川秀秋文書集」が収録されており、秀秋発給文書のみならず、関連する文書を総覧することができる。本書に引用した史料のうち、次の史料は黒田氏の成果に依拠した。
壱岐文書（一部は前田二〇〇七）　因幡志　佐賀文書纂　聚楽第行幸記　田住孝氏所蔵文書　長陽従臣略系
東寺文書　三苫文書　問註所文書
黒田基樹『小早川秀秋』（戎光祥出版、二〇一七年）
＊秀秋の政治的な動向について、後世に創り出された評価ではなく、当時の史料をもとにして、その実像に迫

ったもの。秀秋に関する初めての評伝であり、本書においても、黒田氏の成果に多くを学んでいる。
桑田和明『中世筑前宗像氏と宗像社』（岩田書院、二〇〇三年）
桑田和明『戦国時代の筑前宗像氏』（花乱社、二〇一六年）
桑名洋一「伊予における天正の陣についての考察――河野氏家臣団の動きを中心に」（『四国中世史研究』七、二〇〇三年）
桑名洋一「金子元宅と戦国期の地域社会」（山内譲編『古代・中世伊予の人と地域』（伊予史談会、二〇一〇年）
桑名洋一「天正期沖家騒動に関する一考察――村上元吉を中心にして」（『四国中世史研究』一一、二〇一一年）
桑名洋一「天正期賀嶋城合戦に関する一考察」（『伊予史談』三七二、二〇一四年）
桑名洋一「天正期中国・四国国分と河野氏（『四国中世史研究』一四、二〇一七年）
石畑匡基「宇喜多騒動の再検討――『鹿苑日録』慶長五年正月八日条の解釈をめぐって」（『織豊期研究』一四、二〇一二年）
五條小枝子「中の丸（毛利元就継室）考」（『広島女子大学国際文化学部紀要』一一、二〇〇三年）
五條小枝子「毛利家家訓の継承（一）（二）」（『県立広島大学総合教育センター紀要』二・三、二〇一七年・二〇一八年）
櫻井拓仁「戦国期伊予における発給文書と政治体制」（『四国中世史研究』一三、二〇一五年）
柴原直樹「毛利氏の備後国進出と国人領主」（『史学研究』二〇三、一九九三年）
白峰旬『新「関ヶ原合戦」論――定説を覆す史上最大の戦いの真実』（新人物往来社、二〇一一年）
白峰旬『新解釈関ヶ原合戦の真実――脚色された天下分け目の戦い』（宮帯出版社、二〇一四年）
＊前者は「第五章　関ヶ原の決戦当日の状況と敗因論」で秀秋の松尾山入城について、後者は「第三章　小早川秀秋を裏切らせた「問鉄砲」はフィクションである」に加え、「第一章　関ヶ原合戦当日の虚像を剝ぐ」

で秀秋の「裏切り」時期について考察したもの。
白峰旬「関ヶ原の戦いにおける石田三成方軍勢の布陣位置についての新解釈――なぜ大谷吉継だけが戦死したのか」（『史学論叢』四六、二〇一六年）
新人物往来社編『小早川隆景のすべて』（新人物往来社、一九九七年）
＊本書において直接引用した舘鼻誠・寺尾克成両氏の論稿のほか、外交・戦略、水軍、築城、秀秋との関係などの論稿、人物・合戦・史跡に関する事典、年譜、参考文献を収録したもの。
曽根勇二『近世国家の形成と戦争体制』（校倉書房、二〇〇四年）
田窪昭夫「大内氏奉行人青景隆著についての小論――付　梨子羽景運考」（『山口県地方史研究』一一八、二〇一七年）
舘鼻誠「小早川隆景の領国支配」（新人物往来社編『小早川隆景のすべて』新人物往来社、一九九七年）
田端泰子『北政所おね――大坂の事は、ことの葉もなし』（ミネルヴァ書房、二〇〇七年）
津野倫明『長宗我部氏の研究』（吉川弘文館、二〇一二年）
寺尾克成「浦上宗景考――宇喜多氏研究の前提」（『国学院雑誌』九二―一、一九九一年）
寺尾克成「小早川隆景の出自と系図」（新人物往来社編『小早川隆景のすべて』新人物往来社、一九九七年）
寺川仁「大阪城天守閣蔵小早川隆景文書について」（『伊予史談』三一九、二〇〇〇年）
鳥取県史ブックレット4『尼子氏と戦国時代の鳥取』（鳥取県、二〇一〇年）
得能弘一「海賊村上吉継考」（『伊予史談』三一九、二〇〇〇年）
戸谷穂高「豊臣政権の取次」（『戦国史研究』四九、二〇〇五年）
中司健一「毛利氏「御四人」の役割とその意義」（『史学研究』二四五、二〇〇四年）
中野等「小早川秀俊の家臣団について」（『戦国史研究』二七、一九九四年）

中野等『豊臣政権の対外侵略と太閤検地』（校倉書房、一九九六年）
＊「第二編　太閤検地と石高制」のうち、「第一章　名島小早川領における太閤検地の基調と権力　体系の再編」「第二章　御前帳高の機能と石高の重層性」では、主として、秀俊期の北部九州における地域支配や豊臣政権の大名統制について考察が行われている。
中野等『立花宗茂』（吉川弘文館、二〇〇一年）
中野等「羽柴・徳川「冷戦」期における西国の政治状況」（藤田達生編『小牧・長久手の戦いの構造　戦場論上』岩田書院、二〇〇六年Ⓐ）
中野等「肥前基肆・養夫地域の太閤検地」（『九州文化史研究所紀要』四九、二〇〇六年Ⓑ）
中野等『秀吉の軍令と大陸侵攻』（吉川弘文館、二〇〇六年Ⓒ）
中野等『筑後国主　田中吉政・忠政』（柳川市、二〇〇七年）
中野等「小早川隆景の居所と行動」（藤井讓治編『織豊期主要人物居所集成』（思文閣出版、二〇一一年）
中野等「豊臣秀吉と博多」（『市史研究ふくおか』八、二〇一三年）
中平景介「河野通直（牛福）家督相続について――代替わり時期の検討を中心に」（『伊予史談』三四四、二〇〇七年）
中平景介「伊予河野氏と四国国分について――村上通昌の帰国をめぐって」（『湘南史学』一七、二〇〇八年Ⓐ）
中平景介「村上吉郷について」（『伊予史談』三五〇、二〇〇八年Ⓑ）
中平景介「元亀年間の伊予――来島村上氏の離反と芸予交渉」（『四国中世史研究』一〇、二〇〇九年）
中平景介「天正一一年鹿島城の戦いの再検討」（『湘南史学』二〇、二〇一一年）
西尾和美「小早川隆景の伊予支配と河野氏――「したし」書状の年代比定をめぐって」（『四国中世史研究』七、二〇〇三年）

西尾和美『戦国期の権力と婚姻』（清文堂、二〇〇五年）
＊毛利氏・小早川氏と伊予河野氏及び瀬戸内海海賊衆来島氏との間に結ばれた婚姻関係を究明し、そのことを通じて当該地域の権力の展開を論じたもの。
西尾和美「伊予河野氏文書の近江伝来をめぐる一考察」（『四国中世史研究』一〇、二〇〇九年）
西尾和美「豊臣政権と毛利輝元養女の婚姻」（川岡勉・古賀信幸編『西国の権力と戦乱』清文堂出版、二〇一〇年）
西尾和美「毛利輝元養女の婚姻と清光院」（『鳴門史学』二六、二〇一二年）
西尾和美「毛利元就継室『中の丸』の出自」（『京都橘大学女性歴史文化研究所紀要』二二、二〇一四年）
錦織勤「鎌倉期の小早川氏に関する若干の考察」（『鳥取大学教育学部研究報告　人文・社会科学』三五、一九八四年）
西村圭子「豊臣政権下における小早川氏の筑前支配」（『福岡県史』近世研究編福岡藩（三）、一九八七年）
畑和良「織田・毛利備中戦役と城館群——岡山市下足守の城郭遺構をめぐって」（『愛城研報告』一二、二〇〇八年）
服部英雄『河原ノ者・非人・秀吉』（山川出版社、二〇一二年）
広島県立文書館「安芸国安芸郡海田市　千葉家文書　目録　解説」（二〇一四年）
日和佐宣正「道前平野北部の中世城郭について——伊予入封後の小早川隆景の城郭政策の一端について」（『戦乱の空間』創刊号、二〇〇二年）
福川一徳「天正十年沖家騒動再考」（『四国中世史研究』七、二〇〇三年）
藤井讓治「豊臣期における越前・若狭の領主」（『福井県史研究』一二、一九九四年）
藤井讓治「慶長三年の越前国太閤検地関係史料」（『福井県文書館研究紀要』七、二〇一〇年）

藤田達生『日本中・近世移行期の地域構造』（校倉書房、二〇〇〇年）
＊「第二部　補論2　小早川隆景の伊予支配」は、伊予期の隆景を理解するために必読の論稿である。
藤田達生『日本近世国家成立史の研究』（校倉書房、二〇〇一年）
藤田達生『証言本能寺の変――史料で読む戦国史』（八木書店、二〇一〇年）
藤田達生「「芸土入魂」考」（『織豊期研究』一九、二〇一七年）
福田千鶴『御家騒動――大名家を揺るがした権力闘争』（中央公論新社、二〇〇五年）
福田千鶴『淀殿――われ太閤の妻となりて』（ミネルヴァ書房、二〇〇七年）
福田千鶴『江の生涯――徳川将軍家御台所の役割』（中央公論新社、二〇一〇年）
福田千鶴『春日局――今日は火宅を遁れぬるかな』（ミネルヴァ書房、二〇一七年）
外園豊基『戦国期在地社会の研究』（校倉書房、二〇〇三年）
堀越祐一「豊臣五大老の実像」（山本博文・堀新・曽祢勇二編『豊臣政権の正体』（柏書房、二〇一四年）
堀越祐一『豊臣政権の権力構造』（吉川弘文館、二〇一六年）
堀越祐一「秀吉権力と杉原家次」（『國學院大學校史・学術資産研究』九、二〇一七年）
堀本一繁「室町・戦国時代の草野氏」（久留米市ふるさと文化創生市民協会編『中世史筑後シンポジウム一　中世筑後の歴史と草野氏』、二〇〇一年）
堀本一繁「関ヶ原合戦の政治史」（徳川家康没後四〇〇年記念特別展『大関ヶ原展』、二〇一五年）
本多博之「豊臣期筑前国における支配構造の展開」（『九州史学』一〇八、一九九三年）
本多博之「豊臣政権下の筑前」（『西南地域史研究』一一、一九九六年Ⓐ）
本多博之「豊臣期の筑前宗像郡と宗像社」（『安田女子大学紀要』二四、一九九六年Ⓑ）
本多博之「豊臣政権下の博多と町衆」（『西南地域史研究』一一、一九九六年Ⓒ）

＊『福岡県史』通史編福岡藩（一）「第一編　黒田氏入部以前」のうち、「第二章　豊臣政権下の筑前」はⒶ、「第三章　博多と町衆　第二節　博多と町衆」はⒸをまとめたものである。
本多博之「小早川秀秋発給文書に関する一考察」（『安田女子大学紀要』二五、一九九七年Ⓐ）
本多博之「小早川秀秋の筑前支配と石高制」（『九州史学』一一七、一九九七年Ⓑ）
本多博之『戦国織豊期の貨幣と石高制』（吉川弘文館、二〇〇六年）
本多博之「小早川隆景と三原」（『芸備地方史研究』二六〇・二六一、二〇〇八年）
前田正明「紀伊藩士壱岐家文書について」（『和歌山県立博物館研究紀要』一三、二〇〇七年）
松井利可子「在京人に関する一考察──小早川氏の場合」（『神女大史学』二一、二〇〇四年）
松浦義則「戦国末期備後神辺城周辺における毛利氏支配の確立と備南国人層の動向」（『芸備地方史研究』一一〇・一一一、一九七七年）
松下志朗『幕藩制社会と石高制』（塙書房、一九八四年）
丸山雍成「中世後期の北部九州の国人領主とその軌跡──原田氏とその支族波多江氏を中心として」（『福岡県地域史研究』一五、一九九七年）
三鬼清一郎「太閤検地と朝鮮出兵」（『岩波講座　日本歴史9　近世1』岩波書店、一九七五年）
宮尾克彦「鳥坂城合戦考──永禄年間の伊予における戦国諸勢力の展開について」（『文化愛媛』三五、一九九四年）
宮崎勝美「毛利家臣堅田元慶の生涯と堅田家伝来小早川家文書」（『東京大学史料編纂所研究紀要』二一、二〇一一年）
村井良介『戦国大名権力構造の研究』（思文閣出版、二〇一二年）
＊「第二章　毛利氏の山陽支配と小早川氏」「補論一　「小早川家座配書立」について」「第四章　一六世紀後

半の地域秩序の変容——備後地域における地域経済圏と「領」」「第五章　戦国期における領域的支配の展開と権力構造」など、小早川氏の権力構造について精緻な考察を行ったもの。
村井良介『戦国期の大名分国における「戦国領主」の研究（二〇一〇～二〇一二年度　科学研究費補助金研究若手研究（B）研究成果報告書）』（二〇一三年）
森俊弘「年欠三月四日付け羽柴秀吉書状をめぐって——書状とその関係史料を再読して」（『岡山地方史研究』一〇〇、二〇〇三年）
森俊弘「中近世移行期草苅氏に関する通史的言説をめぐって——萩藩士草苅家関連史料の検討を中心に」（『鳥取地域史研究』一五、二〇一三年）
森山恒雄「近世初期肥後国衆一揆の構造」（藤木久志・北島万次編『織豊政権』有精堂出版、一九七四年）
森山恒雄『豊臣期九州蔵入地の研究』（吉川弘文館、一九八三年）
森山恒雄「瀬戸内水軍の一様態と変容——熊本市京塚村上文書の紹介」（『市史研究くまもと』一四、二〇〇三年）
矢部健太郎「小早川家の「清華成」と豊臣政権」（『国史学』一九六、二〇〇八年）
矢部健太郎『豊臣政権の支配秩序と朝廷』（吉川弘文館、二〇一一年Ⓐ）
矢部健太郎「秀次事件と血判起請文・「掟書」の諸問題——石田三成・増田長盛連署血判起請文を素材として」（山本博文・堀新・曽祢勇二編『消された秀吉の真実——徳川史観を越えて』柏書房、二〇一一年Ⓑ）
山内治朋「天正前期の喜多郡争乱の地域的展開——天正七年前後の争乱と予土和睦をめぐって」（『四国中世史研究』一〇、二〇〇九年）
山内治朋「四国平定直後の伊予の城郭整理——遂行過程における地域性を中心に」（愛媛県歴史文化博物館『伊予の城めぐり——近世城郭の誕生』イヨテツケーターサービス、二〇一〇年）

山内治朋「毛利氏と長宗我部氏の南伊予介入——喜多郡争乱をめぐる芸土関係」（四国中世史研究会・戦国史研究会『四国と戦国世界』岩田書院、二〇一三年）
山内治朋「「大野芳夫氏所蔵文書」について——戦国・近世初頭の喜多郡関係史料の図版と概要」（『愛媛県歴史文化博物館研究紀要』二一、二〇一六年）
山内治朋「小早川期伊予の城郭政策——統一政権下の城割と領国統制」（鹿毛敏夫編『戦国大名の土木事業——中世日本の「インフラ」整備』戎光祥出版、二〇一八年）
山内譲「河野通直（牛福丸）の時代（上）（下）——戦国期の伊予」（『ソーシアル・リサーチ』一七・一八、一九九一年・一九九二年）
山内譲「伊予国三津と湊山城」（『四国中世史研究』七、二〇〇三年）
山内譲『中世の港と海賊』（法政大学出版局、二〇一一年）
山内譲『海賊衆来島村上氏とその時代』（山内譲、二〇一四年）
山内譲『増補改訂版　瀬戸内の海賊——村上武吉の戦い』（講談社、二〇一五年）
山室恭子『群雄創世紀——信玄・氏綱・元就・家康』（朝日新聞社、一九九五年）
山本浩樹「天正年間備中忍山合戦について」（『岐阜工業高等専門学校紀要』二九、一九九四年）
山本浩樹「戦国期戦争試論——地域社会の視座から」（『歴史評論』五七二、一九九七年）
山本浩樹「織田・毛利戦争の地域的展開と政治動向」（川岡勉・古賀信幸編『西国の権力と戦乱』清文堂出版、二〇一〇年）
＊戦国期の西国における政治史全般については、山本浩樹『西国の戦国合戦』（吉川弘文館、二〇〇七年）を参照いただきたい。
山本博文『幕藩制の成立と近世の国制』（校倉書房、一九九〇年）

横田冬彦「田住家文書にある二つの秀吉朱印状――羽柴秀勝、小早川秀秋とその娘について」(『神戸大学史学年報』五、一九九〇年)
横畠渉「豊臣期毛利氏の備後国における動向――神辺周辺を対象として」(『芸備地方史研究』二六四、二〇〇九年)
渡邊大門「関ヶ原合戦における小早川秀秋の動向」(『政治経済史学』五九九・六〇〇、二〇一六年)
渡辺世祐・川上多助『小早川隆景』(マツノ書店、一九八〇年)
＊大正三年(一九一四)に、毛利元就・吉川元春・小早川隆景の伝記を編纂するために開設された「三卿伝編纂所」において、川上多助氏が執筆して脱稿していたが、諸事情により出版に至らなかったものを、上山満之進氏の委嘱により、川上氏及び渡辺世祐氏が加筆訂正して、昭和十四年(一九三九)に出版したもの。本書においては、その復刻版を底本とした。

あとがき

本書の副題「消え候わんとて、光増すと申す」は隆景自身が記した書状中の言葉である。

副題を考えるにあたって、まず、隆景と秀秋との間で交わされた書状を探してみた。ところが、一通も確認することができなかったのである。文禄三年に隆景が秀秋（秀俊）を養嗣子としたのちも二人は別の場所に居住しており、さらに、文禄四年に秀秋が筑前名島城主となると、隆景は三原へ居所を移した。二人がともに過ごした時間はきわめて限られたものであったと推測される。とはいえ、二人の仲が悪かったとは考えられない。隆景の秀秋に対する配慮は、隆景書状などからも窺える。とりわけ、秀秋と毛利輝元養女長寿院との祝言の際の隆景の接待の様子、秀秋が帰京するにあたって隆景が輝元とともに見送りしたとする記録などをみると、養父としての隆景の秀秋に対する想いも垣間見える。しかし、それは愛情というよりも、豊臣秀吉の養子であった秀秋に対する気遣いというべきものであり、表面的なものに過ぎなかった。ゆえに、二人の間に交わされた書状が見当たらないのではなかろうか。

話題が逸れたが、両者間の書状を発見することができなかった結果、副題のネタ探しは難航した。

そのようなときに目に入ったのが、一〇八〜一〇九頁において引用した三月十六日付け隆景書状の一節である。宛先は輝元の傍に仕える僧妙寿寺となっているが、実質的には輝元に宛てたものであり、内容的に秀秋とは直接関係ない。しかし、隆景・秀秋の人生や小早川家の興亡を暗示するような言葉に感じられた。本文においては現代語訳を掲げたため、ここでは、原文を引用する。

不慮に将軍、中国御動座について、元就・隆元をば、存知なき遠国の大名より御尋ねなられ、御家の規模・当代の御面目、何事歟、かくのごとくべく候哉、御名誉まで候、さりながら、消え候わんとて、光増すと申す事も候間、これまたいよいよ御太儀かけられ候わではにて候

天正四年に将軍足利義昭が毛利氏領国へ下向してきたことにより、遠国の大名からも毛利氏への通交があるなど、毛利氏の権威は高まり、対織田戦争においても播磨上月城を攻略して、この書状が記された天正七年初頭の輝元は有頂天になっていた。そのような輝元に対して、「消える寸前に光が増すこともある」と戒めたのが、この言葉である。実際に、この年の半ばに宇喜多氏や南条氏の離反によって、毛利氏は苦境に追い込まれていった。

小早川家に立ち返ってみると、隆景の小早川家は、このの ち豊臣政権への貢献の結果、伊予国主から北部九州の国主へ、さらに清華成によって、武家の最上位層へと登り詰めた。まさに「光を増した」のである。ところが、隆景の急死によって、家臣団は四分五裂していき、関ヶ原合戦後になると、

毛利氏領国に残っていた遺臣団も解体していった。

秀秋の小早川家は、秀吉死没前後の混乱を経たが、関ヶ原合戦における東軍勝利を決定づける抜群の戦功をたて、一瞬の輝きを誇った。しかし、その輝きは非難の対象ともなったうえ、秀秋の早すぎる死によって、汚名を削ぐことも叶わず、家は消滅し、悪名のみが残った。

隆景の輝元への戒めの言葉が、そのまま小早川家に降りかかってくることなど、隆景にも予想できなかったであろう。しかし、現代社会においても、光輝いた人間（組織・企業）が、数年後には見る影もなく衰退することはしばしばみられる。現代を生きる我々にとっても「消え候わんとて、光増すと申す」は、まさに至言と言えよう。

隆景・秀秋関係史料は、小早川家の消滅によって散逸したものも少なくなく、前著『毛利輝元』に比べて、史料収集は難渋した。「はしがき」に記したように、隆景関係史料に関する村井良介氏（村井二〇一三）、秀秋史料に関する本多博之氏（本多一九九七Ⓐ）・黒田基樹氏（黒田二〇一六）による目録・一覧のほか、隆景の北部九州移封後の史料については、『福岡市史』資料編近世①「Ⅰ豊臣期史料」・『豊臣期主要人物居所集成』（中野二〇一一）など、多くの先行研究を参照し、多大な学恩を賜った。重ねて感謝申し上げたい。

また、本書の編集にあたっては、前著に引き続き、ミネルヴァ書房編集部の田引勝二氏に多大なるお世話を賜った。深く謝意を表したい。

なお、本書の一部は、著者の以下の旧稿をもとにしている。

『中近世移行期大名領国の研究』（校倉書房、二〇〇七年）
「高松城水攻め前夜の攻防と城郭・港」（『倉敷の歴史』一八号、二〇〇八年）
『関ヶ原前夜——西軍大名たちの戦い』（日本放送出版協会、二〇〇九年）
「豊臣政権下における筑後国人領主と在地支配」（天野忠幸・片山正彦・古野貢・渡邊大門編『戦国・織豊期の西国社会』日本史史料研究会、二〇一二年）
「小早川家　隆景から秀秋へ——家の存続に向けた隆景の「深い思慮」と誤算」（『歴史読本』二〇一三年九月号、二〇一三年）
「小早川氏の伊予入部と地域領主」（『伊予史談』三八二、二〇一六年）
「備中高松城の戦い」（日本史史料研究会監修、渡邊大門編『信長軍の合戦史』（吉川弘文館、二〇一六年）

本書においては、一般に理解されてきた隆景・秀秋像が江戸期以降に形成された虚像に過ぎないことを明らかにした。

江戸期日本社会に広まっていった儒学（朱子学）思想は、秀秋の「裏切り」を、きわめて反武士的な行動として非難し、秀秋は愚将の代表格となった。その反面教師として、隆景は父を尊び、父の死没後は甥を援け、兄元春と一致団結して、（毛利）家を守り抜く「忠孝」「智謀」の将として、賞賛された。対照的な義父子像を描き出すことによって、理想とされる人間像をより鮮明に浮かび上がらすことができたのである。養父隆景の築き上げた小早川氏を、愚かな秀秋が滅亡させてしまったという教訓にも適していた。

しかし、このようにして形成された虚像は、同時代史料から明らかになった隆景・秀秋の実像と大きく異なる。この点にこそ、歴史学の重要性がある。信憑性の高い史料に基づく実像ではなく、改竄された記録類に基づく虚像を真の姿と誤認する、あるいは虚像を流布することによって、支配者にとって都合の良い思想を民衆に植え付ける。このような歴史の曲解を正すことは我々歴史家の使命であろう。

本書の執筆を通じて、著者自身、歴史を正しく記録し、伝えることの重要性を再確認できた。昨今、公的文書の改竄を躊躇しないといった、歴史への挑戦とも受け取れる大問題が勃発した。改竄された文書の真偽を後世の人間が見抜くことは難しい。その結果、見た目は真正な史料に基づく偽史が定着してしまうのである。このような危険な風潮を絶対に許してはならないことを指摘して、擱筆したい。

二〇一九年一月

光成準治

小早川隆景・秀秋年譜

和暦	西暦	隆景	秀秋	関係事項	一般事項
明応 六	一四九七				3・14隆景父毛利元就誕生。
大永 三	一五二三				7月元就家督相続。この年、隆景長兄隆元誕生。
享禄 三	一五三〇				この年、隆景次兄吉川元春誕生。
天文 二	一五三三	1		この年、隆景誕生。毛利元就の三男。母は吉川国経娘（妙玖）。幼名徳寿丸。	
六	一五三七	5			この年、豊臣秀吉誕生。
一〇	一五四一	9			1月大内勢の援助を得て、元就、尼子勢を撃退（郡山合戦）。3月竹原小早川興景、病没。
一二	一五四三	11			5月沼田小早川正平、出雲遠征からの撤退途中に討死。この年、秀秋の父木下家定誕生。
一三	一五四四	12		11月頃隆景、竹原小早川家へ入嗣。	

一四	一五四五	13	11・30母妙玖病没。	
一六	一五四七	15	5月頃隆景初陣。	
一七	一五四八	16	この年、隆景元服。	
一九	一五五〇	18		1月隆景兄元春、吉川家の本拠大朝新庄へ入部。
二〇	一五五一	19	この年、隆景、沼田小早川家へ入嗣。その前後に、小早川正平娘（問田大方）と婚姻。	9・1陶隆房のクーデターにより、大内義隆自刃。
二二	一五五三	21		1・22隆景兄隆元の長男輝元誕生。
二三	一五五四	22	5月陶晴賢と断交。	
弘治 元	一五五五	23	10月厳島合戦で勝利。陶晴賢自刃。	
三	一五五七	25	4月大内義長自刃。大内氏滅亡。この年、元就から三子教訓状を与えられる。	
永禄 三	一五六〇	28		12・24尼子晴久死没。
四	一五六一	29	3～4月元就・隆元父子が隆景の居城雄高山を訪問。	
五	一五六二	30	10月筑前の高橋鑑種が大友氏から離反。	
六	一五六三	31		8・4隆景兄隆元死没。
七	一五六四	32	この年、将軍義輝の斡旋により、毛利氏と大友氏和睦。	

八	一五六五	33		2月毛利輝元元服。
九	一五六六	34	11月尼子氏、居城富田城開城。	
一〇	一五六七	35		この年、隆景末弟秀包誕生。
一一	一五六八	36	2月乃美宗勝らが渡海して、河野氏とともに、宇都宮氏・一条氏を破る（鳥坂合戦）。3月隆景、伊予渡海。8月隆景九州へ渡海。	9月織田信長、足利義昭を奉じて上洛。
一二	一五六九	37	閏5月隆景、筑前立花山城を攻略。10月大内輝弘が大友氏の支援により周防国へ乱入したため、隆景らは九州から撤退。輝弘らの乱を鎮圧。11月立花山城を守備していた乃美宗勝ら退城。	6月尼子勝久ら挙兵。
元亀元	一五七〇	38	1月隆景、輝元・元春らとともに出雲国へ出兵。	6月姉川の戦い。この頃、伊予河野通宣死没。
二	一五七一	39	6・14隆景父元就死没。	8月毛利勢、尼子方の諸城を攻略。
三	一五七二	40	10月頃毛利氏と備前浦上氏和睦。	12月三方ヶ原の戦い。
天正元	一五七三	41	8・1足利義昭、隆景らに支援を要請。	2月足利義昭、信長打倒を図る。4月武田信玄死没。7月義昭、若江城へ逃走。
二	一五七四	42	3月宇喜多直家と浦上宗景が対立し、毛利氏は直家を支援。10月備中の三村元親、毛利方から	

				離反。	
三	一五七五	43		1月毛利氏と但馬山名氏との同盟成立。5月三村元親の籠もる松山城落城。この年、美作草苅景継に離反の動きがあり、弟重継が家督継承。	5月長篠の戦い。9月浦上宗景の居城天神山城落城。
四	一五七六	44		2月足利義昭、備後国鞆へ下向。7月乃美宗勝ら毛利方の水軍、木津川河口において織田水軍を破る。	
五	一五七七	45		7～閏7月元吉合戦において三好方讃岐衆を破る。	10月羽柴秀吉、播磨・但馬国侵攻。
六	一五七八	46		7月織田方の上月城を攻略。尼子勝久切腹、山中鹿介殺害。	2月別所長治が織田方から離反。10月荒木村重が織田方から離反。
七	一五七九	47		6月頃宇喜多直家が毛利方から離反。9月伯耆南条氏が毛利方から離反。12月宇喜多方四畝城攻略。	6月明智光秀、丹波国を平定。11月荒木氏の有岡城落城。
八	一五八〇	48		5月頃信長から毛利氏との講和を模索する動き。	1月別所氏の三木城落城。4月本願寺光佐、大坂退去。
九	一五八一	49		6月毛利氏、宇喜多方美作岩屋城攻略。10月宇喜多方備中忍山城攻略。10月羽柴秀吉、鳥取城を攻略。吉川経家切腹。	この年、吉見広頼娘（隆景姪）と伊予河野通直婚姻。
一〇	一五八二	50	1	この年、秀秋誕生。木下家定の五男。幼名金吾。	6・2本能寺の変。織田信長死

				2月八浜合戦で宇喜多勢を破る。4月来島村上氏が毛利方から離反。6月備中高松城開城。清水宗治切腹。	没。6・13羽柴秀吉、明智光秀を破る（山崎の戦い）。
一一	一五八三	51	2	8月毛利氏、来島村上方の拠点鹿島城を開城させる。10月吉川経言とともに、隆景の弟元総（のちの秀包）が人質として上坂。	4・21秀吉、柴田勝家を破る（賤ヶ岳の戦い）。
一二	一五八四	52	3	1月隆景はこの頃、三原城を居城とした。6月河野通直と毛利輝元が会談。8月秀吉への内通の疑いにより、杉原景盛を誅伐。	3月沖田畷の戦いで龍造寺隆信が討死。4・9徳川家康、羽柴勢を破る（小牧・長久手の戦い）。
一三	一五八五	53	4	1月毛利・羽柴国境画定。3月秀吉による紀州出兵に当たり派兵。6月隆景、伊予へ渡海。長宗我部氏降伏ののち、伊予国は隆景に与えられる。12月隆景、吉川元長とともに大坂に赴いて秀吉に拝謁。	7・11秀吉、関白に任官。8月秀吉、佐々成政を降す。10月秀吉、九州停戦令を発布。
一四	一五八六	54	5	3月隆景、伊予において湊山城の普請を始める。9月隆景、輝元らとともに島津攻めに向け出陣。	11・15隆景兄吉川元春死没。12月秀吉、太政大臣に任官。
一五	一五八七	55	6	5月島津氏降伏。6月隆景、北部九州を与えられる。9月隆景、肥後国衆一揆鎮圧のため出陣。	6・5吉川元長死没、弟経言（広家）家督相続。
一六	一五八八	56	7	4・14秀秋、聚楽第行幸に供奉し、従五位下侍従に叙任。7月隆景、輝元らとともに上洛。	

一七	一五八九	57	8	7・25従五位下侍従、7・28従四位下に叙任。この年、隆景が名島城普請を始める。	5・27秀吉と茶々との間に、鶴松誕生。7月秀吉の甥小吉秀勝、丹波亀山城を没収される。
一八	一五九〇	58	9	3月隆景、小田原攻めに当たり、尾張清洲城に在番。5月隆景、小田原へ参陣。	7月小田原開城。
一九	一五九一	59	10	1月秀秋、遅くともこの頃までに亀山城主となる。10・1秀秋、正四位下・参議に叙任。	1・22秀吉の弟秀長死没。8・5秀吉の子鶴松死没。12月豊臣秀次、関白に任官。
文禄元	一五九二	60	11	1・29秀秋、従三位・権中納言に叙任。遅くともこの頃までに「秀俊」を称し、豊臣姓を賜る。4月隆景、朝鮮へ渡海。	4月第一次朝鮮侵略。
二	一五九三	61	12	1・26隆景ら、碧蹄館の戦いで明・朝鮮軍を破る。3月秀秋、肥前名護屋へ下向。閏9月隆景帰国。	8・3秀吉と茶々との間に、秀頼誕生。
三	一五九四	62	13	7月これ以前に、秀俊を隆景の養子とすることが決定。11・13秀俊、三原へ下向。11・16秀俊と輝元養女（長寿院）との祝言。	
四	一五九五	63	14	1月隆景参議任官。8月秀俊の丹波亀山領は前	7・15豊臣秀次切腹。

				田玄以に与えられる。9・16頃秀俊は隆景とともに名島へ到着。12月頃隆景は三原へ移る。	
慶長元	一五九六	64	15	2月頃隆景、中納言任官裁許。5月隆景、清華成。	
二	一五九七	65	16	5月秀俊、朝鮮渡海に向けて、上方を出立。6・12隆景、三原城において死没。7月秀秋、朝鮮半島へ到着。この頃、「秀俊」から「秀秋」に改名。	7月第二次朝鮮侵略。
三	一五九八		17	1・29秀秋、帰国に向けて渡海する予定。4月頃秀秋越前・加賀への移封決定。	1月蔚山城の戦い。8・18豊臣秀吉死没。
四	一五九九		18	1月頃秀秋筑前・筑後への復帰内定。8月名島へ下向。10月頃秀秋と長寿院離縁。	閏3月前田利家死没。石田三成失脚。
五	一六〇〇		19	7・22秀秋勢、伏見城攻め。9・15関ヶ原合戦。10月秀秋、備前・美作を与えられる。	6月徳川家康、会津の上杉景勝征討のため下向。10月毛利氏、防長二国へ減封。
六	一六〇一		20	8月頃秀秋、杉原紀伊守を誅伐。相前後して、平岡頼勝・稲葉通政ら出奔。	3・23小早川秀包死没。
七	一六〇二		21	1月秀秋、遅くともこの頃までに「秀詮」に改名。10・18秀詮、岡山城において死没。無嗣により、備前・美作は収公された。	

＊西田幾多郎　大橋良介
＊金沢庄三郎　石川遼子
＊柳田国男　鶴見太郎
厨川白村　張競
＊村岡典嗣　水野雄司
大川周明　山内昌之
西田直二郎　林淳
＊折口信夫　斎藤英喜
九鬼周造　古川雄嗣
シュタイン　瀧井一博
＊西周　清水多吉
＊福澤諭吉　平山洋
加藤弘之　田中由香里
成島柳北　山田俊治
＊福地桜痴　山田俊治
＊村山龍平　早房長治
＊島田三郎　武藤秀太郎
田口卯吉　鈴木栄樹
＊陸羯南　松田宏一郎
有賀長雄　森田吉彦
＊黒岩涙香　奥武則
幸徳秋水　馬渕浩二
長谷川如是閑　織田健志
＊上杉慎吉　今野元
＊吉野作造　田澤晴子
＊山川均　米原謙
＊岩波茂雄　十重田裕一
＊北一輝　岡本幸治
＊穂積重遠　大村敦志
中野正剛　吉田則昭
＊荒畑寒村　川村邦光
＊満川亀太郎　福家崇洋
＊エドモンド・モレル　林田治男

＊北里柴三郎　福田眞人
高峰譲吉　木村昌人
田辺朔郎　秋元せき
＊南方熊楠　飯倉照平
＊辰野金吾　河上眞理・清水重敦
＊七代目小川治兵衛　尼崎博正
本多静六　岡本貴久子
＊ブルーノ・タウト　北村昌史
＊ウィリアム・メレル・ヴォーリズ　山形政昭・吉田与志也

現代

昭和天皇　御厨貴
高松宮宣仁親王　後藤致人
＊李方子　小田部雄次
芦田均　矢嶋光
吉田茂　中西寛
マッカーサー　柴山太
鳩山一郎　楠綾子
＊石橋湛山　増田弘
重光葵　武田知己
＊市川房枝　村井良太
＊池田勇人　藤井信幸
高野実　篠田徹
和田博雄　庄司俊作
ライシャワー　廣部泉
朴正熙　木村幹
＊全斗煥　木村幹

＊田中角栄　新川敏光
宮沢喜一　村上友章
竹下登　真渕勝
＊松永安左エ門　橘川武郎
鮎川義介　井口治夫
＊出光佐三　橘川武郎
＊松下幸之助　米倉誠一郎
渋沢敬三　井上潤
＊本田宗一郎　伊丹敬之
＊井深大　武田徹
＊佐治敬三　小玉武
幸田家の人々　金井景子
＊正宗白鳥　大嶋仁
倉田百三　山本直人
＊大佛次郎　福島行一
＊井伏鱒二　滝口明祥
＊川端康成　大久保喬樹
＊薩摩治郎八　小林茂
坂口安吾　千葉一幹
太宰治　安藤宏
松本清張　杉原志啓
司馬遼太郎　山本幸正
＊安部公房　鳥羽耕史
＊三島由紀夫　島内景二
井上ひさし　成田龍一
R・H・ブライス　菅原克也
柳宗悦　熊倉功夫
バーナード・リーチ　鈴木禎宏
＊熊谷守一　古川秀昭
川端龍子　岡部昌幸

藤田嗣治　林洋子
＊井上有一　海上雅臣
＊手塚治虫　竹内オサム
古賀政男　藍川由美
＊吉田正　金子勇
武満徹　船山隆
小津安二郎　宮本明子・松浦完二
＊八代目坂東三津五郎　田口章子
＊力道山　岡村正史
＊西田天香　宮田昌明
安倍能成　中根隆行
＊天野貞祐　貝塚茂樹
和辻哲郎　田中久文
＊矢代幸雄　稲賀繁美
石田幹之助　岡本さえ
＊平泉澄　若井敏明
＊早川孝太郎　須藤功
安岡正篤　片山杜秀
＊青山二郎　田野勲
＊島田謹二　小林信行
田中美知太郎　川久保剛
西脇順三郎　加藤孝男
前嶋信次　杉田英明
＊唐木順三　澤村修治
＊亀井勝一郎　山本直人
＊宮本常一　須藤功
知里真志保　モコット・トゥナシ
竹内好　田澤晴子
＊保田與重郎　谷崎昭男
＊石母田正　磯前順一
＊福田恆存　川久保剛

花森安治　葛西弘隆
井筒俊彦　安藤礼二
＊吉田満　貝塚茂樹
＊佐々木惣一　伊藤孝夫
高田保馬　金子勇
小泉信三　都倉武之
＊瀧川幸辰　伊藤孝夫
式場隆三郎　服部正
大宅壮一　有馬学
＊清水幾太郎　庄司武史
＊山本健吉　井上泰至
丸山眞男　河野有理
橋川文三　須藤健一
鶴見俊輔　冨山一郎
＊フランク・ロイド・ライト　大久保美春
＊中谷宇吉郎　杉山滋郎
今西錦司　山極寿一

＊は既刊
二〇二五年七月現在

*横井小楠　沖田行司
*古賀謹一郎　小野寺龍太
*永井尚志　高村直助
*岩瀬忠震　小野寺龍太
*栗本鋤雲　小野寺龍太
*大村益次郎　竹本知行
岩倉具視　斎藤紅葉
河井継之助　小川和也
松平春嶽　大石学
*西郷隆盛　家近良樹
*由利公正　角鹿尚計
*橋本左内　角鹿尚計
*塚本明毅　塚本学
松平容保　白石烈
*山岡鉄舟・高橋泥舟　岩下哲典
三条実美　奈良勝司
毛利敬親　三宅紹宣
*月性　海原徹
*吉田松陰　海原徹
*高杉晋作　海原徹
*久坂玄瑞　一坂太郎
ペリー　遠藤泰生
ハリス　福岡万里子
オールコック　佐野真由子
アーネスト・サトウ　奈良岡聰智

近代

*明治天皇　伊藤之雄
*大正天皇　F・R・ディキンソン
*昭憲皇太后・貞明皇后　小田部雄次
大久保利通　三谷太一郎
木戸孝允　落合弘樹
*松方正義　室山義正
榎本武揚　醍醐龍馬
北垣国道　小林丈広
板垣退助　小川原正道
長与専斎　笠原英彦
大隈重信　五百旗頭薫
黒田清隆　久保田哲
伊藤博文　坂本一登
*井上毅　大石眞
*井上勝　老川慶喜
三浦梧楼　大澤博明
*桂太郎　小林道彦
東郷平八郎　金澤裕之
*渡辺洪基　瀧井一博
*乃木希典　佐々木英昭
星亨　小林道彦
林董　奈良岡聰智
*児玉源太郎　小林道彦
*高宗・閔妃　木村幹
山本権兵衛　室山義正
*金子堅太郎　松村正義
*高橋是清　鈴木俊夫
セオドア・ローズヴェルト　簑原俊洋
*犬養毅　小林惟司
*加藤高明　櫻井良樹
牧野伸顕　小宮一夫
田中義一　黒沢文貴
内田康哉　高橋勝浩
平沼騏一郎　堀田慎一郎
*鈴木貫太郎　小堀桂一郎
宇垣一成　北岡伸一
*宮崎滔天　榎本泰子
*浜口雄幸　川田稔
幣原喜重郎　西田敏宏
関一　玉井金五
水野広徳　片山慶隆
*広田弘毅　井上寿一
*安重根　上垣外憲一
*グルー　廣部泉
*永田鉄山　森靖夫
東條英機　牛村圭
山本五十六　木村聡
今村均　前田雅之
蒋介石　劉岸偉
近衛文麿　庄司潤一郎
*岩崎弥太郎　武田晴人
伊藤忠兵衛　末永國紀
*五代友厚　田付茉莉子
大倉喜八郎　村上勝彦
*安田善次郎　由井常彦
*渋沢栄一　武田晴人
中野武営　佐賀香織
山辺丈夫　宮本又郎
*大川平三郎　四方田雅史
武藤山治　阿部武司・桑原哲也
池田成彬　松浦正孝
西原亀三　森川正則
小林一三　橋爪紳也
大倉恒吉　石川健次郎
大原孫三郎　猪木武徳
*河竹黙阿弥　今尾哲也
イザベラ・バード　加納孝代
*林忠正　木々康子
*森鷗外　小堀桂一郎
*二葉亭四迷　ヨコタ村上孝之
*正岡子規　井上泰至
*夏目漱石　佐々木英昭
*徳冨蘆花　半藤英明
巌谷小波　千葉信胤
樋口一葉　佐伯順子
*島崎藤村　十川信介
上田敏　小林茂
*有島武郎　亀井俊介
志賀直哉　小林幸夫
北原白秋　平石典子
菊池寛　山本芳明
*芥川龍之介　高橋龍夫
*宮沢賢治　千葉一幹
*高浜虚子　坪内稔典
与謝野晶子　佐伯順子
*種田山頭火　村上護
*斎藤茂吉　品田悦一
*高村光太郎　湯原かの子
萩原朔太郎　坪井秀人
*原阿佐緒　秋山佐和子
*狩野芳崖・高橋由一　古田亮
川村清雄　落合則子
*小堀鞆音　小堀桂一郎
竹内栖鳳　北澤憲昭
中村不折　石川九楊
*橋本関雪　西原大輔
土田麦僊　天野一夫
岸田劉生　北澤憲昭
濱田庄司　濱田琢司
*山田耕筰　後藤暢子
松旭斎天勝　川添裕
佐田介石　谷川穣
*ニコライ　中村健之介
*出口なお・王仁三郎　川村邦光
*新島襄　太田雄三
新島八重　佐伯順子
木下広次　冨岡勝
山川健次郎　小宮京・中澤俊輔
嘉納治五郎　クリストファー・スピルマン
*柏木義円　片野真佐子
津田梅子　田中智子
*澤柳政太郎　新田義之
*河口慧海　高山龍三
*山室軍平　室田保夫
大谷光瑞　白須淨眞
*久米邦武　髙田誠二
フェノロサ　伊藤豊
井上哲次郎　井ノ口哲也
三宅雪嶺　長妻三佐雄
*岡倉天心　木下長宏
志賀重昂　中野目徹
徳富蘇峰　杉原志啓
*竹越与三郎　西田毅
*廣池千九郎　橋本富太郎
岩村透　今橋映子

*新田義貞　山本隆志
*光厳天皇　深津睦夫
足利尊氏　市沢　哲
*足利直義　亀田俊和
佐々木道誉　下坂　守
細川頼之　亀田俊和
円観・文観　田中貴子
足利義詮　早島大祐
*足利義持　吉田賢司
足利義教　秦野裕介
足利持氏　植田真平
*足利義政　木下昌規
三条西実隆　前田雅之
*日野富子　田端泰子
*大内義弘　平瀬直樹
伏見宮貞成親王　松薗　斉
*山名宗全　山本隆志
細川勝元・政元　古野　貢
畠山義就　呉座勇一
足利成氏　阿部能久
*世阿弥　西野春雄
雪舟等楊　河合正朝
宗祇　鶴崎裕雄
一条兼良　田村　航
*満済　森　茂暁
一休宗純　原田正俊
蓮如　岡村喜史

戦国・織豊

北条早雲　家永遵嗣
*北条氏綱　黒田基樹
*北条氏政　黒田基樹
大内政弘　山田貴司
*大内義隆　藤井　崇
*斎藤氏四代　木下　聡
*毛利元就　岸田裕之
*毛利輝元　光成準治
*小早川隆景・秀秋　光成準治
*六角定頼　村井祐樹
*今川義元　小和田哲男
*武田信玄　笹本正治
*武田勝頼　笹本正治
*真田氏三代　笹本正治
*三好長慶　天野忠幸
松永久秀　天野忠幸
*宇喜多直家・秀家　渡邊大門
*上杉謙信　矢田俊文
*大友義鎮　鹿毛敏夫
*龍造寺隆信　中村知裕
島津義久・義弘　福島金治
村上武吉・元吉　藤田達生
細川幽斎　鈴木　元
*長宗我部元親・盛親　平井上総
*最上氏三代　松尾剛次
浅井長政　長谷川裕子
蠣崎・松前氏五代　新藤　透
吉田兼倶　西山　克
山科言継　松薗　斉
正親町天皇・後陽成天皇　神田裕理
*雪村周継　赤澤英二
*足利義輝・義昭　山田康弘
織田長益　八尾嘉男
織田信雄　柴　裕之
*明智光秀・秀満　小和田哲男
豊臣秀吉　藤井讓治
豊臣秀次　矢部健太郎
*北政所おね　田端泰子
*淀殿　福田千鶴
筒井氏三代　片山正彦
蜂須賀正勝・家政　三宅正浩
前田利家　東四柳史明
*山内一豊・忠義　長屋隆幸
*黒田如水　小和田哲男
*蒲生氏郷　藤田達生
大谷吉継　石畑匡基
石田三成　堀越祐一
*細川ガラシャ　田端泰子
伊達政宗　遠藤ゆり子
*支倉常長　田中英道
フランシスコ・ザビエル　浅見雅一
千利休　熊倉功夫
*長谷川等伯　宮島新一
*顕如　神田千里
教如　安藤　弥

江戸

*徳川家康　笠谷和比古
板倉勝重　谷　徹也
本多忠勝　柴　裕之
本多正純　小川　雄
柳生宗矩　福田千鶴
*徳川家光　野村　玄
柳沢吉保　福留真紀
*後水尾天皇　久保貴子
*光格天皇　藤田　覚
*春日局　福田千鶴
宮本武蔵　渡邊大門
上杉鷹山　小関悠一郎
*池田光政　倉地克直
保科正之　八木清治
シャクシャイン　岩崎奈緒子
天草四郎　菊池庸介
*田沼意次　藤田　覚
細川重賢　安高啓明
松平治郷　小林准士
*二宮尊徳　小林惟司
末次平蔵　岡美穂子
*高田屋嘉兵衛　生田美智子
沢庵宗彭　芳澤　元
*林羅山　鈴木健一
吉野太夫　渡辺憲司
*熊沢蕃山　川口　浩
*山崎闇斎　澤井啓一
山鹿素行　前田　勉
*北村季吟　島内景二
*伊藤仁斎　澤井啓一
貝原益軒　辻本雅史
関孝和　佐藤賢一
*ケンペル　B・M・ボダルト＝ベイリー
新井白石　大川　真
荻生徂徠　高山大毅
*雨森芳洲　上田正昭
*石田梅岩　高野秀晴
賀茂真淵　盛田帝子
白隠慧鶴　芳澤勝弘
前野良沢　松田　清
平賀源内　石上　敏
*本居宣長　田尻祐一郎
杉田玄白　吉田　忠
木村蒹葭堂　有坂道子
*大田南畝　沓掛良彦
伊能忠敬　星埜由尚
菅江真澄　赤坂憲雄
*鶴屋南北　諏訪春雄
*山東京伝　佐藤至子
*滝沢馬琴　高田　衛
平田篤胤　山下久夫
国友一貫斎　太田浩司
シーボルト　宮坂正英
本阿弥光悦　岡　佳子
*狩野探幽・山雪　山下善也
尾形光琳　仲町啓子
尾形乾山　河野元昭
*二代目市川團十郎　田口章子
伊藤若冲　狩野博幸
*浦上玉堂　高橋博巳
*佐竹曙山　成瀬不二雄
葛飾北斎　岸　文和
酒井抱一　玉蟲敏子
孝明天皇　青山忠正
*和宮　辻ミチ子
徳川慶喜　大庭邦彦
島津斉彬　原口　泉
鍋島直正　伊藤昭弘

ミネルヴァ日本評伝選

上代

*俾弥呼　古田武彦
*日本武尊　西宮秀紀
*仁徳天皇　若井敏明
雄略天皇　吉村武彦
継体天皇　若井敏明
*蘇我氏四代　遠山美都男
*推古天皇　義江明子
聖徳太子　仁藤敦史
斉明天皇　武田佐知子
*小野妹子・毛人・毛野　大橋信弥
*額田王　梶川信行
弘文天皇　遠山美都男
持統天皇　丸山裕美子
阿倍比羅夫　熊田亮介
*藤原四子　木本好信
役小角　脊古真哉
*柿本人麿　古橋信孝
*元明天皇・元正天皇　渡部育子
光明皇后　寺崎保広
*孝謙・称徳天皇　勝浦令子
藤原不比等　荒木敏夫
橘諸兄・奈良麻呂　遠山美都男
吉備真備　今津勝紀
*藤原仲麻呂　木本好信
*藤原種継　木本好信
*行基　吉田靖雄

平安

*桓武天皇　井上満郎
嵯峨天皇　西別府元日
宇多天皇　古藤真平
醍醐天皇　石上英一
村上天皇　京樂真帆子
花山天皇　上島享
*三条天皇　倉本一宏
藤原薬子　中野渡俊治
*藤原良房・基経　瀧浪貞子
*紀貫之　神田龍身
*安倍晴明　斎藤英喜
*藤原道長　朧谷寿
*藤原伊周・隆家　倉本一宏
藤原定子　山本淳子
*藤原彰子　朧谷寿
藤原頼通　末松剛
藤原師通　中島和歌子
紫式部　高木和子
清少納言　三田村雅子
和泉式部　ツベタナ・クリステワ
大江匡房　小峯和明
*阿弖流為　樋口知志
*源満仲・頼光　元木泰雄
平将門　西山良平
平清盛　川合康
*藤原純友　寺内浩
源義家　大津雄一
最澄　吉田一彦
空海　武内孝善
円珍　岡野浩二
*空也　石井義長
奝然　上川通夫
*源信　小原仁
慶滋保胤　吉原浩人
安倍貞任　野中哲照
*後白河天皇　美川圭
*式子内親王　奥野陽子
建礼門院　生形貴重
*藤原頼長・師長　樋口健太郎
*藤原秀衡　入間田宣夫
平維盛　根井浄
木曾義仲　樋口州男
守覚法親王　阿部泰郎
藤原隆信・信実　山本陽子

鎌倉

*源頼朝　川合康
*源義経　近藤好和
源実朝　神田龍身
*九条兼実　加納重文
九条道家　上横手雅敬
*北条時政　野口実
*熊谷直実　佐伯真一
*北条政子　関幸彦
*北条義時　岡田清一
曾我十郎・五郎　杉橋隆夫
*北条時頼　山本隆志
北条時宗　近藤成一
平頼綱　細川重男
竹崎季長　堀本一繁
西行　西澤美仁
鴨長明　浅見和彦
藤原定家　赤瀬信吾
*京極為兼　今谷明
*兼好　島内裕子
重源　横内裕人
*運慶　根立研介
快慶　井上一稔
法然　今堀太逸
*栄西　中尾良信
明恵　西山厚
*親鸞　末木文美士
恵信尼・覚信尼　西口順子
覚如　今井雅晴
*道元　船岡誠
叡尊　細川涼一
*忍性　松尾剛次
*日蓮　佐藤弘夫
一遍　蒲池勢至
夢窓疎石　原田正俊
*宗峰妙超　竹貫元勝

南北朝・室町

後醍醐天皇　上横手雅敬
*護良親王　新井孝重
*懐良親王　森茂暁
*赤松氏五代　渡邊大門
*北畠親房　岡野友彦
楠正成　兵藤裕己
*楠木正行・正儀　生駒孝臣

刊行のことば

歴史を動かすものは人間であり、興趣に富んだ人間の動きを通じて、世の移り変わりを考えるのは、歴史に接する醍醐味である。

しかし過去の歴史学を顧みるとき、人間不在という批判さえ見られたように、歴史における人間のすがたが、必ずしも十分に描かれてきたとはいえない。二十一世紀を迎えた今、歴史の中の人物像を蘇生させようとの要請はいよいよ強く、またそのための条件もしだいに熟してきている。

この「ミネルヴァ日本評伝選」は、正確な史実に基づいて書かれるのはいうまでもないが、単に経歴の羅列にとどまらず、歴史を動かしてきたすぐれた個性をいきいきとよみがえらせたいと考える。そのためには、対象とした人物とじっくりと対話し、ときにはきびしく対決していくことも必要になるだろう。

今日の歴史学が直面している困難の一つに、研究の過度の細分化、瑣末化が挙げられる。それは緻密さを求めるが故に陥った弊害といえるが、その結果として、歴史の大きな見通しが失われ、歴史学を通しての社会への働きかけの途が閉ざされ、人々の歴史への関心を弱める危険性がある。今こそ歴史が何のためにあるのかという、基本的な課題に応える必要があろう。評伝という興味ある方法を通じて、解決の手がかりを見出せないだろうかというのも、この企画の一つのねらいである。

狭義の歴史学の研究者だけでなく、多くの分野ですぐれた業績をあげている著者たちを迎えて、従来見られなかった規模の大きな人物史の叢書として、「ミネルヴァ日本評伝選」の刊行を開始したい。

平成十五年（二〇〇三）九月

ミネルヴァ書房

《著者紹介》

光成準治（みつなり・じゅんじ）

1963年　大阪府生まれ。広島県で育つ。

2006年　九州大学大学院比較社会文化学府博士課程修了。

同　年　博士（比較社会文化）学位取得。

現　在　九州大学大学院特別研究者。

著　作　『中近世移行期大名領国の研究』校倉書房，2007年。

『関ヶ原前夜——西軍大名たちの戦い』日本放送出版協会，2009年／角川ソフィア文庫，2018年。

『消された秀吉の真実』共著，柏書房，2011年。

『豊臣政権の正体』共著，柏書房，2014年。

『関ヶ原合戦の深層』共著，高志書院，2014年。

『毛利輝元——西国の儀任せ置かるの由候』ミネルヴァ書房，2016年。

『吉川広家（シリーズ・織豊大名の研究４）』編著，戎光祥出版，2016年。

『九州の関ヶ原（シリーズ・実像に迫る）』戎光祥出版，2018年。

ミネルヴァ日本評伝選
小早川隆景《こばやかわたかかげ》・秀秋《ひであき》
——消え候わんとて，光増すと申す——

2019年３月10日　初版第１刷発行　〈検印省略〉
2025年７月10日　初版第２刷発行

定価はカバーに
表示しています

著　者　光　成　準　治
発行者　杉　田　啓　三
印刷者　江　戸　孝　典

発行所　株式会社　ミネルヴァ書房
607-8494　京都市山科区日ノ岡堤谷町１
電話代表（075）581-5191
振替口座　01020-0-8076

共同印刷工業・新生製本

ISBN978-4-623-08597-2
Printed in Japan

人名索引

※「小早川隆景」「小早川秀秋」は頻出するため省略した。

あ 行

さ　行

た　行

な 行

は 行

ま　行

や　行

ら・わ　行

事 項 索 引

あ　行

か　行

さ　行

た　行

な　行

は　行